두려움 없는 대화

FEARLESS DIALOGUES
A NEW MOVEMENT FOR JUSTICE

그레고리 C. 엘리슨 2세 저
김상만 역

학지사

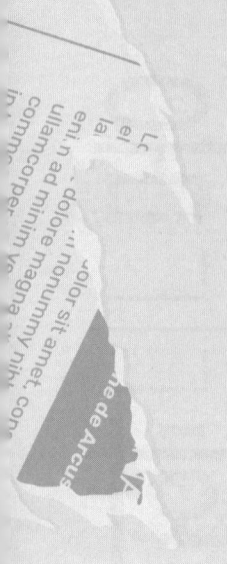

Fearless Dialogues: A New Movement for Justice
by Gregory C. Ellison II

© 2017 Gregory C. Ellison II

Korean Translation Copyright © 2025 by Hakjisa Publisher, Inc.
The Korean translation rights published by arrangement with
Westminster John Knox Press.

All rights reserved.

본 저작물의 한국어판 저작권은
Westminster John Knox Press와의 독점계약으로 (주)학지사가 소유합니다.
저작권법에 의해 한국 내에서 보호를 받는 저작물이므로
무단 전재와 무단 복제를 금합니다.

역서에 대한 추천사

책이 아닌 소중한 선물

우리는 점점 더 분열된 세상 속에서 살아가고 있습니다. 과거 강강술래를 함께 돌던 나라, 동방예의지국이라 불리던 대한민국이 어느새 서로를 이해하기보다 단절하고 상처 주는 일이 잦아졌습니다. 이런 시대에 『두려움 없는 대화』는 단순한 책이 아닙니다. 서로를 다시 바라보고, 마음을 열고, 잃어버린 공동체의 온기를 되찾는 길을 제시하는 소중한 선물입니다.

이 책의 저자 그레고리 C. 엘리슨 2세 교수는 미국 에모리대학교 신학대학원에서 상담학을 가르치는 교수입니다. 그가 전하는 메시지는 학문적 이론을 넘어, 인간과 관계에 대한 깊은 이해에서 비롯됩니다. 저자는 우리 각자가 지닌 존엄성과 가치를 조명하며, 모든 사람이 존중받고 인정받아야 한다는 사실을 강조합니다. 그러나 이 책은 단순히 이상을 전달하기 위해 쓰여진 책이 아닙니다. 저자는 자신이 직접 진행하고 있는 미국 사회의 '두려움 없는 대화' 실제 경험을 통해, 우리가 당장 실천할 수 있는 구체적인 대화법을 제시하며, 단절과 갈등을 넘어 진정한 소통으로 나아가도록 이끕니다.

무엇보다 이 책은 감동적인 개인적 경험과 따뜻한 이야기로 독

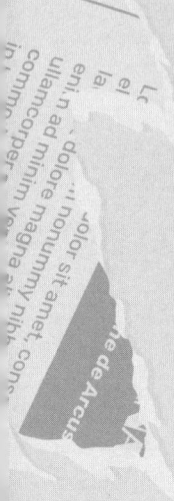

자의 마음을 움직입니다. 책장을 넘기다 보면 마치 저자와 직접 대화를 나누는 듯한 느낌이 들고, 그의 진심 어린 메시지가 자연스럽게 스며듭니다. 그리고 어느 순간, 우리의 사고방식이 변화하고 있음을 깨닫게 됩니다. 추천자는 여러 해 전 미국 에모리 대학교를 방문하여 저자를 만나서 자신의 어린 시절 이야기를 직접 들은 적 있습니다. 그는 어린 시절 친척에게 들었던 자신의 신념에 대한 에피소드를 전했습니다. 세상이 정의롭지 못하다는 생각에 잠겨 있었던 어린 시절에 그가 물었던 질문은 "내가 어떻게 세상을 바꿀 수 있죠?"였습니다. 그가 친척으로부터 들었던 답변은, "나는 세상을 어떻게 바꿀 수 있는지는 모르겠지만, 내 주변 3피트(91.44cm)를 바꿀 수는 있단다". 그레고리 교수는 이때부터 자신의 주변 3피트를 변화시키는 일을 평생의 모토로 삼게 되었다고 합니다.

『두려움 없는 대화』는 단순한 소통 기술을 넘어, 우리 주위 3피트부터 시작하여 우리 사회의 갈등을 해결하고 공동체를 회복하는 데 필요한 통찰을 제공합니다. 우리가 마주하는 수많은 갈등과 오해 속에서, 이 책은 더 나은 사회로 나아가는 길을 조용히, 그러나 확고하게 비춥니다. 이 책은 특정한 문화나 환경에 국한되지 않고, 미국 사회는 물론, 우리 사회에서도 누구나 공감할 수 있는 보편적 메시지를 담고 있습니다. 자신을 돌아보고, 타인을 더 깊이 이해하며, 더 의미 있는 관계를 맺고자 하는 모든 이에게 강력히 추천합니다.

독자 여러분이 이 책을 읽고 나면, 더 이상 이전과 같은 방식으로 주변의 사람을 대할 수 없을 것입니다. 서로를 더 진심으로 보고, 듣고, 이해하는 법을 배우게 될 것이기 때문입니다. 그리고 그것이야말로 우리가 속한 대한민국을 변화시키는 첫걸음이 될 것입니다. 이 귀한 지침서를 알기 쉽게 번역해 주신 김상만 박사님께 감사의 박수를 보내면서, 이 소중한 책을 여러분께 강력하게 추천합니다.

권수영
연세대학교 연합신학대학원 교수
한국상담진흥협회 이사장

de Arcus
dolor sit amet, consect
nonummy nibh euism
dolore magna aliquam erat vo
ad minim veniam, quis nostrud
ullamcorper suscipit lobortis nisl
commodo consequat.
dolore magna aliquam erat
volutpat. Ut wisi enim ad minim
euismod tincidunt ut laore
cons ectetuer
Lorem ipsum
dolore te
d tincidunt ut
volutpat. Ut wisi
quis nostrud exerci tation
lobortis nisl ut aliquip ex ea
Duis autem vel eum iriure dolor
ulputate velit esse molestie
vel illum dolore eu feugiat nulla facilisis at
eros et accumsan et iusto odio dignissim qui
blandit praesent luptatum zzril delenit augue duis
dolore te feugait nulla facilisi.
twisi enim ad minim veniam, quis nostrud exerci
tation ullamcorper suscipit lobortis nisl ut aliquip ex
ea commodo consequat. Duis autem vel eum iriure

역자 서문

⋮

모든 인간은 두려움을 안고 살아갑니다. 이는 그 사람이 가진 지식, 직위 혹은 부와 상관없이 누구에게나 공통된 감정입니다. 성경에서도 "두려워하지 말라."라는 말이 366회나 등장하는데, 이는 우리가 매일 두려움과 마주하게 된다는 점을 시사합니다.

하지만 두려움의 존재는 분명한 반면, 그 실체를 명확히 파악하기란 결코 쉬운 일이 아닙니다. 매슬로의 인간 욕구 5단계 이론에 따르면, 인간은 기본적인 욕구가 충족되지 않을 때 두려움을 느끼게 되고, 이 두려움은 더 높은 단계의 욕구로 나아가는 길을 가로막습니다. 예를 들어, 생리적 욕구가 해결되지 않으면 이는 곧 두려움으로 작용하고, 그 결과 안전 욕구를 추구하는 과정마저 차단될 수 있다는 것입니다.

인간은 두려움에서 벗어날 때 비로소 삶의 행복을 느끼고 더 나은 삶으로 나아갈 수 있습니다. 이 책의 저자는 우리가 극복해야 할 다섯 가지 두려움을 제시하며, 이를 통해 진정한 자신을 발견할 수 있다고 말합니다. 두려움을 극복한 상태에서 우리는 자연스러운 대화를 나눌 수 있습니다. 유명한 부부 상담가인 존 가트만은 부부관계의 가장 큰 장애물로 '의사소통의 부재'를 꼽았습니다. 의사소통

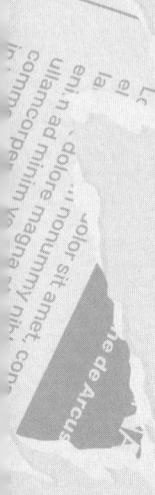

이 단절된 부부는 비난, 방어, 경멸, 담쌓기 등의 부정적 과정을 거쳐 결국 결별에 이르게 됩니다. 반대로 원활한 의사소통은 관계를 풍요롭게 하고 서로의 성장을 도모하는 원동력이 됩니다.

오늘날 우리 사회는 대화의 단절로 인해 깊은 혼란을 겪고 있습니다. 이 오랜 단절을 극복하는 열쇠는 바로 대화에 있습니다. 저자는 이 책에서 대화의 부재를 초래하는 다섯 가지 두려움에 대해 심도 있게 설명합니다. 그는 미국 남부 아프리카계 미국인으로서 겪은 고난과 고뇌를 자신의 경험과 지식을 통해 통합하고 극복한 여정을 나눕니다. 또한 두려움을 극복하고 서로의 이야기에 귀 기울여 바라보며See, 경청하고Hear, 상대방의 장점을 발견하여 이를 자신의 변화Change로 연결할 것을 권합니다.

이 책은 역자에게 있어 일종의 인생 로또와도 같습니다. 저자와 마찬가지로 역자 역시 목사이자 심리상담사 그리고 예술치료사로 평생을 살아왔기에 이 책의 메시지를 깊이 공감하며 수용할 수 있었습니다. 마치 성경을 읽듯이 한 페이지 한 페이지를 넘길 때마다 감동과 도전을 느꼈습니다. 저자가 말하는 두려움은 단순히 그들만의 것이 아니라 나와 우리 모두의 삶 속에서 발견되는 두려움이라는 사실을 깨달았습니다. 이를 통해 내 삶의 여정을 돌아보고, 두려움 속에서도 성장과 변화를 만들어 온 순간들을 떠올리게 되었습니다.

우리 모두는 숨 가쁜 삶의 여정을 걸어왔습니다. 단 70여 년 만에 최빈국에서 선진국 반열에 오른 이 변화 속에서 두려움으로 고민하지 않는 사람은 없을 것입니다.

역자 서문

이제 이 책을 통해 각자의 두려움의 실체를 직면하고, 문제를 해결할 방법을 발견하며, 삶의 성장과 변화를 이루길 바랍니다. 보다 가벼운 마음으로 새로운 길을 걸어 나가길 소망합니다.

2025년 6월
김상만
연세대학교 상담코칭학 박사(Ph.D.)

이 책을 향한 뜨거운 격찬

⋮

그레고리 C. 엘리슨 2세의 저서 『두려움 없는 대화Feerless Dialogues: A New Movement for Justice』는 2017년 'Spirituality & Practice'의 'Best Spiritual Books' 중 하나로 선정되었다. 이 책은 다양한 사람을 모아 긍정적인 변화를 창출하는 과정을 제시하며, '두려움 없는 대화Fearless Dialogues'라는 새로운 정의 운동을 소개한다. '두려움 없는 대화'는 '보고, 듣고, 변화하기See. Hear. Change'라는 세 가지 기둥을 기반으로 하며, 특히 '보기'와 '듣기'를 변혁의 관문으로 강조한다. 이러한 접근법을 통해 이 책은 독자들이 자신과 타인 그리고 사회에 긍정적인 변화를 가져올 수 있도록 안내한다.

― SPIRITUALITY & PRACTICE

그레고리 C. 엘리슨 2세의 글은 철저히 독창적이다. 그의 참고 자료 또한 매우 다양하다. 그 결과, 지적인 조각들이 모여 빛나는 효과를 발휘하는 하나의 퀼트*가 탄생했다.

― 퍼블리셔스 위클리Publishers Weekly 별점 리뷰

● 퀼트는 천과 천 사이에 천, 양모, 솜 등을 넣어서 바느질하여 누벼 나가는 작업이다. 선사시대부터 이미 존재하여 왔으며 현재까지 다양한 재료와 기법으로 생활용품 및 창작 작품에 이르기까지 아름다운 표현을 하고 있다.

그레그의 강렬한 스토리텔링은 역사와 상황에 대한 목회적 통찰과 대화를 나눈다. 이는 우리가 좁은 울타리와 낡은 시스템을 넘어 마틴 루터 킹이 주장한 '가치의 급진적 혁명'으로 나아가기 위해 필요한 개인적 성찰의 본보기를 보여 준다.

- 스타스키 D. 윌슨Starsky D. Wilson
목사, 디코네스 재단 회장 겸 CEO,
퍼거슨 위원회 공동의장

'두려움 없는 대화'는 용기와 연민으로 우리 감각을 깨워, 깊이 나뉜 간극을 넘어 서로를, 그리고 자기 자신을 다시 발견하는 힘든 여정으로 안내한다. 그것도 단 3피트씩(91.44cm) 천천히 나아가며 말이다. 이 시기에 꼭 필요한 책을 꼽으라면 『두려움 없는 대화』가 바로 그 답일 것이다.

- 트레이시 블랙몬Traci Blackmon
정의와 증언 사역부 총책임자

원서에 대한 추천사

심층 내면을 향한 글

2013년 여름, 에모리 대학교 캔들러 신학대학원의 교수인 그레고리 C. 엘리슨 2세가 나에게 대화를 요청했다. 나는 지금도 그 순간이 얼마나 감사한지 모른다.

그해 11월, 그레고리는 위스콘신주 매디슨에 있는 내 집을 방문했다. 이틀 동안 그와 나 그리고 때로는 내 아내 샤론이 뒷마당에 앉아 이야기를 나누고, 웃으며, 함께 식사했다. 친근한 이웃처럼 우리는 각자의 삶의 이야기를 나누고 서로에게 마음을 열었다. 그렇게 하며 칠십 대의 두 사람은 자신들의 나이의 절반밖에 되지 않는 놀라운 사람과 친구가 되었다.

그레고리가 그 책에 담긴 한 이야기를 우리에게 읽어 준 순간이 있다. 그 이야기는 그가 여섯 살 때 그의 할머니의 아칸소주 집 앞 마당에서 밤에 어둠에 대한 두려움을 극복했던 경험에 관한 것이었다. 이야기가 끝난 뒤, 샤론과 나는 잠시 침묵 속에 앉아 눈물을 글썽이며 그를 바라보았다. "그레고리". 내가 말했다. "당신은 근본적인 이슈를 건드렸어요".

그레고리는 그게 무슨 뜻인지 물었다. 나는 이렇게 답했다. "당

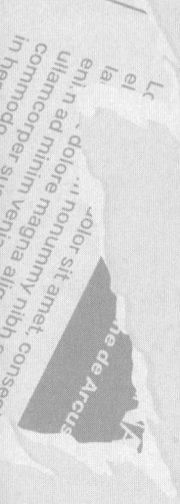

신은 가장 깊은 심층 내면에 대해서 글을 쓰고 있어요. 그것이 바로 글을 써야 할 유일한 가치 있는 장소예요. 그곳은 보편적인 언어가 흘러나오는 자리입니다. 특정 독자층을 겨냥한다는 마케팅의 허상을 버리고 당신 안의 가장 깊은 심층 내면에서 써 내려가세요. 그러면 당신의 글은 생각지도 못한 넓은 사람들에게 닿을 것입니다". 그레고리는 이 책에서 바로 그 일을 해냈다.

시간은 2017년 5월 3일로 흘렀다. 샤론과 나는 미니애폴리스의 한 호텔 연회장에서 신학교육에 몸담은 650명의 사람들과 함께 있었다. 우리는 그레고리가 이끄는 '두려움 없는 대화' 워크숍에 참여하기 위해 그 자리에 있었다.

많은 이가 이미 학문적으로나 사회적으로 인정받는 젊은 아프리카계 미국인 학자이자 교사 그리고 활동가인 그레고리가 강연을 할 것으로 기대했을 것이다. 그러나 그들이 마주한 것은 완전히 다른 것이었다.

그 대신, 그들은 마음, 몸, 영혼이 하나로 결합되는 경험을 했다. 이는 탁월한 선생님과의 만남이었고, 서로와의 만남이었으며, 큰 도움이 필요한 세상과의 만남이었다. 우리는 사회를 위대하게 만드는 것이 가장 강한 사람들이 얼마나 잘 사는가가 아니라, 가난하고 소외된 사람들, 버림받고 보이지 않는 사람들을 얼마나 잘 지원하는가에 달려 있다는 것을 잊어버린 세상에 살고 있다.

그레고리의 워크숍은 오전 9시에 시작될 예정이었다. 그러나 그 시각이 되어도, 15분이 지나도 그는 무대 앞에서 시작 인사를 하지 않았다. 대신 그는 군중 사이를 걸어 다니며 사람들에게 다가가 눈을 마주치고, 힘찬 목소리로 "드디어 당신을 보게 되어 정말 기쁩니다!"라고 말했다. 시간이 흐르면서 650명의 사람은 그들이 특별한 무언가를 경험하게 될 것임을 깨닫기 시작했다.

그리고 이 놀라운 책에서 묘사된 과정이 이어졌다. 이 과정은 나와 다른 많은 사람에게 깊은 감동과 놀라움을 안겨 주었다. 그레고리는 우리에게 인간성과 신성함이 모든 인간에게 깃들어 있다는 사실을 일깨워 주었고, 그것을 서로가 서로에게 상기시킬 수 있는 방법을 보여 주었다. 이러한 인간성과 신성함은 우리와 우리가 공유하는 세상을 구할 수 있는 유일한 특성이다.

워크숍이 끝난 후, 나는 다른 사람들이 이렇게 말하는 것을 들었다. "여기 와서 정말 다행이에요". "이런 경험은 처음이에요". "마치 내 안에 어떤 벽이 무너진 것 같아요".

'두려움 없는 대화'는 그 이름을 딴 단체처럼, 미국에서 가장 깊고 해결하기 어려운 사회적 필요를 다루는 통찰력과 실질적인 접근법으로 가득 차 있다. 그만큼 중요한 것은 이 책이 그레고리의 삶에서 나온 이야기들을 바탕으로 한다는 점이다. 이 이야기들은 그의 놀라운 학문, 교육 그리고 활동가로서의 뿌리를 드러낸다.

그레고리의 첫 번째 책은 제목이 흥미롭다.『죽음처럼 외면당했으나 여전히 살아 있다: 아프리카계 미국인 젊은 남성들을 돌보다 Cut Dead But Still Alive: Caring for African American Young Men』(2013). 이 제목은 윌리엄 제임스 William James 의 저작에서 영감을 받은 것으로, 윌리엄은 그의 걸작『심리학의 원리 The Principles of Psychology』(1890)에서 이렇게 설명했다.

만약 우리가 어떤 공간에 들어가도 아무도 우리를 돌아보지 않고, 우리가 말해도 대답하지 않으며, 우리가 하는 일에 관심을 두지 않는다면, 만약 우리가 만나는 모든 사람이 우리를 '죽은 것처럼 외면한다면' 마치 우리가 존재하지 않는 것처럼 행동한다면 어느 순간 격렬한 분노와 무력한 절망이 우리 안에서 솟구쳐 오를 것이다. 그 순간에는 가장 잔인한 육체적 고문조차도 차라리 위안이 될 것이다.

그것이 바로 그레고리의 '두려움 없는 대화' 프로그램에서 자주 사용하는 시그니처 인사말인 "드디어 당신을 보게 되어 정말 기쁩니다!"의 진정한 의미이다. 그레고리는 이렇게 말한다.

나는 이 책이 우리가 모든 사람을 더 인간적으로, 그리고 더 신성하게 바라보도록 돕기를 바란다. 우리는 모두 존중받을 자격이 있다. 우리는 모두 성공할 기회를 가질 자격이 있다.

나처럼 백인이자 특권을 가진 남성에게도 이 강력한 책에 대해 또 다른 소망이 있다. 이 책을 통해 그레고리가 제공하는 렌즈로 먼저 우리 자신을 들여다보기를 바란다. 우리의 부족tribe이 아니라는 이유로, 또는 그들이 우리를 두렵게 한다는 이유로, 혹은 그들이 우리가 생각하는 아름다움이나 예절의 기준에 부합하지 않는다는 이유로 특정한 사람들을 '진정으로 보지' 못했던 우리의 실패를 직시하자. 그래야만 비로소 우리는 '다른 사람'을 진정으로 보기 시작할 수 있다.

다시 한번, 그레고리의 말을 인용하자면,

누군가를 하나님 형상으로 만들어진 사람으로 보기 시작하면, 노숙자를 누군가의 삼촌이나 형제, 고모나 자매, 어머니로 보기 시작하면, 더 이상 그들을 쓰레기처럼 넘어갈 수 없게 됩니다. 왜냐하면 이제 그들을 완전히 보았기 때문입니다. 그리고 한번 보게 되면, 보지 않을 수 없습니다.

이 책을 읽어야 한다! 이 책은 당신을 변화시킬 것이다. 마치 이 책이 나를 변화시킨 것처럼 말이다. 만약 당신이 "드디어 당신을 보게 되어 정말 기쁩니다!"라고 진심으로 말할 수 있다면, 당신은 당신이 속한 세상의 일부분을 바꾸는 데에도 힘을 보탤 수 있을 것이다.

마지막으로, 다시 2013년 11월 매디슨의 우리 집 뒷마당으로 돌아가고 싶다. 그레고리와 나누었던 대화 중, 그는 나의 글쓰기 여정에 대해 물었다. 이야기를 나누는 중 나는 나와 헨리 나우웬과의 우정 이야기를 들려주었는데, 그레고리는 그것이 꽤 인상적이라고 말했다.

헨리 나우웬을 처음 만났을 때 나는 지금의 그레고리와 비슷한 나이였고, 나의 첫 번째 책 작업을 막 시작했을 때였다. 그는 나보다 겨우 일곱 살 많았지만, 이미 잘 알려지고 대단히 인기 있는 작가였다. 반면, 나는 그레고리와는 달리 거의 알려지지 않은 신인 작가에 불과했다. 2년 동안 헨리 나우웬과 나는 격주로 만나 하루를 함께 보냈다. 그 시간 동안 나는 내가 작업 중인 책에 대해 가끔 이야기했다.

어느 날, 헨리가 말했다. "어디까지 썼는지 좀 보여 줘요". 몇 장을 읽어 본 뒤, 그는 나에게 물었다. "내가 이 책의 추천사를 써도 될까요?" 나는 기억한다. 그에게 이렇게 말했다. "음, 헨리, '좋아요.'라는 말로는 너무 약해요. 차라리 '와우!'나 '정말 멋져요!'가 더 적절한 표현일 거예요!"

지금까지 아홉 권의 책을 출간한 오늘날, 헨리가 나의 첫 책 『역설의 약속The Promise of Paradox』에 쓴 추천사가 내 작업을 널리 알리고 내 글쓰기의 폭을 넓히는 데 크게 기여했다는 것은 분명하다. 그래서 나는 오랫동안 헨리의 선물을 다른 젊은 작가들에게 '되갚아 주고' 싶었다.

그레고리보다 내가 더 응원하고 싶은 사람은 없다. 그의 작업과 인격 속에서 그는 우리가 절실히 필요로 하는 선물을 세상에 제공하고 있다. 『두려움 없는 대화』도 그러한 선물 중 하나이다. 이 선물을 받아들여 배우고 실천하라. 더 나은 세상을 위해서……

파커 J. 파머

저자 서문

아들에게 보내는 편지 – 해방 154주년°을 맞아

사랑하는 나의 아들 그레고리에게.

이른 새벽의 고요함 속에서 나는 눈을 감고 순수하게 미소 짓는 네 동생의 얼굴을 떠올린다. 너는 그녀보다 겨우 두 살 많지만 아직 열 살도 되지 않은 나이에 벌써 세상의 무거운 질문들과 마주하며 하루를 시작하더구나.

"새 정부 아래에서 우리 무슬림 친척들은 이 나라를 떠나야 할까? 지구온난화가 계속된다면 내 손자들은 어떤 세상에서 살게 될까? 또 한 명의 흑인 소년이 죽었다고? 왜 그를 죽였을까? 나는 안전할까?"

너의 진지한 질문들은 나를 멈추게 하고, 내 마음에 불을 붙인다. 하지만 너만이 이런 질문을 던지는 것은 아니란다. 2013년 이후로 너는 내가 동료들과 함께 사람들이 피하려 하는 주제들에 대해 진솔한 대화를 나눌 수 있는 공간을 만들어 가는 모습을 지켜보았지. 그 공간에 있는 사람들도 답을 찾으려 하지만, 우리는 그들이 빠르

● 1863년 1월 1일 링컨의 노예해방선언, 공식 명칭 '포고문 95호' 이후 154주년 (1863+154=2017)이란 뜻이다.

게 결론에 도달하지 말고, 주변에서 간과되고 인정받지 못한 진실들을 놓치지 않도록 격려한단다.

이 책은 우리의 이야기이며 우리의 노래이다. 이 책에서 너는 우리가 어떻게 두려움에 맞서 예상치 못한 참여자들과 함께 공동체를 세워 갔는지 보게 될 것이다. 이 책에는 세계적으로 인정받는 이론가들의 작업뿐만 아니라, 삶의 교훈을 나누었던 위대한 실천가들의 이야기도 담겨 있다. 그러나 아들아, 내가 항상 가르쳤듯이 진정한 스승은 다양한 모습으로 나타난단다.

많은 책을 출판하고 대학 강단에서 지식을 나눈 교육자들에게 감사하지만, 낡은 현관문과 부엌 식탁을 교실로 바꾸어 상상력을 일깨워 준 네 증조할머니 같은 스승들에게도 감사하자. 이 책에는 그들로부터 배운 교훈 중 극히 일부만 담겨 있지만, 그들의 이야기를 통해 그들의 진리가 너의 영혼 깊이 울려 퍼지길 바란다.

음악가를 꿈꾸는 너도 아마 알고 있겠지. 대부분의 작곡가가 전통 안에서 작업하지만, 어떤 이들은 자신만의 독창적인 소리를 찾으려고 한다는 것을. 이 책은 내가 깊은 음역에서 글을 쓰고, 나만의 진정한 작가적 목소리를 조율하려는 첫 번째 시도다. 웨스트민스터 존 녹스 출판사의 밥 래트클리프와 그의 동료들은 처음부터 내 작가적 목소리의 진정한 소리를 찾도록 격려해 주었다. 마찬가지로 루이빌 연구소의 돈 리히터와 신학 탐구 포럼의 가족들은 나에게 가슴 깊은 곳에서부터 글을 쓰라고 촉구했다.

에모리 대학교 캔들러 신학대학원 스와니 신학대학원, 에덴 신학대학원, 프린스턴 신학대학원, 그리고 예일 신학대학원에서 만난 학생들과 교수들은 내 글쓰기라는 성대를 시험해 볼 기회를 주었다. 또한 그들은 내가 음을 벗어났을 때 친절히 알려 주었다. 이 책은 단순한 오디션이 아니다. 이 책은 내 첫 번째 협주곡이다.

너도 알겠지만, 이것은 혼자 하는 연주가 아니다. 이 여정의 모든 단계에서 나는 교육자들, 활동가들, 치유자들, 예술가들, 연결자들 그리고 이웃들과 함께했다. 그들 각각은 나름의 방식으로 이 책의 작곡과 '두려움 없는 대화'의 발전에 기여했다. 이 자리를 빌려 그들에게 감사의 인사를 전한다.

언젠가 너와 네 동생이 책을 읽고 나의 내면 세계를 엿볼 날이 올 것이다. 내면을 탐구한 여정은 내가 읽은 어떤 책이나 나눈 대화만큼이나 많은 가르침을 준다. 이 통찰들을 나누면서, 나는 개인적·직업적 취약성을 감수했을 뿐 아니라, 매 순간 현명한 조언을 구했다. 나의 요다들●에게 특히 감사를 전한다. 너는 내가 내면을 탐구하며 아무도 닿을 수 없는 문을 지나갈 때 나와 함께 걸었던 몇몇 사람들을 알아야 한다. 그들에 대해 더 많이 알게 될수록 너는 나에 대해 더 잘 알게 될 것이다. 이 동반자들에게 감사의 마음을 전한다.

마지막으로, 나는 우리 혈연 속 사람들의 존재와 기도에 담긴 지원 없이는 이 길을 걸을 수 없었을 것이다. 그들의 동행과 사랑에 대해 데이, 딕슨, 엘리슨, 그리너웨이, 파월, 롤린스 그리고 와츠 가

● 영화 〈스타워즈(Star Wars)〉 시리즈에 등장하는 요다(Yoda) 캐릭터를 비유적으로 사용한 표현이다. 영화 속에서 지혜롭고 경험이 많은 스승으로, 제다이들에게 중요한 가르침을 주는 존재이다. '요다들'이란 저자가 조언을 구한 지혜로운 멘토들, 인생의 스승들을 의미한다.

문 모두에게 깊은 감사를 전한다. 그레그 시니어, 자넷 그리고 대런은 내가 흔들릴 때 나를 지탱해 주었다. 네 남동생 엘리샤는 단어가 떠오르지 않던 늦은 밤 내 곁에 앉아 있었다. 사랑하는 네 여동생 아나야는 공포가 예기치 않게 찾아온 밤들에도 희망을 잃지 않도록 나를 일깨워 주었다. 그리고 2001년 우리의 첫 데이트 이후로 너의 어머니 앙트와네트는 내가 최선을 다하도록 그리고 탁월함 외에는 다른 어떤 것에도 만족하지 않도록 나를 격려해 왔다. 이 여정에서 내 곁에 있었던 모든 사람, 이름이 언급된 사람들뿐만 아니라 이름이 언급되지 않은 모든 이에게 감사한다.

마지막으로, 너, 나의 사랑하는 이름을 물려받은 아이, 너는 나의 영혼을 비추는 창이다. 영원하신 하나님의 평화가 너의 모든 발걸음을 인도하시기를 기도한다.

2017년 1월 1일
조지아주 애틀랜타
너의 아빠
그레고리

차례

역서에 대한 추천사 _3

역자 서문 _7

이 책을 향한 뜨거운 격찬 _11

원서에 대한 추천사 _13

저자 서문 _19

제1장 — 두려움 + 없는 대화 개요   27

- '두려움 없는 대화'의 탄생: 신의를 통해 진실을 찾다 _33
- 두려움+없는 대화 _41
- 셀 수 없이 많은 예상치 못한 참여자 _45
- 앞으로의 여정 _49
- 3피트, 세 단어, 세 기둥 _53
- 조용한 용기로 말하고 존재하다 _57

제2장 — 깊은 어둠 속에서의 대화
알지 못하는 것에 대한 두려움   59

- 구석기시대의 두려움: 삼만 년 동안 미지와 마주하기 위한 공간을 창조하다 _67
- 발견의 실험실: 공간 창조에 대한 세밀한 고찰 _71
- 미지의 세계를 신성한 신비로 받아들이기: 밝은 구름 속으로의 여정 _75
- 익숙한 미지: 새로운 시선을 위한 상상력 되살리기 _81
- 미지의 세계를 하나의 통합된 공간으로: 살아 있는 생태계에서 배우다 _89
- 경외의 눈으로 세상을 보다 _93
- 마지막 이야기: 펑크 재즈 카페와 공간을 만들어 가는 예술 _99

제3장 — 조건 없는 환대의 식탁
낯선 사람에 대한 두려움   103

- 낯선 이들과의 동행: 환대와 적대 그리고 이웃 사랑의 두려움 _109
- 공공의 낯선 사람들: 소중한 기억과 공공의 증언 _115
- 익숙한 낯선 사람들: 보이는 것 이상의 존재 _127
- 친밀한 낯선 사람들: 생사의 갈림길에서 만난 자유 _135
- 내면의 낯선 사람: 마음의 풍경 속 여행자들 _145
- 마지막 이야기: 환영의 테이블-회고 _155

제4장 — 학생들이 볼 때
"무시당함"에 대한 두려움   159

- 툭 떨어지는 소리: 침묵 속의 상처와 위협 _165
- 보이는 눈: 우리 주변의 인정받지 못한 이들 _169
- 파이프라인의 학생들: 보이지 않는 것에 대한 수십 년의 질문 _173
- 잘려 나갔으나 여전히 살아 있는: 눈에 보이는 것 이상의 이야기 _177
- 이상한 자유: '보이지 않는' 문화 속에서 살아가는 네 가지 기본 원칙 _183
- 서면의 낯선 자유로 돌아가며 _191
- 마지막 한마디: 메마른 땅에 던져지지 않으려면-우리는 자유를 위해 삶을 바칠 것이다 _195

제5장 ─ 사랑의 목소리 듣기
무지해 보이는 것에 대한 두려움 — 201

- 덜 인간적이고, 학점 이상인 존재: 가치, 거리 그리고 자격 없음의 불안 _209
- 귀를 열고 땅을 고르다: 지적 겸손, 공감적 경청 그리고 준비되지 않았다는 불안함 _227
- 깊이를 탐구하며: 겸손한 질문, 신비 그리고 준비되지 않았다는 불안 _239
- 산골짜기 깊은 틈으로: 어려운 질문을 묻는 여정 _245
- 마지막 말: 기도 _257

제6장 ─ 선한 죽음을 위하여
억압적 시스템에 대한 두려움 — 261

- 활동가의 초상: 소명에 대한 의문, 왜곡된 자기 _271
- 소속감의 문제와 평면적 존재의 위험: 부정의 소명을 넘어서 _281
- 온화한 거인과 빅 스리: 체계적 위협 앞에서의 희망의 개입 _287
- 예수, 버림받은 사람들 그리고 빅 스리와의 광야 대결: 저항과 비저항의 길을 개척하며 _293
- 나는 길이다: 적합성과 평면성을 덤어선 다섯 가지의 두려움+없는 저항의 대안적 길 _303
- 마지막 이야기: 3피트씩 변화를 만들어 가는 여정 _321

| 후주 _323

제 1 장

두려움 + 없는 대화
(Fear+Less Dialogues)
개요

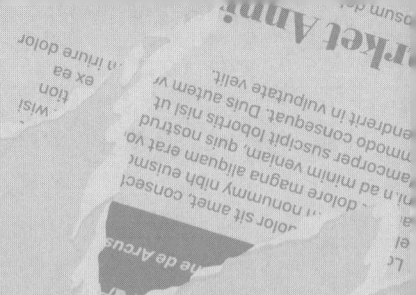

책의 페이지들 속에서 나는 '두려움 없는 대화'가
어떻게 예상치 못한 참여자들이 두려움을 극복하고 진솔하고
어려운 대화에 참여할 수 있는 독특한 공간을 만들어 내는지 나누고자 한다.
이와 함께 우리는 자기 성찰의 여정을 시작하고,
우리의 3피트(91.44cm) 안에서 만나는 다양한 사람과 깊이 교감하며
사회적 변화를 어떻게 촉진할 수 있는지 탐구할 것이다.

내 머리 위로 3피트(91.44cm)짜리 줄자를 뻗을 때, 피켓을 들고 자유를 외쳤던 흑인 선조들의 존재를 느낀다. 나는 줄자의 양 끝을 단단히 움켜쥔다. 팔을 높이 들고 무릎을 꿇은 자세로 시위를 이어가는 젊은 활동가들과의 연대감을 느낀다. 내 다리는 최루탄에도 아랑곳하지 않고 굳건히 서 있다. 그러나 눈시울이 뜨겁다. 온갖 색깔의 얼굴들이 떠오르기 때문이다.

잠시 동안, 나는 기억 속의 얼굴들을 조용히 바라본다. 그들 역시 머리 위로 3피트짜리 줄자를 들고 있다. 눈물에 젖은 눈으로 그들을 분명히 본다. 귀에서 귀까지 이어지는 칼자국 흉터를 가진 전직 뉴올리언스 갱단 두목, 그의 왼편에는 스페인어를 사용하는 뉴욕의 목사와 휠체어를 탄 조지아의 활동가가 있다. 방 안을 둘러보며 나이 든 백인 남성 사업가의 수수께끼 같은 미소를 발견한다. 그의 옆에는 지옥 같다는 말을 들은 그녀의 공동체에서 천국의 한 조각을 본 퍼거슨 출신의 갈색 피부 소녀가 서 있다.

나는 방을 둘러보며 '두려움 없는 대화'가 열어 온 수많은 힘들고 진솔한 대화에 끌린 수천 명의 예상치 못한 참여자들의 얼굴을 떠올린다. 그리고 나는 모니크 리바르드Monique Rivarde●를 본다.

● 모니크 리바르드는 바비 틸맨Bobby Tillman의 어머니이다. 바비 틸맨은 2010년 11월 7일, 조지아주 더글러스빌에서 열린 한 파티에서 우연히 폭행을 당해 사망한 18세의 청년이다. 그는 파티에 참석하지 않았지만, 단순히 길을 지나가다 폭행의 대상이 되었고, 무차별적인 공격으로 인해 심장이 파열되며 목숨을 잃었다. 이 사건은 지역 사회에 큰 충격을 주었고, 그의 어머니 모니크는 아들의 죽음을

'두려움 없는 대화'가 대중 담론으로 자리 잡기 12개월 전, 나는 사람들로 가득 찬 법정에서 모니크를 만났다. 분노의 먹구름이 선고를 덮었고, 그녀의 뺨에는 눈물이 흘렀다. 하지만 두려움에 물러서지 않았다. 모니크는 그녀의 열여덟 살 아들을 살해한 이들의 눈을 똑바로 바라보며 더 나은 사람이 될 것을 당부했다. 그녀는 단 한 번도 목소리를 높이지 않았지만, 그녀가 말할 때 사람들은 가까이 다가와 들으려 했다. 몇 달 후, 경찰의 가혹행위에 관한 '두려움 없는 대화'의 공동체 모임에서 모니크는 약 200명에 이르는 사람들에게 또 다른 도전을 제안했다. "우리 주변에서 간과되고 있는 사람들의 고통을 보고, 들으세요". 그녀의 말은 방 안에 있는 모든 사람의 영혼에 울려 퍼졌다. 다시 한번 그녀는 낮은, 그러나 우렁찬 속삭임으로 이야기했다.

모니크는 조용하면서도 강력한 저항의 한 형태를 보여 준다. 케빈 콰시 Kevin Quashie에 따르면, 저항을 단순히 귀를 찢을 듯한 외침으로만 정의하는 것은 "너무 거칠고 모호하며, 인간의 다양한 행동과 열망을 담아내기엔 부정확하다".[1] 역사에서 조용한 저항이 간과될 때, 우리는 텔레비전에 비춰지는 거대한 시위의 발자취를 찬양하는 동시에, 모니크처럼 결코 뉴스에 오르지 않을 수백만 명의 일상적

> 계기로 'Brothers and Fathers Against Murder(BFAM)'라는 비영리 단체를 설립했다. BFAM은 폭력 예방과 청소년 교육을 목표로 하며, 모니크는 이를 통해 청소년들에게 평화와 자기 존중의 중요성을 전달하고자 노력하고 있다. 바비의 폭행 가해자들은 살인 혐의로 기소되었고, 일부는 종신형을 선고받았다. 이 사건은 폭력에 대한 경각심을 일깨워 주었으며, 모니크는 계속해서 폭력 근절을 위한 활동을 이어 가고 있다.

인 저항을 지워 버리게 된다.

 '두려움 없는 대화'는 공동체가 보이지 않는 사람들을 보고, 묻힌 목소리를 들으며, 조용한 저항과 두려움 없는 말을 통해 변화를 일으키도록 돕는다.

'두려움 없는 대화'의 탄생:
신의를 통해 진실을 찾다

◆

2013년 5월의 무더운 오후였다. 그러나 동료들은 하나둘씩 회의실로 들어섰다. 이 여름 세미나에 참석한 모든 이들은 대화를 나눌 준비가 되어 있었으며, 내 첫 번째 책 『죽음처럼 외면당했으나 여전히 살아 있다: 아프리카계 미국인 젊은 남성들을 돌보다 Cut Dead but Still Alive: Caring for African American Young Men』에 담긴 이론을 현실로 가져오기를 갈망하고 있었다. 총 열두 명이 회의실 테이블에 둘러앉았다. 말을 꺼내기 전, 나는 이 예상치 못한 참여자들을 천천히 둘러보았다. 테이블에는 발전소 엔지니어, 마케팅 회사 임원, 그래픽 디자이너, 지역 사회 활동가, 마약상에서 예술가로 변신한 사람, IT 전문가, 프리랜서 기자, 가수, 목사, 패션 디자이너 그리고 기업 변호사가 있었다.

방 안이 조용해지자 나는 조용히 원을 이루고 앉은 각 사람의 눈을 바라보았다. 각자의 눈동자 뒤에는 이야기가 보였다. 그리고 홍채 너머에는 각자의 은사가 숨어 있었다. 이어지는 침묵 속에서 나는 선조들과 대천사들이 우리의 앞날을 축복하고, 아직 태어나지 않은 이들이 우리의 입을 자유롭게 열도록 도와주는 것을 느낄 수 있었다. 조용한 저항을 깨뜨리며 나는 일곱 마디의 간단한 초대의 말을 속삭였다.

"드디어 여러분을 보게 되어 정말 기쁩니다(It is good to finally see you)".

다음 한 시간 동안, 마음을 담은 자기소개가 자유롭게 진행되었다. 이 자리에 모인 재능 있는 사람들은 변화의 촉매제가 될 잠재력을 지니고 있었다. 그러나 소개가 이어지는 사이사이에는 어딘가 불편한 침묵이 맴돌았다. 자세히 들여다보니, 미묘한 미소와 어색한 웃음 속에 긴장된 에너지가 감춰져 있었다. 사람들은 다른 모임에서 겪었던 비슷한 경험담을 꺼냈다. 각 이야기는 암울하고 비극적인 상황이 반복되는 듯했다.

- 열정적인 리더들이 모인다.
- 가부장주의, 영역 다툼 그리고 두려움이 대화를 억누른다.
- 대화의 틀이 없어서 리더들은 익숙한 이론, 실천, 교리로 되돌아간다.
- 창의성, 협력 그리고 변화가 사라진다.
- 좌절한 리더들이 떠난다.

이런 대화의 탈선을 피하기 위한 새로운 길을 모색하며, 우리는 '신의(troth)'※를 선언했다.

몇 세기 전, 개인과 공동체는 서로와 신성한 유대를 맺기 위해 '신의'라는 약속을 선언했다. 고대 영어에서 유래한 '신의'는 사람이나

● 믿음과 의리를 아울러 이르는 말.

공동체가 서로 책임을 지고 변화하는 관계로 들어가기로 맺는 서약이었다. 이러한 엄숙한 약속은 알 수 없는 위험에 맞서 믿음의 관계를 구축했다.² 우리의 '신의'는 단순했다. 우리는 드러나 있지만 보이지 않는 개인과 공동체를 보는 눈을 기르기로 했다. 그림자 속에서 외치고 있는 이들의 소리를 듣는 귀를 기울이기로 맹세했다. 이러한 훈련과 조율 과정에서 우리는 공동체를 유지하고, 그룹 내에서 발생하는 갈등을 용기와 겸손으로 다루기로 약속했다. 이 '신의'는 우리의 길을 밝혀 주고 상호작용을 이끌어 줄 터였다.

몇 주 동안 우리는 함께 읽고, 먹고, 이야기를 나눴다. 우리의 수업은 평범한 수업과는 거리가 멀었고, 도시가 우리의 실험실이었다. 그래서 우리는 함께 도시의 거리를 걸으며, 지역 사회 활동가와 목회자들에게 배웠다. 그리오griot● 같은 할머니들과 소탈한 마약상들과 이야기를 나누었다. 시간이 지나며 우리는 주변 세상에서 작지만 눈에 띄는 변화를 알아차리기 시작했다. 우리는 세상을 다르게 보고 있었고, 더 깊이 듣고 있었으며, 우리 자신도 내적으로 변화하고 있었다.

그러나 우리의 시야가 점점 명확해지던 그때, 맹목적인 분노가 소셜미디어에 퍼지기 시작했다. 우리는 더 깊이 들을 수 있게 되었음에도 불구하고, 뉴스에서 들끓는 불화의 고조를 외면할 수 없었다.

● 서아프리카 전통 사회에서 이야기꾼이자 음악가, 역사가, 지혜로운 조언자 역할을 하는 사람.

조지 짐머만George Zimmerman 무죄 선고와 그 후의 반응

조지 짐머만, 무죄 판결 후 석방3

소셜미디어 분노 폭발: 전직 동네 순찰원이 살인 혐의에서 풀려나며 논란 증폭4

"하나님은 인종차별주의자" 아이비리그 교수 비판

트레이본 마틴Trayvon Martin 사건 판결, 논란은 끝나지 않았다.

"정의는 없다" 트레이본 마틴을 위해 행진하는 수천 명의 사람들5

짐머만 판결 이후, 트레이본 마틴만이 희생자가 아니다6

오바마 대통령 "트레이본 마틴은 나였을 수도 있다"7

짐머만 판결 후 백인 교회들, 드물게 조용히 지나가8

2013년 7월 13일, 조지 짐머만이 트레이본 마틴을 살해●한 혐의에서 무죄를 선고받은 이후, 건설적인 대화는 중단되었다. 저녁 식탁과 점심 식당에서의 대화는 정의를 외치는 비명과 침묵 속의 슬픔 사이에 끼어 있었다. 수천 명의 사람이 도시의 거리와 광장을 가득

● 트레이본 마틴 사건은 2012년 2월 26일, 플로리다주 샌포드에서 발생한 인종차별적 폭력 사건이다. 17세의 아프리카계 미국인 청소년인 트레이본 마틴은 동네를 걷고 있던 중, 자경단 활동을 하던 조지 짐머만에 의해 의심을 받았다. 짐머만은 그를 추적하고 대화를 시도했으며, 이후 물리적 충돌이 일어나고 짐머만은 트레이본을 총격으로 살해했다. 짐머만은 자기방어를 주장했지만, 트레이본은 무장하지 않았고 단지 집으로 가고 있었을 뿐이었다. 사건은 인종차별적 요소가 있다는 비판을 받았고, 전국적으로 큰 논란을 일으켰다. 트레이본의 부모와 시민들은 항의하며, 'Black Lives Matter' 운동(흑인들의 생명과 권리를 보호하고, 경찰 폭력 및 인종차별에 대응하기 위해 시작된 국제적인 사회 운동)이 본격적으로 확산되었다. 2013년 짐머만은 재판에서 무죄를 선고받았고, 사건은 미국 사회의 인종과 법 집행 문제를 부각시켰다.

메우며 항의했고, 더 많은 사람은 도덕적 갈등 속에서 집에 머물렀다. 어떤 이는 자신의 침묵이 비난받는 것을 두려워하며 침묵을 합리화했고, 또 다른 이는 자신이 공모자가 아닌지 자문했다. 이 감정의 화약고를 변화의 창의적 매개체로 전환할 수 있는 진솔하고 어려운 대화를 나눌 공간이 필요했다.

이제 '두려움 없는 대화'가 이론에서 실천으로 나아갈 때가 되었다. 그래서 5월 회의실에 모였던 열두 명은 소셜미디어, 라디오, 그리고 인쇄 매체를 통해 행동에 나설 것을 촉구했다.

"우리는 2013년 7월 20일, 짐머만 판결에 대해 지역사회 대화를 나눌 것입니다. 모두 환영합니다!"

◆ 지상에 펼쳐진 천국: 움직임이 시작되다

여름 열기에 달아오른 콘크리트 위로 빗물이 쏟아졌고, 증기는 신비로운 안개처럼 피어올랐다. 교통체증이 애틀랜타를 휘감았지만, 300명의 사람들이 길을 찾아 나섰다. 고속도로의 병목을 피하고 골목길을 헤치며 그들은 에모리 대학교에 도착했다. 이들은 오래된 방식, 즉 의원에게 편지를 쓰거나 의사당 계단에서 플래카드를 들고 항의하는 선택에 만족하지 않았다. 어떤 이들은 드디어 자신을 드러내 보일 수 있는 장소를 원했고, 더는 그림자 속에서 소리치고 싶지 않아 했다. 또 어떤 이들은 정치 해설가의 의견이 아닌, 실제 사람들의 생각을 들을 공간을 찾고 있었다. 안개를 뚫고, 그들은 변화를 찾으며 우리를 만났다. 우리는 그들을 주차장에서 '조건 없는 환대Radical Hospitality'로 맞이했다. 각 사람에게 같은 인사가 전해졌다. "드디어 당신을 보게 되어 정말 기쁩니다. '두려움 없는 대화'에 오신 것을 환영합니다. 변화를 맞이할 준비가 되었나요?"

건물 안으로 들어오자, 생생한 음악이 공기를 물들였다. 문 옆 등록 테이블에 서 있던 '두려움 없는 대화' 팀원은 각 사람을 다시 같은 말로 맞이했다. "드디어 당신을 보게 되어 정말 기쁩니다. '두려움 없는 대화'에 오신 것을 환영합니다. 변화를 맞이할 준비가 되었나요?"

등록 테이블에서는 대화가 계속되었다. 지역 사회 지도자들은 자신들이 신께 받은 은사를 독특하게 묘사하는 이름표를 선택하여 자신의 정체성을 드러냈다. 한 판사는 '치유자healer'라는 이름표를 선택했고, 에모리 대학교의 부학장은 '예술가artist'를 골랐다. 한 미혼모는 '교육자educator'라는 이름표를 자신의 옷에 붙였고, 공장 노동자는 '이웃neighbor'이라는 이름표를 택했다.9 자신의 은사로 지어진 별칭으로 정체성을 드러낸 후, 지역사회 지도자들은 '두려움 없는 대화' 팀원의 안내를 받아 위층으로 초대되었고, 또 한 번 같은 인사를 받았다. "드디어 당신을 보게 되어 정말 기쁩니다. '두려움 없는 대화'에 오신 것을 환영합니다. 변화를 맞이할 준비가 되었나요?"

짐머만 무죄 판결 이후 7일 동안 자극적이고 논쟁적인 언론보도로 인해 지친 이 300명은 자신들이 받은 영혼의 선물(은사)을 드러내며, 조심스럽지만 자랑스럽게 참여했다. 많은 이가 이해받고, 또한 이해하고 싶어 했다. 어떤 이들은 기대어 울 수 있는 어깨를 찾았고, 또 다른 이들은 분노를 토로할 장소를 갈망했다. 방은 사람들로 가득 찼다. 우리는 힘든 대화를 예상했지만 그날 저녁에 정확히 어떤 일이 일어날지는 알 수 없었다. 간단한 자기소개와 '두려움 없는 대화' 철학을 설명한 후, 참가자들은 등록 중 선택한 이름표를 기준으로 그룹으로 나뉘었다. '이웃' 이름표를 고른 사람들은 '예술가' '치유자' '교육자' 이름표를 선택한 사람들과 그룹이 되어 한자리에 앉았다. 그들의 직업은 재단 이사, 소규모 비영리 단체의 지도자, 공장 노동자, 학생, 마약상 등 다양했다.

본격적인 대화를 시작하기 전, 우리는 방 안에 있는 '두려움 없는 대화'의 '소통 촉진자animators'를 소개했다. 워크숍 진행자가 손을 든 참가자들을 지목하거나 발언 순서를 기다리게 하는 것과 달리, 소통 촉진자는 대화를 생동감 있게 만들도록 특별히 훈련된 사람들이다. 그들은 대화에 참여하는 예상치 못한 참여자들에게 영감을 주고, 격려하며, 새 활력을 불어넣는다.

소통 촉진자들이 대화의 기본 규칙을 제시한 후, 작은 그룹으로 나뉜 참가자들은 대화에 빠져들었다. 첫날, 우리는 아직 우리의 시그니처 이론 기반 실험을 개발하지 않았지만, 회의 테이블에 앉아 도시를 함께 걸었던 열두 명은 이 300명의 대화가 깊어지며 희망의 불씨가 타오르는 것을 느꼈다.

거의 한 시간이 지났다. 밴드는 마지막 곡을 마쳤지만 대화의 잔잔한 웅성거림은 계속되었다. 참여자들은 대화에 깊이 몰두했다. 우리는 조건 없는 환대의 영향을 과소평가했다. 또한 보이지 않는 것을 보고, 묻혀 있는 목소리를 들을 수 있도록 공간을 마련하는 것의 가치를 충분히 인지하지 못했다.

건물을 나서던 중 잊을 수 없는 만남이 나를 기다리고 있었다. 문을 거의 나설 즈음, 마약을 판매하던 한 젊은 남성이 나를 옆으로 불러 세우고 눈을 깊이 바라보았다. 나는 그의 말이 우리의 움직임에 불을 지피는 촉매가 될 줄은 몰랐다. 그의 말은 무거운 남부 억양과 함께 떨어졌다. "여기는 천국 같았어요. 내가 판단 받지 않고 내 이야기와 감정을 나눌 수 있는 곳은 많지 않거든요".

이틀 뒤, 열두 명이 다시 회의실에 모였다. 우리는 식사를 하며 그 토요일 오후의 순간을 되짚었다. 학장이 마약상에게서 그만의 은사를 보았던 순간, 공장 노동자가 재단 임원의 취약함을 들었던 순간, 대학원생과 슬픔에 잠긴 어머니가 공동체의 변화를 상상했던 순간들이었다. 그 비 오는 오후, 우리는 지상에서 천국을 엿본 듯한 기분을 느꼈다. 2013년 7월 20일, 인간의 행동과 신적^{divine} 개입이 충돌하며 '두려움 없는 대화'가 탄생했다.

두려움+없는 대화
(FEAR+LESS DIALOGUES)

◆

'두려움 없는 대화'는 풀뿌리 비영리단체로, 예상치 못한 참여자들이 함께 모여 진솔하고 어려운 대화를 나눌 수 있는 독특한 공간을 만드는 데 전념하고 있다. 이 대화를 통해 사람들은 서로의 은사를 보고, 이야기의 가치를 듣고, 자기 자신과 타인 속에서 긍정적인 변화와 성장을 이루고자 한다. '두려움Fear'과 '없음Less'이라는 단어를 개별적으로, 그리고 하나의 복합어로 비판적으로 생각하는 것은 이 작업의 핵심이다. 지금 이 세 단어를 함께 생각해 보길 바란다.

[두려움(Fear)] 명사

[정의] 누군가 또는 무언가가 위험하거나, 고통을 유발하거나, 위협이 된다는 믿음에서 비롯된 불쾌한 감정.

밀폐된 방에서 새어 나가는 얇은 공기처럼, 두려움은 숨을 막히게 하고, 우리를 닫히고 고립되게 만든다. 낮에는 우리를 따라다니고, 밤에는 괴롭히는 두려움은 "누군가가 혼자 있을 때, 불이 꺼질 때, 혹은 사회적 방어 기제가 잠시 제거될 때 곧바로 행동할 준비가 되어 숨어 있다".[10] 이 만연한 두려움은 갈등을 예상하며, 이는 "강자와 약자, 환경을 통제하는 자와 통제를 받는 자의 관계 중심부"에 뿌리를 내리고 있다.[11] 두려움은 종종 일방적으로 보인다. 약자가 강자에게 겁을 먹는 것처럼 보이기 때문이다. 그러나 논의되지 않고 드러나지 않은 두려움도 많은 강자의 마음속에 자리 잡고 있다. 그들은 자신들이 높은 자리에 있는 동안 힘겹게 내려올 가능성을 두려워한다. 두려움의 한 가지 심각한 결과는 힘의 외관이나 약함의 표면을 넘어, 내면에 숨겨진 힘을 볼 수 없는 능력의 상실이다. 의미 있는 연결을 구축하려면 개인과 공동체는 두려움에 정면으로 맞서야 한다.

[없음(Less)] 형용사 및 대명사

[정의] 더 적은 양, 많지 않음.

두려움의 해독제인 '없음'은 겸손, 통찰력 그리고 타인 위에 군림하려 하지 않겠다는 의도적인 자세를 의미한다. 이 자세는 모든 답을 얻으려는 유혹을 거부하고, 질문을 제기하는 신비로운 여정에 몸을 맡긴다. '없음'은 통제를 감소시키는 것이 아니다. 오히려 이 자세는 먼저 듣고 마지막 말에 집착하지 않으며, 다른 이들이 문제로만 여기는 곳에서 선물을 볼 수 있는 조율과 훈련을 요구한다. 오늘날 뉴스 해설자들이 틀릴까 봐 두려워하며 상대를 소리쳐 무너뜨리는 대화의 풍경 속에서 '두려움 없는 대화'는 대화를 나누는 새로운 방식을 제시한다. '없음'은 곧 더 많은 것을 의미한다.[Less is more]

[두려움＋없음(Fear-less)] 형용사

[정의] 두려움이 없는.

가장 흔한 정의인 "두려움이 없는fearless"을 의도적으로 지웠다. 이는 '두려움 없는 대화'의 작업에 맞지 않기 때문이다. 일반적인 사용에서 'fearless'는 'fear(두려움)'와 '-less(없음)'라는 어근과 접미사로 구성된다.

이 구조는 진솔하고 어려운 대화가 두려움 없이 존재할 수 있다는 의미를 내포하지만, 실제로 예상치 못한 참여자들이 전혀 두려움 없이 이런 대화에 참여하는 경우는 드물다.

두려움+없음(Fear+less) 형용사

[정의] 두려움의 현실과 '없음'의 가능성을 동시에 다루며, 예상치 못한 참여자들이 진솔하고 어려운 대화를 나눌 수 있도록 자유롭게 한다.

예상치 못한 참여자들을 모으는 작업에서 선호되는 구조는 'fearless'라는 단어를 복합어('fear' + 'less')로 정의하는 방식이다. 이 복합 구조를 염두에 두면, 'less'는 '더 적은 정도로'라는 의미를 가지며, 이는 두려움을 이름 붙이고 인정할 때, 그 두려움이 어려운 대화에 미치는 억압적인 영향이 줄어든다는 것을 암시한다. 더 나아가 'less'는 대화 참여자들 사이에서 '덜함lessness'의 훈련된 자세를 떠올리게 한다. 따라서 복합어로서 'fear+less' 대화는 예상치 못한 참여자들이 함께 도전적인 주제를 탐구할 수 있는 더 큰 가능성을 제공한다.

셀 수 없이 많은 예상치 못한 참여자

◆

'두려움 없는 대화'는 예상치 못한 참여자들을 한자리에 모아 대화를 나누도록 한다는 점에서 독특한 가치를 지닌다. 첫 번째 '두려움 없는 대화' 커뮤니티 모임에서는 에모리 대학교의 교수, 학생, 직원, 행정가들이 판사, 재단 임원, 공장 노동자, 선출직 공무원, 마약상 그리고 의사들과 공통의 기반을 찾았다. 2013년 그 무더운 여름 오후 이후, '두려움 없는 대화'는 대학 강의실, 기업 이사회실, 교회 내 집회실 그리고 커뮤니티 센터 등에서 15,000명 이상의 예상치 못한 참여자들을 대화의 장으로 초대했다. 감옥에 있는 청소년과 일하든, 지역 사회 활동가와 일하든, 교육 전문가와 일하든, 또는 이 사회와 함께 일하든, '두려움 없는 대화'는 매일 우리와 같은 공간을 공유하는 사람들조차도 '익숙한 낯선 사람들 Familiar Strangers' 역할을 할 수 있음을 강조한다. 따라서 우리는 판사와 범죄자, 부자와 가난한 자, 노인과 청년 같은 예상치 못한 참여자들이 서로를 새로운 시각으로 보고 들을 수 있는 환경을 조성한다.

이 책은 예상치 못한 참여자들 간의 커뮤니티 대화를 재현하여 '두려움 없는 대화'의 방법론을 설명한다. 이 책의 페이지들 속에서 당신은 목회 신학, 퀘이커 철학, 아프리카계 미국인의 역사, 20세기 신비주의 이론의 목소리를 발견할 것이다. 또한 흑인 문학 전통에서 비롯된 조상의 지혜를 만날 것이다. 나의 어린 시절의 잊지 못할 순간들, 조부모님들의 지혜 그리고 '두려움 없는 대화' 모임에서의 변화를 가져온 만남들이 이 책에 담겨 있다. 기업 임원과 예술가, 갱단 조직원와 전업주부 간의 진솔한 대화가 '두려움 없는 대화'의 작업에서 중요한 것처럼, 이 책의 다양한 대화 상대의 조화로운 목소리도 학습에 필수적이다. '두려움 없는 대화'의 방법론이 진정성을 유지하려면, 그 과정이 결과를 정당화하는 것이 아니라 과정 자체를 실천해야 한다.

저자로서 이 책에서 대화를 '생동감 있게 전하는' 역할을 맡게 된 영광을 기꺼이 받아들인다. '두려움 없는 대화'에서 소통 촉진자는 참여자들의 손을 들어주는 전통적 방식과 달리, 대화를 생동감 있게 만드는 데 중점을 둔다.

시, 산문, 문화 비평 그리고 역사적 순간들까지 자유롭게 넘나드는 내 글쓰기 방식은 내 교육과 상담 접근 방식을 반영한다. 이 접근 방식은 독자의 상상력을 몇 초 안에 사로잡지 못하면 곧바로 관심을 잃을 수도 있다. 이 책의 시와 창의적 글쓰기는 예술가들의 상상력을 자극하기 위한 것이다. 신비적 전통과 개인 및 공동체의 온전함을 중진하는 실천에 대한 관심은 치유자들에게 울림을 줄 것이다. 이론적 자료에 대한 면밀한 분석과 다양한 감각 학습 스타일에 대한 관심은 교육자들의 마음과 정신을 새롭게 할 것이다. 실험실에서 형성된 다양한 시도는 이웃들에게 연결의 감각을 제공할 것이다. 활동가들은 이 책을 통해 보이지 않거나 소외된 사람들을 보고, 듣고, 함께 서 있는 민감성을 측정할 수 있는 기준으로 삼을 수도 있다. 마지막으로, 연결자들은 '두려움 없는 대화'의 소통 촉진자들이 강렬한 개인적 성격과 불안정한 권력 역학을 조화롭게 다루며 대화를 생생하게 만드는 방법을 분석할 기회를 가질 것이다.

마지막으로, 이 작업은 두려움 없는 독백Fearless Monologue이 아니기에 당신도 대화에 초대받게 될 것이다. 이 책 전체에 걸쳐 나는 이론, 실천 그리고 서사 사이를 오가며 당신에게 직접 질문을 던질 것이다. 이러한 질문들은 깊은 철학적, 직업적 무게를 지니며, 당신은 가까운 노트나 책 여백에 생각과 감정을 끄적이며 목소리를 낼 수 있을 것이다. 이 책은 워크북이 아니지만, 다음 페이지들은 타인과의 대화를 유도하고, 자기 자신과의 깊고 성찰적인 대화를 촉진하도록 쓰였다. 특히 긴장이 고조되는 순간이 있을 때는 숨을 쉬거나, 스트레칭을 하거나, 침묵을 관찰하라는 나의 초대를 받아들이길 바란다. 사랑하는 독자여, '두려움 없는 대화'의 예상치 못한 참여자로 참여해 달라는 나의 초대를 받아들여 주길 바란다. "드디어 당신을 보게 되어 정말 기쁩니다. '두려움 없는 대화'에 오신 것을 환영합니다. 변화를 맞이할 준비가 되었나요?"

앞으로의 여정

◆

'두려움 없는 대화'는 전 세계 수천 명의 예상치 못한 참여자들과 수많은 공동체와 함께 일하면서, 대화를 방해하는 다섯 가지 주요 두려움을 관찰해 왔다. 그것은 바로 알지 못하는 것에 대한 두려움, 낯선 사람에 대한 두려움, '무시당함Plopping'에 대한 두려움, 무지하게 보이는 것에 대한 두려움 그리고 억압적 시스템에 대한 두려움이다. 이 책의 제2장부터 제16장까지 '두려움 없는 대화'가 이 두려움들을 어떻게 이론과 실천으로 극복하며 의미 있는 소통을 가능하게 하는지 살펴본다.

제2장: 알지 못하는 것에 대한 두려움과 맞서기

어려운 대화를 나누기 위한 독특한 공간을 창조하는 것은 '두려움 없는 대화'의 강점이자, 알지 못하는 것에 대한 두려움에 대한 우리의 대답이다. 제2장에서는 '깊고 어두운 밤'과의 대화를 통해 빛나는 어둠luminous darkness●속으로 우리를 안내한다. 이 신비로운 어둠 속에서 나는 실패를 포용하고, 감각을 자극하며, 자유의 작은 틈새를 발견하는 공간을 '두려움 없는 대화'가 어떻게 만들어 내는지 나

● '빛나는 어둠'은 어둠 속에서도 발견되는 빛과 진리, 또는 혼란과 고통 속에서 얻는 깨달음과 희망을 의미한다. 이는 이분법적인 사고를 초월하여, 삶의 복잡한 모순 속에서 통합적인 깨달음을 추구하는 깊은 영적·철학적 개념이다.

• 49

눈다. 이 장에서 나의 할머니의 지혜와 바바라 브라운 테일러의 성례적 시선sacramental vision●은 당신이 머무는 공간을 제단으로 변화시킬 것이다.

▌제3장: 낯선 사람에 대한 두려움 줄이기

외할머니의 환대가 가득한 식탁에서 우리는 낯선 사람에 대한 두려움을 줄이는 법을 배웠다. 제3장에서는 '두려움 없는 대화'만의 독특한 조건 없는 환대 접근법을 소개한다. 교육자 파커 J. 파머, 목회상담자 로버트 C. 다익스트라, 사회심리학자 스탠리 밀그램 그리고 총을 든 나의 할머니 같은 다양한 이론가와 나눈 이야기들을 통해, 당신은 공공의 낯선 사람들Public Strangers, 익숙한 낯선 사람들Familiar Strangers, 친밀한 낯선 사람들Intimate Strangers 그리고 내면의 낯선 사람The Stranger Within의 개념을 이해하게 될 것이다.

▌제4장: '무시당함'에 대한 두려움 극복하기

교실, 이사회실 혹은 가족 식탁에서 진심을 담아 말했지만, 당신의 말이 아무런 반응도 없이 바닥에 떨어지는 경험을 해 본 적이 있는가? 교육의 대가 제인 벨라는 이런 고통스러운 경험을 '무시당함'이라고 부른다. 제4장에서는 이 두려움을 탐구하기 위해 애틀랜타의 도심 고등학교에서 프린스턴 대학교의 고풍스러운 강의실까지 이어진 나의 교육 여정을 나눈다. 고등교육 기관들에서의 교훈과

● 보이는 것 너머에 있는 영적이고 신비로운 현실을 보는 능력.

심리학자 윌리엄 제임스와 사회 심리학자 킵링 윌리엄스의 이론은 '두려움 없는 대화'가 주변의 간과된 사람들unacknowledged을 어떻게 인식하게 돕는지에 대한 통찰을 제공한다.

제5장: 무지해 보이는 것에 대한 두려움 다루기

"나는 부족하다. 준비되지 않았다. 내 능력이 모자란다". 이 세 가지 불안은 무지하게 보이는 것에 대한 두려움을 감춘다. 제5장에서는 이러한 가면을 벗겨내기 위한 '두려움 없는 대화'의 세 가지 접근법을 소개한다. 가까이 다가가기, 공감적으로 듣기, 겸손하게 질문하기를 배우면서, 나는 사회학자 제임스 A. 벨라-맥코넬, 목회 상담학자 카렌 셰입 그리고 가르멜회 수도사 윌리엄 맥나마라의 작업을 읽어 볼 수 있을 것이다.

제6장: 억압적 시스템에 대한 두려움 넘어서기

"나는 활동가가 아니야. 왜냐하면 나는······". 너무나 많은 변화의 주체들이 억압적 시스템에 의해 허용 가능한 행동의 한계가 미리 정해져서 무기력한 상태에 빠지곤 한다. 제6장에서는 "내가 선한 죽음을 맞기 위해 무엇을 해야 하는가?"라는 뼈아픈 질문을 탐구한다. 마틴 루터, 하워드 서먼, 예수 그리스도 그리고 나의 어린 시절 영웅들의 삶을 통해 우리는 우리 주변 3피트(91.44cm)를 변화시킬 동력을 얻게 될 것이다.

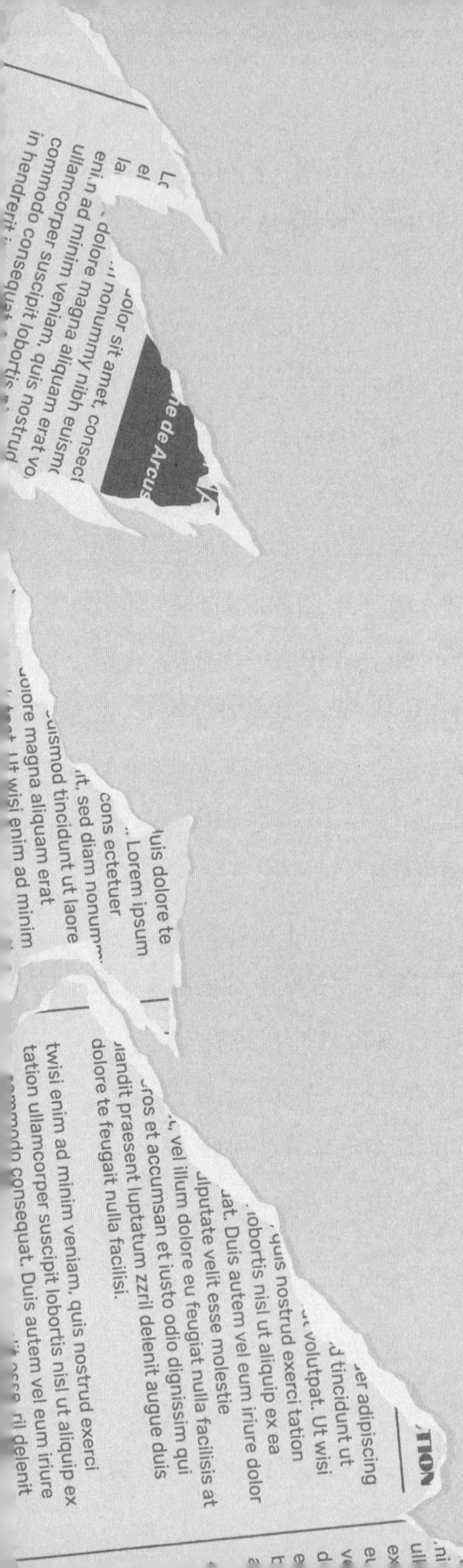

3피트(91.44cm), 세 단어, 세 기둥

◆

내가 바하마의 강당, 상파울루의 교실, 애틀랜타의 콘서트홀, 혹은 멤피스의 교회에서 연설할 때마다, 나는 3피트짜리 줄자를 머리 위로 들고 있는 청중들에게 같은 도전을 던진다. 그들과 눈을 마주하며, 나는 '두려움 없는 대화'의 외침과 어린 시절의 인생을 바꾼 이야기를 나눈다.

이건 놀랍지 않을 수도 있겠지만, 저는 어린 시절부터 특이한 아이였고 큰 질문을 던지곤 했습니다. 저는 운동가들이 가득했던 집에서 자랐고, 애틀랜타의 마틴 루터 킹 주니어 센터의 그림자 속 언덕을 걸어 다녔습니다. 저의 고모 도티는 제가 여덟 살 때 "어떻게 세상을 바꿀 수 있을까요?"라는 질문을 했을 때도 놀라지 않았습니다. 그녀는 저의 소년다운 정의감을 존중하며 이렇게 답했습니다. "얘야, 나는 세상을 어떻게 바꿀 수 있는지 모르지만, 내 주변 3피트●를 바꿀 수는 있단다".

고모 도티와의 그 현관 대화가 있은 지 30년이 넘는 시간이 흐른 지금, '두려움 없는 대화' 팀은 전 세계 15,000명이 넘는 사람에게 자

● 상담사와 내담자의 거리를 50cm~1m라고 한다. 50cm 이내는 사적관계 거리, 1m 이상을 사회적 관계 거리라고 말한다. 3피트는 약 91.44cm이다.

신 주변 3피트를 지나치는 사람들의 삶과 이야기를 보도록 도전해 왔다. 이 3피트 도전은 정의를 위한 새로운 움직임의 중심축이다.

'두려움 없는 대화'는 지역적 변화와 세계적 변화를 36인치$^{91.44cm}$ 단위로 측정한다. 이는 다소 비전통적인 방식처럼 들릴 수 있다. 하지만 이는 나의 개인적인 신조, "한 번 보게 되면, 더는 보지 않을 수 없다"에 뿌리를 두고 있다. 기본적으로 '두려움 없는 대화'는 커뮤니티 리더들에게 자신의 3피트 범위 안에 있는 사람들과 자원을 완전히 인식하도록 독려한다. 이러한 인식을 통해 사람들은 세상을 바라보는 시야가 변화하고, 이를 통해 세상 속에서 움직이는 방식도 달라진다.

예를 들어, 매트르 디$^{maître\ d'}$,• 마약상, 노숙자, 혹은 트라우마를 겪은 십대가 하나님의 형상대로 지어진 존재이며, 아직 발견되지 않은 잠재력과 재능으로 공동체의 흐름을 바꿀 수 있는 사람임을 진심으로 깨닫는다면, 그들을 더는 무시할 수 없을 것이다. 그들이 당신의 3피트 안으로 들어온 순간, 더 이상 그들을 지나치거나 외면하거나 무시할 수 없게 된다. 한 번 보게 되면, 다시는 못 본 척할 수 없기 때문이다.

▍세 기둥: 보라, 들으라, 변하라

'두려움 없는 대화'의 3피트 도전은 세 기둥—보라^{See}, 들으라^{Hear},

- 레스토랑에서 손님을 맞이하고 서비스의 질을 총괄 관리하는 식당 책임자를 의미한다. 이들은 고객 응대, 직원 관리, 서비스 품질 보장 등 레스토랑 운영의 핵심적인 역할을 담당하며, 고급 레스토랑에서는 고객이 특별하고 만족스러운 경험을 할 수 있도록 세심한 서비스를 제공한다.

변하라Change 위에 단단히 서 있다. 나는 소외, 침묵 그리고 눈에 보이지 않음에 대한 연구를 통해, 공동체의 구성원들이 보이지 않고 들리지 않는 한 의도적인 참여와 지속 가능한 변화는 불가능하다는 믿음에 이르게 되었다.12 따라서 '두려움 없는 대화'는 보는 것See과 듣는 것Hear을 변화Change로 가는 관문으로 여긴다. 특히 예상치 못한 참여자들이 주변의 사람들을 타고난 은사를 가진 인간 존재로 보기 시작하면, 그들은 서로 다른 배경을 가진 사람들의 이야기를 가치 있는 것으로 들을 수 있다. 낯선 이야기 속에서 은사와 지혜를 볼 수 있는 능력을 갖추면 예상치 못한 참여자들이 변화를 추구할 수 있는 준비가 갖춰진다. '보고, 듣고, 변화하기'라는 이 세 가지 기둥은 '두려움 없는 대화'의 이론과 실천에 깊이 스며들어 있다.

보는 것은 단순히 눈으로 바라보는 것을 넘어서야 한다. 왜냐하면 "시각은 가장 게으른 감각 중 하나"이기 때문이다.13 이 사실은 일본계 미국인 예술가 마코토 후지무라Makoto "Mako" Fujimura가 뉴욕의 예술 스튜디오를 방문했을 때 명확히 깨달았다. 스튜디오에 들어서자마자 금속 먼지, 물감 그리고 아크릴 페인트의 독특한 향이 코를 타고 목에 맺혔다. 이 공간의 냄새와 맛은 내가 스튜디오에 대해 가졌던 선입견을 연금술 실험실 같은 공간으로 변모시켰다. 후지무라의 작품에 덧입혀진 고운 금가루를 만지며, 나는 그의 작품을 더 깊고 풍부하게 이해하게 되었다. 마찬가지로, '두려움 없는 대화'는 감각을 깨우는 독특한 공간을 만든다. 시각 예술, 음악 그리고 참여형 활동을 활용한 이 다감각적 환경, 이른바 '발견의 실험실'은 공동체 구성원들이 자신과 주변 사람들 안에 있는 재능을 '볼 수' 있도록 돕는다.

듣는 것 또한 다층적이다. 우리는 귀를 훈련하고, 상상력을 자극하며, 공감의 수준을 확장해야만 다른 사람들의 이야기에서 가치를 들을 수 있다. '두려움 없는 대화'는 분노의 외침과 조용한 용기를 모두 주의 깊게 듣는 것의 이점을 강조한다. 피아노 선생인 사이먼은 이렇게 말했다. "삶이 힘들 때, 음악은 숨쉬기를 더 쉽게 만들어줍니다". 마찬가지로, 진솔하고 어려운 대화의 한가운데에서 희망에 귀를 기울이는 것은 문제로 숨 막히는 예상치 못한 참여자들에게 숨 쉴 틈을 제공할 수 있다.

문화인류학자 마거릿 미드Margaret Mead는 이렇게 말했다. "열정적인 소수의 시민들이 세상을 바꿀 수 있다는 것을 의심하지 마세요. 실제로 세상을 바꾼 것은 언제나 그들뿐입니다". '두려움 없는 대화'는 이러한 미드의 이상을 받아들여 이야기, 공간, 시간을 껴안는다. 이 책을 통해 반복적으로 강조되듯, 작고 보잘것없어 보이는 실천이 지속적인 변화를 이끌 수 있다. 평범한 사람들이 두려움 없이 자신의 3피트를 바꾸기로 결심하면, 공동체의 지각 변동이 일어난다.

마지막으로, '두려움 없는 대화'는 인간의 상호작용이 신성한 개입과 충돌할 때 나타나는 시간을 초월한 변형의 순간을 창조한다. 이 드문 순간들 속에서 과거는 새롭게 해석되고, 미래의 가능성은 손에 닿을 듯하며, 현재는 희망으로 가득 차고, 하나님의 나라는 지상에 내려온다. '두려움 없는 대화'에서 변화는 지역적이면서도 세계적이며, 개인과 여러 세대를 변화시키고, 시간을 초월해 시야를 명확히 하며, 예상치 못한 참여자들의 마음과 영혼에 에너지를 불어넣는다.

조용한 용기로 말하고 존재하다

◆

오늘날 정치 해설가들이 텔레비전에서 논쟁을 벌이고, 소셜미디어의 토론이 교착 상태로 끝나는 사회적 분위기 속에서 차이를 넘어 대화를 나누는 모델은 드물다. 하지만 가족, 교회, 학교 그리고 기업은 의미 있는 대화를 나누고 어려운 주제와 마주할 수 있는 길을 원한다. 어쩌면 이것이 당신이 이 책을 선택한 이유일지도 모르겠다. 이 책을 통해 나는 '두려움 없는 대화'가 어떻게 예상치 못한 참여자들이 두려움을 극복하고 진솔하고 어려운 대화에 참여할 수 있는 독특한 공간을 만들어 내는지 나누고자 한다. 이와 함께, 우리는 자기 성찰의 여정을 시작하고, 3피트 안에서 만나는 다양한 사람과 깊이 교감하며 어떻게 사회적 변화를 촉진할 수 있는지 탐구할 것이다. 조용히 용기를 내어 말하고 존재할 준비를 하며, 나는 당신에게 이 초대를 건넨다. 사랑하는 독자여, '두려움 없는 대화'에 오신 것을 환영합니다! 드디어 당신을 보게 되어 정말 기쁩니다. 변화를 맞이할 준비가 되었나요?

깊은 어둠 속에서의 대화
알지 못하는 것에 대한 두려움

자연을 향한 경외는 비교적 쉽다.

그 안에 존재하는 생명체와 무생물이 얽혀 있는 관계를 깨닫는 순간은

종종 직관적이다. 그러나 사람에 대한 경외심을 가지는 것은

훨씬 더 어려운 과제다.

자연을 경외하는 시선을 타인에게로 옮기는 일.

그것이야말로 우리 모두가 배워야 할 진정한 도전이다.

도시에 익숙한 내 눈은 '시골 어둠'에 준비되어 있지 않았다. 빛이 없는 하늘 아래, 여섯 살 내 손은 얼굴 가까이에 있어도 보이지 않았다. 이 어둠 속에서 나는 마치 몸이 사라진 것처럼 느꼈고, 피부 위로 서늘한 소름이 퍼져 나갔다. 처음 이틀 밤 동안, 알 수 없는 두려움이 내 혈관을 타고 흐르며 잠을 앗아 갔다. 하지만 셋째 날 해가 저물자 시골 어둠은 나를 가장 뜻밖의 교실로 초대했고, 내 삶의 시야를 바꾸어 놓았다.

그 늦은 밤의 교훈이 있기 3일 전, 나는 할머니와 함께 옷 가방 두 개, 치킨 한 박스 그리고 오트밀 쿠키 한 통을 들고 캔자스시티에서 버스를 타고 아칸소에 있는 할머니의 고향으로 향했다. 버스가 마을에 들어섰을 때, 나는 거리에 조명이 없어 자갈길이 전혀 보이지 않는 것을 알아차렸다. 버스에서 내린 직후, 나는 내 손을 찾으려 했지만 실패했다. "백 년 된 늪 속처럼 깜깜했다".[1]

이틀 밤 동안 악몽에 시달린 후, 할머니는 나를 현관으로 데리고 나갔다. 그리고 다음과 같은 영원히 잊지 못할 말로 강의를 시작했다. "시골 어둠은 너의 감각에 대한 하나님의 선물이란다". 해가 잠들기 위해 내려앉을 때, 할머니는 오래된 아이스크림 제조기를 꺼내 나에게 손잡이를 돌리게 했다. 얼음은 부서졌고, 소금 결정은 바스락거렸으며, 통은 계속 빙글빙글 돌았다. 나는 돌고 있는 통에 집중하면서 마치 시간 여행을 하는 듯한 느낌에 빠져들었다. 시계의 시침은 멈췄고, 초침은 느려졌다. 불길하게 느꼈던 밤은 점차 빛나는 순간으로 변했다. 할머니의 강의는 다음과 같이 펼쳐졌다.

"어둠 속에서만 경험할 수 있는 것들이 있단다. 무엇을 느꼈니?"
갑자기 반딧불이의 날갯짓이 내 얼굴을 스치더니 반짝이며 춤추었다.
"저건 하나님께서 하늘의 별들을 땅으로 내려 보내시는 거야. 잘 들어보렴. 무엇이 들리니?"
그것은 야외 교향곡이었다. 마치 마찰 없는 활이 바이올린 현 위를 미끄러지듯, 귀뚜라미 다리들이 내는 소리는 가장 자연스러운 선율을 만들어 냈다.
"혀를 내밀어 보렴. 너의 미각도 볼 수 있단다".
그날 밤, 할머니는 떨어져 내리는 비의 달콤한 입맞춤을 맛보는 법을 가르쳐 주셨다.

시간은 다시 움직이기 시작했다. 찰나처럼 느꼈던 시간이 사실은 몇 시간이었다. 현관에서 알 수 없는 두려움이 스르르 녹아내렸고, 갓난아기처럼 깊이 잠들었다. 30년이 지난 지금도 칠흑 같은 밤은 여전히 집에서 손수 만든 아이스크림의 향기를 떠올리게 한다.

그 달콤한 기억 속에서 나는 몇 가지 어려운 질문을 마주한다. 어린 시절의 어둠에 대한 두려움은 과연 근거 없는 것이었을까? 내 손이 보이지 않아 느꼈던 공포는 배운 것일까, 아니면 타고난 것이었을까? 어린 시절의 미지에 대한 두려움이 성인인 나의 시야에 그림자를 드리우고 있는 것은 아닐까? 내면의 어둠을 마주하지 못한다면, 내가 세상을 바라보는 시각은 흐릿한 렌즈를 통해 보는 것과 다를 바 없지 않을까? 할머니는 어떻게 현관을 교실로 바꾸어서 두려움을 깨달음으로 전환시키는 영원한 공간을 만들어 내셨을까?

2015년 4월 6일, 나의 할머니 프란세이나 엘리슨은 97세의 나이로 마지막 숨을 내쉬었다. 키보드를 두드리며 할머니의 독특한 교육 방식에서 배운 교훈을 떠올릴 때마다 깊은 슬픔과 감사를 동시에 느낀다. 할머니가 세상을 떠나기 전까지 나는 그녀의 가르침이 내 교육 방식에 얼마나 깊은 영향을 미쳤는지 거의 의식하지 못했다. 하지만 지금은 두려움을 마주하는 '두려움 없는 대화', 대학 강의실 그리고 교회 강단에서 할머니의 지혜가 나의 교수법을 형성하는 방식을 뚜렷하게 깨닫고 있다. 할머니와 함께라면 어둠에 대한 두려움, 제도화된 인종차별이라는 위협적인 유령도 금기시되지 않는다.

할머니는 비록 정규 교육만 받았지만, 뛰어난 교수법을 지닌 스승이셨다. 할머니의 교육 방식은 에모리 대학교와 프린스턴 신학교의 멘토들과는 달랐다. 할머니는 무균 환경에서는 어려운 대화가 나오지 않는다고 믿으셨다. 그래서 내가 진실을 나눌 필요가 있을 때, 할머니는 항상 자연스러운 공간을 만들어 주셨다. 흙으로 더럽혀진 손톱과 피어나는 꽃들 그리고 눈물 속에서 우리는 외로움을 함께 고민했다. 내 대학 시절, 할머니는 내 긴장을 풀어 주기 위해 찬송가를 흥얼거리셨고, 내가 휘저었던 끓는 수프 속에서 할머니의 따뜻한 마음을 느낄 수 있었다. 그리고 나는 안도하며 말할 수 있었다. "HIV* 검사가 음성으로 나왔어요". 몇십 년 전, 밤의 공포가 나를 지배했을 때, 할머니는 나를 반딧불이로 밝은 현관으로 데리고 나가 시골 어둠에 대한 두려움을 함께 마주하셨다. 할머니는 삶을 변화시키는 순간들을 논의할 수 있는 공간을 창조하는 데 능숙하셨다.

'두려움 없는 대화'의 핵심은 깊고 진솔한 대화를 나누기 위한 독특한 공간을 창조하는 데 있다. 할머니께서 직감적으로 깨달으셨듯이, '두려움 없는 대화'는 진정성 있고 의미 있는 소통이 우연히 이루어지지 않는다고 믿는다. 지속적이고 변화를 가져오는 대화를 위한 공간은 의도적으로 만들어져야 한다. 이 장에서는 공간을 창조하기 위한 우리의 공식을 소개하고자 한다. 할머니의 지혜, 바바라 브라운 테일러의 성례적 시선,** 그리고 다양한 사상가의 통찰을 바탕으로 '두려움 없는 대화'가 독특한 공간을 창조하기 위해 활용하는 세 가지 기본 원칙은 다음과 같다.

1. 실패의 가능성을 받아들인다.
2. 감각을 자극한다.
3. 경계 내에서 자유의 틈새를 찾아낸다.

---

* HIV는 인체의 면역 체계를 약화시키는 바이러스로, 치료하지 않으면 에이즈(AIDS)로 발전할 수 있다. HIV는 주로 성접촉, 혈액, 산모-아기 전파를 통해 전염되며, 현대의 의학적 치료를 통해 바이러스의 진행을 억제하고 정상적인 삶을 유지할 수 있다. 예방과 조기 발견이 중요하다.
** 세상의 모든 것을 통해 하나님의 임재를 볼 수 있는 시각. 삶의 모든 순간과 사소한 일상 속에서도 하나님의 손길을 느낄 수 있다는 신학적 관점을 뜻한다.

이 세 가지 요소를 단순히 공식처럼 나열하는 것도 가능하지만, 나는 두 가지 이유로 그러한 유혹을 거부한다. 첫째, 깊이 있는 대화를 위한 독특한 공간을 만드는 것은 과학이기도 하지만 예술이기도 하다. 이러한 이중적인 성격을 고려하여 이 장에서는 '두려움 없는 대화'가 예술의 미적 아름다움과 과학의 구조적 혼란을 어떻게 활용하여 공간을 만들어 내는지 보여 준다. 둘째, 공간에 대해 단순히 이야기하는 것만으로는 충분하지 않다. 공간을 실제로 만들어야 한다. 내 손을 잡고 별빛이 내리쬐는 현관으로 나를 이끌어 주셨던 할머니의 정신을 이어받아 나는 여러분을 시골의 어둠 속으로 초대한다.

이 장을 통해 용기를 내어 나와 함께 선사시대 동굴의 입구를 넘어 걸어 보길 바란다. 우리는 함께 좁고 축축한 틈새를 기어가며, 우리의 고대 조상들이 알 수 없는 것에 대한 두려움을 어떻게 예술적 소통의 형태로 바꾸었는지 발견할 것이다. 그림자를 애정 어린 시선으로 바라보며, 의식의 흐름처럼 흘러가는 강물 속에서 당신의 모습을 비추어 보고, 그 속에 비치는 말하지 못한 편견과 마주하길 바란다. 과학 실험실이 생동감 넘치는 공간으로 변하는 것을 함께 목격하며, 보이지 않는 것들과도 연대감을 느껴 보자. 점점 더 깊은 어둠 속으로 나아가며, 알 수 없는 것에 대한 당신의 두려움을 의식하라. 당신의 말을 가로막고 주변 사람들과의 대화를 좌절시켰던 저항을 인식하라. 나와 함께 익숙하고 빛나는 안락지대를 넘어 진실이 드러나는 암흑 속으로 들어가 보자. 그 어둠은 곧 신성한 스승이 되어 줄 것이다.

뒤를 돌아보라. 이제 곰팡내 나는 공기의 역풍이 맨살 위로 스쳐 가며 솜털을 일으키는 것을 느껴 보라. 동굴 입구 너머에서 들려오는 거대한 짐승들의 울음소리가 돌벽에 부딪혀 메아리치고, 우리의 고막을 떨리게 하는 소리를 들어보라. 한 손에는 날카로운 돌을, 다른 한 손에는 깜박이는 횃불을 들고 나와 함께 지구의 거대한 동굴 속 깊은 곳으로 내려가 보자.

구석기시대의 두려움:
삼만 년 동안 미지와 마주하기 위한 공간을 창조하다

◆

무의식 속에 자리 잡은 미지의 세계는 변화무쌍한 괴물의 형태로 우리를 압도할 수 있다. 구석기시대의 암벽화는 이러한 미지에 대한 두려움이 인간의 DNA에 깊이 새겨 있음을 증명한다. 3만 년 전, 마치 자궁처럼 보호해 주는 동굴² 속에서 우리의 조상들은 바위벽에 그림을 그리고, 돌에 그들의 현실을 새겼다.³ 이 그림들 중 일부는 초식동물이나 인간의 신체 부위를 사실적으로 묘사한 것이지만, 포식자로 보이는 괴물 같은 형태도 있다.⁴ 상상력에 맡겨진 이 그림들은 동굴의 안전한 벽 너머에 존재하는 끊임없는 위험과 공포를 표현했다.

구석기시대든 현대든 미지에 대한 두려움은 인간을 위축시킨다. 이 두려움은 신경을 곤두세우고 움직임을 신중하게 만든다. 맥박을 빠르게 뛰게 하고, 주변 세계를 의심과 불신의 눈으로 보게 만든다. 현대의 언어로 표현하자면, 미지의 두려움은 턱을 단단히 죄어 말을 더 계산적으로 하게 만든다. 이러한 긴장 상태는 과거에는 생존에 필수적이었고, 오늘날에는 정체성 공격으로부터 자신을 보호하기 위해 여전히 필요하다. 그러나 긴장된 신경과 신중한 움직임 속에서도 우리의 선사시대 조상들은 미지에 대한 두려움이 반드시 창의성을 제한하거나, 상상력을 억압하거나, 통찰력 있는 이해를 방해하지 않는다는 것을 보여 주었다.

우리의 구석기시대 조상들은 바깥세상의 위험으로부터 안식처와 위안을 찾기 위해 동굴의 입구를 넘어 지하 통로와 축축한 복도로 내려갔다. 그 어둠 속에서 "동물의 모습이 나타났다 사라지고, 발소리와 물방울 떨어지는 소리가 귀를 간지럽히며, 축축한 돌의 냄새가 목구멍 깊숙이 스며들던" 공간은 창의성과 생명의 두려움을 달래는 역할을 했다.[5]

동굴은 변화를 위한 공간이었다. 동굴 속 벽은 내면의 트라우마를 기록하고 외부 자극을 처리하기 위한 캔버스로 변했다. 때로는 구석기시대의 제자들이 대가와 함께 동굴의 깊은 곳으로 들어갔고, 그곳은 중요한 정보를 전달하는 칠판 역할을 했다.[6] 일부 연구자들은 선사시대 부족들이 샤먼 같은 사제를 선정하여 동굴의 구덩이를 신성한 공간으로 만들어 초자연적으로 외부 세계와 연결했다고 믿는다. 또한 고고학자들은 그림이 그려져 있는 공간에서 독수리 뼈로 만든 고대의 악기를 발견했는데, 이는 동굴의 벽이 음악 홀로 변할 수 있음을 시사한다.[7] 요약하자면, 우리의 조상들은 수천 년 전부터 심리적 탐구, 교육적 형성, 영적 초월 그리고 창의적 탐험을 위한 독특한 공간을 만들어 왔다. 이러한 특별한 학습 환경은 두려움을 줄였을 뿐만 아니라 감각을 깨우는 역할을 했다.

돌이켜 보면, 나의 할머니는 동굴에 살던 조상들의 본능적 자원을 활용하셨다. 할머니는 아칸소의 낡은 현관을 교실로 변모시켜 내 감각적 상상력을 자극하고, 눈앞에 숨어 있는 신성함을 깨닫게 하며, 시골 어둠에 대한 나의 두려움과 마주하도록 격려하셨다. 구석기시대의 동굴, 아칸소의 현관 그리고 다양한 새로운 학습 환경은 진솔하고 어려운 대화를 위한 비전통적인 공간의 창조에 영감을 주었다. 나는 이 공간을 애정 어린 마음으로 '발견의 실험실Laboratory of Discovery'●이라고 부른다.

> ● 새로운 것을 탐구하고 발견하는 공간이나 과정을 뜻한다. 이는 물리적인 실험실일 수도 있고, 창의적 학습, 자기 탐구, 협력적 연구 등 다양한 맥락에서 아이디어를 실험하고 배우며 성장하는 상징적인 장소를 나타낸다.

de Arcus
dolor sit amet, consect
nonummy nibh euismo
dolore magna aliquam erat vo
ad minim veniam, quis nostrud
ullamcorper suscipit lobortis
commodo consequat
in hendrerit
uis dolore te
Lorem ipsum
cons ectetuer
sed diam nonumm
uismod tincidunt ut laore
dolore magna aliquam erat
Ut wisi enim ad minim
TION
er adipiscing
tincidunt ut
volutpat. Ut wisi
quis nostrud exerci tation
lobortis nisl ut aliquip ex ea
Duis autem vel eum iriure dolor
vulputate velit esse molestie
vel illum dolore eu feugiat nulla facilisis at
eros et accumsan et iusto odio dignissim qui
blandit praesent luptatum zzril delenit augue duis
dolore te feugait nulla facilisi.
twisi enim ad minim veniam, quis nostrud exerci
tation ullamcorper suscipit lobortis nisl ut aliquip ex
consequat. Duis autem vel eum iriure

발견의 실험실:
공간 창조에 대한 세밀한 고찰

◆

지난 10여 년간, 나는 교실, 교회 성소 그리고 커뮤니티 센터에서 만들어 내는 독특한 학습 환경을 '발견의 실험실'이라 부르고 있다. 이 비유를 사용하는 이유는 간단하다. 실험실은 이상적인 환경에서 새로운 지식이 탄생하는 공간이기 때문이다. 과학자가 실험실에서 특정 요소들을 의도적으로 통제할 수는 있지만, 모든 예기치 못한 사건들을 완전히 예측할 수는 없다. 교실, 강단 혹은 커뮤니티 대화의 공간에서도 마찬가지다. 발견을 펼칠 수 있는 최적의 환경을 만들기 위해 일정한 기준은 설정할 수 있지만, 예상치 못한 돌파구나 난관을 완전히 통제할 수는 없다. 따라서 소통 촉진자는 실험실 내 관계 역학에 민감해야 하고, 이 관계들 속에서 자신의 역할을 주의 깊게 파악해야 하며, 주변 환경의 변화하는 역학을 철저히 인식해야 한다. 아이러니하게도, 내가 실험실에 대한 애정을 품게 된 계기는 10여 년 전, 과학을 싫어한다는 사실을 깨달았을 때였다.

어린 시절, 몇몇 잘 의도된 멘토와 교사는 나의 비판적 사고 능력과 깊은 이타심을 보고 내가 의사가 되어야 한다고 설득했다. 고등학교에서 AP 생물학●과 화학에서 우수한 성적을 거두며 병원 봉사

● 고급 화학(Advanced Placement Chemistry)은 고등학생을 대상으로 한 대학 수준의 화학 과정으로, 화학의 심화 개념과 실험을 배우고, AP 시험 성적에 따라 대학 학점을 받을 수 있는 기회를 제공한다. 이를 통해 과학적 사고를 키우고, 화학에 관심 있는 학생들의 학문적 진로를 지원한다.

와 과학 프로그램에 참여하던 내 십대 시절은 이러한 길로 나를 이끌었다. 고등학교 3학년 여름, 나는 전국에서 선발된 13명의 소수 학생 중 한 명으로 스펠만 대학교의 화학 실험실에서 저명한 과학자들과 함께 일하게 되었다. 10주 동안, 나는 빳빳한 흰색 실험실 가운을 입고 투명한 플라스틱 고글을 쓴 채 화학 실험실에서 시간을 보냈다.

그 여름, 나는 화학물질을 혼합하고, 물리학을 배우고, 주기율표를 외우며 지냈다. 하지만 말로 표현할 수는 없었지만, 마음속으로는 과학에 대한 열정이 부족하다는 것을 알고 있었다. 이 사실은 몇 년 후, 에모리 대학교 신입생 때 화학 과목에서 D^-를 받고 학사경고를 받은 후 확실해졌다. 그럼에도 불구하고 나는 실험실의 매력적인 감각적 자극 때문에 과학에 대한 무관심을 극복하려고 애썼다.

실험실의 모든 것은 나를 자극했다. 나는 스펠만 대학교 실험실에서 입었던 가운의 기억이 마치 어제처럼 생생하다. 크고 투명한 비커 속에서 끓어오르던 녹색 액체를 한 시간 가까이 바라보던 순간이 아직도 기억난다. 그것을 받치고 있던 분젠버너의 푸른 불꽃과 가스 냄새는 내 코를 통해 목구멍으로 스며들었지만, 비커 속 끓는 액체에서 나는 향은 내 후각을 속였다. 회전하는 원심분리기는 냉장고의 낮은 윙윙거림보다 높은 음역대를 내며 노래를 불렀고, 나는 종종 점심시간을 건너뛰고 비커가 정렬된 선반, 조각 같은 현미경, 반짝이는 검은 실험대의 모습을 스케치했다.

돌이켜 보면, 실험실에서 얻은 과학적 성과는 내게 부차적인 것이었다. 그 공간에서 생성된 창의적 에너지가 나를 사로잡았기 때문이다. 실패를 받아들이고 돌파구를 기대하는 동료 혁신가들의 공동체는 나로 하여금 깊이 탐구하고 넓게 사고하도록 자극했다. 그 다채로운 색깔, 매력적인 냄새 그리고 혼란스러운 소리들은 내 상상력을 흔들었다. 이 발견의 공간에서 나는 더 깊이 숨을 쉬었다.

대학에서 화학 과목의 실패를 경험하고 나의 재능이 가르치는 데 있다는 것을 깨달은 후, 나는 전공을 종교와 사회학으로 변경했다. 이 과정에서 나는 감각을 자극하는 교수법을 실험했다. 교실, 커뮤니티 센터, 성경 공부에서 나는 할머니의 가르침과 대학에서 배운 이론을 예술, 음악 그리고 도시 거리의 민중 지혜와 혼합했다. 때로는 이러한 교수법이 실패로 끝났지만, 다른 경우에는 상상력이 자극되고, 의식이 고양되며, 생각이 활발히 움직이는 것을 목격했다. 수년간의 실험 끝에 이 다양한 교수 요소는 내 영혼의 원심분리기에서 회전하며 '발견의 실험실'이라는 학습 공간을 만들어 냈다. 이 실험실은 할머니가 현관에서 만들어 낸 교실과 구석기시대의 조상들이 동굴에서 만들어 낸 안전한 피난처처럼 다음의 세 가지 요소로 구성되었다.

1. 미지의 세계를 수용하여 발견의 관문을 열기
2. 감각을 자극하여 상상력을 깨우기
3. 생태계를 활용하여 보는 것, 듣는 것, 아는 것을 변화시키기

다음 페이지에서는 '두려움 없는 대화'의 작업에 반영된 이 독특

한 공간을 창조하기 위해 필수적인 세 가지 원칙을 면밀히 관찰하고 세밀하게 분석할 것이다.

미지의 세계를 신성한 신비로 받아들이기:
밝은 구름 속으로의 여정

◆

아직 해가 뜨지 않은 새벽, 혼자서 구불구불한 산길을 운전하고 있다고 상상해 보자. 커브를 돌 때마다 신중히 운전하며, 한 번의 잘못된 방향 전환이 3피트짜리 가드레일을 넘어 나를 위험으로 몰아넣을 수 있음을 알고 있다. 문득 생각이 스친다.

"3피트짜리 가드레일이 도대체 무슨 소용일까?" 조금씩 해가 지평선 위로 떠오른다. 또 다른 커브를 돌며 한숨 돌리려던 찰나, 짙고 불길한 안개가 갑자기 시야를 가린다. 차를 천천히 몰며 노란색 가드레일의 존재에 감사한다. 안개 속으로 더 깊이 들어갈수록 팔에 소름이 돋고 마음엔 두려움이 밀려온다. 운전대를 돌릴 때마다, 불안한 기억들이 떠오른다. 몇 주 전 아침 출근길에 목격했던 비 오는 날의 사고. 이웃집이 불타며 퍼지던 짙은 연기. 어제 뉴스에서 본 악천후로 추락한 비행기 사고. 그런 두려움 속에서도 떠오르는 태양이 주는 희망에 다시 한번 마음이 따뜻해진다. 나는 안개 속에 있고, 두려움 속에 있다. 하지만 용기를 내어 미지의 세계를 향해 천천히 나아간다.

'두려움 없는 대화'의 공간에 들어오는 사람들에게 대화를 향한 발걸음은 마치 산속 짙은 안개 속으로 들어가는 것과 같을 수 있다. 이 대화에 초대된 이들은 우리가 그들 공동체에서 여전히 언급되지 않은 중요한 문제를 다룰 공간을 만들기 위해 왔다는 사실을 알고 있다. 따라서 대화를 향한 움직임은 때로 신비와 의심 혹은 공포를 불러일으킬 수 있다. 어색한 미소는 불편한 기억을 감추고, 억지웃음은 자신의 말이 누군가를 불쾌하게 하거나 자신을 비난하게 만들까 봐 느끼는 불안을 숨길 수 있다. 하지만 그 자리에 있다는 것 자체가 이미 용기다. 가장 무심한 태도로 보이는 사람조차 그 자리에 있음으로써 두려움을 넘어 대화로 한 걸음을 내디뎠다. 각자의 두려움이 대화의 장에 어떻게 투영되는지는 알 수 없지만, 모두가 보이지 않는 가능성을 향해 나아갈 수 있도록 경외와 희망이 깃든 환경을 만드는 것은 가능하다.

성공회 사제이자 국제적으로 찬사를 받는 작가인 바바라 브라운 테일러는 성경의 한 장면을 통해 우리를 또 다른 신비로운 산 정상으로 데려간다. 그녀는 마태복음 17장을 바탕으로 예수와 함께 산을 오르던 베드로, 야고보, 요한의 경험을 상기시킨다. "그날은 해가 저물어 가고 있었다. 예수와 함께 험난한 산길을 오르는 그 여정은 고요한 기도의 공간을 찾기 위한 것이었다".[8] 그런데 그들은 그곳에서 예수가 빛으로 변모하는 모습을 목격한다. "우리가 잘 안다고 생각했던 예수가 눈부신 빛으로 서 계셨다. 얼굴은 불꽃처럼 타올랐고, 그 곁에는 모세와 엘리야가 서 있었다. 죽은 자들이 다시 살아난 모습이었다. 하나님의 영광이 밤을 밝히고 있었다".[9] 어두운 산속에서 빛으로 둘러싸인 순간, 베드로는 몇 마디 말을 더듬었지만 그의 말이 끝나기도 전에 "두려움으로 가득한 살아 있는 구름"이 그들 주변을 휘감으며 그를 침묵하게 했다. 빛 속에서, 신비로운 구름에 둘러싸인 그들은 공포에 휩싸여 말없이 엎드렸다. 베드로, 야고보, 요한은 미지의 두려움 속에서 하나님 앞에 서는 신성한 순간을 경험했다.

바바라 브라운 테일러는 그녀의 설교 '미지의 밝은 구름The Bright Cloud of Unknowing'의 첫 문장에서 이렇게 선언했다. "변모 이야기 transfiguration story는 해석을 거부한다. 물론 그 사실이 수많은 해석자의 시도를 막지는 못했지만 말이다".[10] 테일러는 이야기의 내용을 분석해 듣는 이들에게 깔끔하게 제시하려는 설교적 충동에 저항하며 이렇게 묻는다. "만약 이 이야기가 구름을 해독하라는 것이 아니라 그 속으로 들어가라는 초대라면? 성경 전체가 확실성의 책이 아니라 만남의 책이라면?" 그녀의 말처럼 이런 만남 속에서 사람들은 자신도 모르게 미지의 세계로 들어가게 되고, 그곳에서 하나님, 서로 그리고 삶과 마주하며 결코 이전과 같을 수 없게 된다.[11]

테일러에게 있어 성경 속 만남들은 사람들의 마음을 열고, 그들이 알고 있다고 확신하던 것을 재구성한다. 그렇게 함으로써 그들의 삶 속에 하나님의 움직임이 들어설 공간을 마련해 준다.[12] 어떤 경우에는 이 만남이 물리적으로 한 장소에서 다른 장소로 이동하도록 요구하기도 한다. 그러나 다른 경우에는 그 움직임이 머리에서 마음으로 향하는 내면의 여정이 되기도 한다. "확실성은 희생된다". 밝은 구름 안에서는 불확실함 자체가 선물이 될 수 있다. 그 일이 정확히 무엇을 의미하는지 확신하려 하기보다, 우리가 그 순간에 온전히 집중할 수만 있다면 말이다. 확신 대신 현재의 경험 속에 뿌리를 내리는 것이 핵심이다.

'발견의 실험실'은 이 미지의 상태를 받아들인다. 그곳에서 사람들은 자신과 뜻밖의 참여자들을 마주하게 된다. 이러한 신성한 만남은 뜻밖의 참여자들이 각자의 두려움을 인정하고, 확실성에 대한 집착을 내려놓으며, 자신 앞에 펼쳐진 가능성들에 온전히 집중할 때 나타난다. 그러나 이런 만남은 높은 산길을 오르는 것만큼이나 험난하고 도전적인 과정이다. 뜻밖의 참여자들이 대화의 공간에 들어가기 전, '두려움 없는 대화'의 소통 촉진자들은 열린 마음과 열린 가슴 그리고 조상들의 빛나는 지혜가 두려움을 신성한 만남으로 변화시켜 주기를 기도한다.

대화 공간에 발을 들이는 순간, 소통 촉진자들은 조건 없는 환대를 실천하며 그들을 맞이한다. 이러한 환대는 난관을 향한 가드레일처럼 작용한다. 열띤 대화나 감정적으로 고조된 순간에, 뜻밖의 참여자들은 내면의 가이드를 신뢰하도록 격려받고, 어려운 대화가 희망의 빛을 가져왔던 순간들을 떠올리며 한 걸음씩 대화를 이어간다. 그럼에도 의문이 들 수 있다. "왜 알지 못하는 소통 촉진자를 신뢰해야 할까? 왜 처음엔 뿌연 안개처럼 보이는 이 과정을 믿어야 할까?"

두려움과 마주하고, 확신을 내려놓으며, 현재에 뿌리를 내리는 일은 소통 촉진자에 대한 신뢰를 요구한다. 그러나 이 신뢰는 단 몇 분 만에 쌓을 수 있는 것이 아니다. 그래서 우리는 과거와의 연결을 통해 신뢰를 구축한다.

어려운 대화를 위한 공간을 만들기 위해 소통 촉진자들은 참여자들의 호기심을 자극하고, 아직 발견되지 않은 해결책이 그들 사이에 잠들어 있음을 암시하며 신뢰를 키운다. 그리고 상상을 통해 금기처럼 보였던 주제들을 넘어서 해결의 가능성을 발견할 수 있다고 제안한다. 어쩌면 이렇게 생각할지도 모른다.

"너무 이상적으로 들리는데, 정말 가능할까?" 그렇다면 마음을 열어 보자.

상상하라.
꿈꿔라.
그리고 기억하라.

익숙한 미지:
새로운 시선을 위한 상상력 되살리기

◆

　요즘 어릴 적 내가 겪었던 밤의 공포를 떠올리게 하는 일이 종종 일어난다. 여섯 살 된 딸이 밤마다 침대 시트와 씨름하며 꿈속에서 나타나는 상상의 그림들과 싸운다. 어느 일요일 밤, 고요한 정적을 깨며 높은 음조로 울려 퍼진 "아빠!" 소리에 잠결에 몸을 일으켰다. 복도로 나서며 꾸벅꾸벅 졸린 눈으로 딸아이 방으로 향한다. 예상했던 대로, 발레리나 무늬가 그려진 이불은 뒤죽박죽이고, 분홍빛 유니콘 인형은 침대 발치에 놓여 있었다. 방에 들어서니 딸의 눈은 공포가 아닌 혼란으로 가득 차 있었다. "아빠, 아까 뽑아 준 이가 베개 밑에 있었는데 없어졌어. 그런데 이빨 요정이 돈을 안 놔 두고 갔어. 요정이 잊어버린 걸까?" 나는 딸아이의 환상을 깨지 않기 위해 즉석으로 기발한 이야기를 꾸며 낸다. 그리고 딸아이를 발레리나 무늬의 이불로 다시 감싸고, 분홍빛 유니콘 인형을 꼭 안도록 한 뒤 날개 달린 이빨 요정이 있는 꿈의 나라로 돌아가길 기도하며 딸아이를 재운다.

　할머니가 나를 촛불로 밝힌 현관으로 이끌어 시골 밤의 신비를 경험하게 했던 것처럼, 나도 딸아이를 이불로 감싸고 유니콘 인형 곁에 눕히며 호기심과 창의성을 키울 수 있는 환경을 만들어주려 한다. 열린 분위기가 새로운 생각과 용기 있는 대화를 불러온다는 믿음 아래, '두려움 없는 대화' 역시 상상력을 자유롭게 펼칠 공간을 창조한다. 하지만 일부 사람들에게 상상력의 유효기간은 이미 지나 버린 것처럼 보인다. 어린 시절의 호기심과 창의성은 효용성, 이성, 생산성이라는 어른들의 '미덕'에 밀려 사라진 듯하다. 그렇다면 '두려움 없는 대화'는 어떻게 상상력을 다시 불러일으키고, 새롭게 보고, 듣고, 깨달을 열정을 불태울 수 있을까? 답은 간단하다. 우리는 그들을 어린 시절로 돌아가게 한다.

상상력을 잃은 순간을 기억하는가? 한때 당신은 바닥 위에서 작은 자동차를 굴리며 놀았다. 바퀴가 미끄러지는 소리를 상상하며, "부웅! 줌!" 같은 소리를 뱃속 깊이에서 내뱉었다. 또 어느 날엔 인형들을 벽에 줄 세우고, 1학년 선생님을 흉내 내며 "나는 초록색 달걀과 햄이 좋아. 나는 그것들이 좋아."라고 책을 읽어 주었을지도 모른다.[13] 비록 익숙하지 않은 단어를 더듬더듬 읽었지만, 당신의 귀에는 그 소리가 우아하게 들렸고, 인형들은 당신을 마치 대단한 선생님처럼 바라봤다. 하지만 어느 날, 무언가가 달라졌다. 바닥 위에 자동차를 굴렸지만 이제는 엔진 소리가 목구멍에서 나오지 않았다. 인형들에게 책을 읽어 주었지만, 그들의 표정은 텅 빈 것처럼 느껴졌다. "의미로 가득했던 세계가 갑자기 평평하고 단조롭게 변한 것 같았다."[14] **상상력은 어디로 사라져 버린 걸까?**

바바라 브라운 테일러는 "교회의 중심적인 임무는 상상력에 있다."라고 말한다. 나 역시 '두려움 없는 대화'의 중요한 역할 중 하나가 상상력의 불씨를 다시 지피는 일이라고 믿는다. 테일러에게 상상력의 작업은 허구적이거나 환상적인 것이 아니다. 상상력은 우리 자신, 이웃, 세상 그리고 미래에 대한 새로운 그림을 그리는 능력이다. 이 능력을 통해 우리는 새로운 현실을 상상하고, 이를 통해 변화할 수 있다. 테일러는 모든 이가 상상력을 선물로 가지고 있다는 사실을 상기시키기 위해 아직 어른들의 '현실'에 얽매이지 않은 아이들의 탁월한 상상력을 예로 든다. 그녀는 아이들이 새로운 세계를 탐험할 수 있는 비결 중 하나가 모든 감각을 자연스럽게 활용하는 능력이라고 설명한다. 상상력을 되찾고 싶다면 어린 시절의 감각을 다시 떠올려 보자. 잃어버린 소리와 냄새, 꿈꾸던 이야기를 되살려서 새로운 시선으로 세상을 바라보는 법을 배워 보자.[15]

어린아이들은 아직 세상을 배경이나 단순한 풍경으로 바라보는 법을 배우지 않았다. 그들에게 세상은 그저 지나치며 어디론가 가는 길의 배경이 아니라 눈까지 색으로 가득 차 있고, 귀까지 소리로 넘쳐나며, 참새를 쓰다듬고 싶은 간절한 손끝과 어둠 속에서도 냄새로 시냇물을 찾아낼 수 있는 코로 가득 찬 세계다. 그들은 녹색이 색감인 동시에 질감이기도 하고, 비가 온도만큼이나 맛도 중요하며, 한낮의 햇빛 소리가 귀청이 터질 듯 울릴 수 있는 세상에 산다. 이런 세상에서 그들의 상상력은 성인들이 당연하게 여기는 감각의 디테일을 먹고 자란다.[16]

현명한 스승이었던 할머니는 아칸소의 현관에서 나의 어린 시절 감각에 불을 붙여 주었다. 그 불길은 이후 스펠만 실험실에서 다시 타올랐다. 끓어오르던 비커와 회전하던 원심분리기의 소리는 귀뚜라미 합창과 빙글빙글 돌던 아이스크림 기계의 윙윙 소리를 떠올리게 했다. 십대 시절, 실험실 가운을 입고서는 더 이상 장난감 자동차의 타이어가 긁히는 소리를 흉내 내지 못했지만, 통제된 공간 속에서 나의 상상력은 새로운 생명을 얻었다. '두려움 없는 대화'는 어른들의 감각을 자극하고, 잠들어 있던 상상력을 깨우기 위해 이와 비슷한 공간을 만든다. 그러나 이를 위해서는 어린아이들이 세상을 어떻게 인식하는지에 대한 더 깊은 이해가 필요하다.

바바라 브라운 테일러는 아이들의 상상력이 가진 또 하나의 선물은 사물이 무엇을 위한 것인지 또는 어른들이 그것을 어떻게 사용해야 한다고 믿는지에 대해 아이들이 의식하지 않는다는 점에 있다고 말한다. 예를 들어, 어른들이 빗을 단순히 머리를 빗는 도구로만 사용한다면, 아이들은 그것을 악기로, 등을 긁는 도구로, 혹은 개미 레이싱 트랙을 만드는 도구로 사용할 수도 있다.[17] 아이들의 방황하는 상상력은 매혹, 불확실성, 끝없는 가능성이 가득 차 있다. 이는 우리가 그들로부터 배울 수 있는 귀중한 교훈이다―만약 우리가 스스로를 그리고 세상을 새롭게 바라보고자 한다면.

테일러는 세상을 경이로 바라보는 법을 배우는 것이 어른들로 하여금 하나님과 이웃과 다르게 소통하게 한다고 믿는다. 그녀는 어른들이 아이들의 상상력 세계에 입문함으로써 확신을 내려놓고, 아무것도 당연하게 여기지 않으며, 창조된 모든 것에 경외심을 가지고 접근하는 법을 배울 수 있다고 주장한다.[18] 비록 잠시뿐일지라도 이런 경험은 우리가 어릴 적에는 알고 있었지만 시간이 지나면서 잊어버렸던 것을 다시금 회복하게 한다.

'두려움 없는 대화'는 공동체 대화 속에서 뜻밖의 참여자들이 자신들의 어린 시절로 돌아가서 한때 무한했던 상상력의 흔적을 되찾을 수 있도록 공간을 의도적으로 조성한다. 이런 공간에 들어서는 이들을 맞이하는 것은 리빙 뮤지엄Living Museum●이라는 실험이다. 한 소통 촉진자가 이 실험의 큐레이터 역할을 하며, 소규모 그룹을 모아 이런 식으로 설명할 것이다.

> 살아 있는 박물관에 오신 것을 환영합니다. 이 문 밖에는 시내 중심가에 있는 미술관과는 완전히 다른 세계가 기다리고 있습니다. 이 박물관은 숨 쉬고, 말을 걸며, 기억을 되살리는 공간입니다. 문 밖으로 나가시면, '두려움 없는 대화' 팀원이 의자 위에 선 채로 전 세계 어린이와 청소년의 사진과 그림을 들고 있을 것입니다. 우리 팀원들은 사진을 허리 높이에서 들고 있기 때문에 박물관을 걸어 다니면서 사진과 눈을 마주칠 수 있을 것입니다. 우리는 이 박물관이 평범한 박물관이 아니라는 점을 다시 강조하고 싶습니다. 이미지를 단순히 평면적이거나 추상적으로 바라보지 마십시오. 대신에 기억하십시오. 사진 속 사람의 눈을 들여다보면서 그 사람이 당신에게 누구를 떠올리게 하는지 생각해 보십시오. 피부색이 다를 수도 있고, 옷이 낡았을 수도 있습니다. 하지만 이 사진 속 사람은 누구를 떠올리게 합니까? 고등학교 친구인가요? 직장 동료? 교회 사람들? 가족? 아니면 당신 자신인가요? 그 질문을 떠올리는 동안에 의자 위에 서 있는 우리 팀원들이 세 가지 질문을 드릴 것입니다.

● 리빙 뮤지엄은 과거의 역사나 전통 문화를 재현하여 관람객이 직접 체험하고 참여할 수 있는 상호작용형 박물관이다. 정적인 전시물 대신 배우, 활동, 체험을 통해 역사를 생생히 느끼게 하며, 교육과 재미를 동시에 제공한다.

"누구를 보고 있습니까?"

"당신은 누구의 말을 듣지 않습니까?"

"희망은 어디에 있습니까?"

또한 팀원들에게 자유롭게 질문을 던지셔도 됩니다. 팀원들은 이 공간에 있는 다른 사람들이 한 답변을 들어 본 경험이 있습니다.

보세요.

들으세요.

기억하세요.

"살아 있는 박물관에 오신 것을 환영합니다".

모든 장소에서 살아 있는 박물관은 한 장의 사진으로 시작된다. 초록색 벨벳 코트와 노란 나비넥타이를 매고 하얀 아르데코 의자에 앉아 있는 세 살 난 흑인 소년의 사진이다. 소년은 고개를 들어 위를 바라보며, 두 손으로 지구본을 머리 위로 받들고 있다. 이 사진을 중심으로 뜻밖의 참여자들이 모이면, 그들의 시선이 자연스럽게 천장을 향해 올라간다. 어쩌면 그들의 무의식이 어린 시절의 희망을 떠올리고 있는지도 모른다. 그들은 그 소년이 누구를 떠올리게 하는지 기억의 서랍을 뒤지며 적당한 얼굴과 이름을 찾으려 애쓴다. 뉴올리언스에서 전직 갱단 두목들과의 대화에서 한 참여자가 이렇게 말했다. "이 꼬마는 세상을 정복할 준비가 된 것처럼 보이네요. 내가 살던 곳에서는 이런 아이를 많이 보지 못했어요". 또 다른 자리, 애틀랜타에서 열린 기업 리더들과의 대화에서는 한 부유한 백인 여성이 나비넥타이를 맨 소년의 시선에 완전히 매료된 채 이렇게 말했다. "이 아이의 눈빛은 내가 몇 년 전 남미에서 만났던 아이들을 떠올리게 하네요". 그 말을 한 뒤, 그녀는 회상에 잠긴 듯한 침묵 속에 서 있었고, 그녀와 함께 있던 그룹의 다른 네 명 역시 각자의 기억 속에서 이 이미지를 불러내며 이야기를 나누었다.

살아 있는 박물관에서 갱단의 두목, 기업의 임원 그리고 그 외 뜻밖의 참여자들이 이런 도발적인 이미지를 중심으로 모일 때, 그들의 상상력은 그들을 전혀 예상치 못한 곳으로 이끌어 간다. '낯선 사람들 앞에서 개인적인 기억을 왜 나눠야 하지?'라는 어른스러운 의문이 떠오르기 전에 상상력의 강한 끌림이 그들을 소그룹 대화로 자연스럽게 이끈다. 그래서 우리는 이 박물관을 '대화 전의 대화'라고 부른다. 무엇이 실제로 벌어지고 있는지 명확히 의식하지 못한 채, 몇 분 전만 해도 불안감에 휩싸여 있던 이들이 용감하게 자신의 개인적인 진실을 공유하기 시작한다. 이 초기의 상상 놀이가 자신도 예상치 못한 부분들을 은밀하게 방 안으로 끌어들인다. 갱단 두목은 문득 자신에게 묻는다. "이게 공동체 폭력과 무슨 관련이 있지?" 한편, 기업 임원은 의문을 던진다. "이 워크숍이 기업의 책임과 윤리에 관한 거라더니, 이건 또 뭔가?"

하지만 그들의 상상 속에 떠오른 얼굴들은 이제 자신과 다른 삶을 살았던 사람들의 얼굴과 현실을 상상할 준비를 하게 한다. 상상력과 낯선 이들에 대한 공감의 상호작용은 다음 장에서 더 이야기하겠지만, 간단히 말하자면, '두려움 없는 대화'는 상상력을 활용해 참여자들의 시야를 넓히고, 마음을 열며, 그 공간에 물리적으로는 없는 목격자들의 이야기를 대화 속으로 불러들인다.

미지의 세계를 하나의 통합된 공간으로:
살아 있는 생태계에서 배우다

◆

30년 넘게 나는 조지아의 붉은 점토 위를 걸어왔다. 그러나 페루의 땅을 밟아 본 적은 한 번도 없다. 아니, 그렇게 생각했을 뿐이다.

내면의 풍경은 광활한 꿈의 세계처럼 펼쳐져 있지만, 2012년 이전까지 내 여권에는 단 하나의 도장만 찍혀 있다. 그것은 자메이카로 떠난 신혼여행이었다. 2012년 8월, 여행 세미나를 이끌던 동료 교수가 건강이 악화되어 내가 임시 강사로 대타를 맡게 되었다. 덕분에 내 여권에는 두 번째 도장이 추가되었다. 캔들러 신학대학원의 학생들과 종교 지도자들로 이루어진 대표단과 함께 나는 페루에서 열린 세계 감리교 선교회World Methodist Evangelism Institute에 참여했다. 바닷가 콘퍼런스 센터에서는 볼리비아, 콜롬비아, 브라질, 페루에서 온 수십 명의 신학생, 목사, 주교, 평신도들이 모여 중남미 선교의 새로운 모습을 논의했다. 일요일 아침, 목회자 팀들은 나라 곳곳의 교회로 흩어져 예배를 드리게 되었다. 우리 팀은 수도 리마로 배정되었다.

리마 시내 중심부에 있는 감리교 교회에 도착하자마자, 나는 강단으로 안내를 받았다. 그곳에서 설교를 하라는 것이었다. 강단 뒤에 서서 몇 분 동안 참여자들의 눈을 바라보았다. 그들의 얼굴에 매료된 채, 잠시 찡그렸다. 머리를 오른쪽으로 기울이며 혼란스러운 생각이 스쳤다. "나는 리마에 와 본 적이 없는데, 왜 이 사람들을 본 적이 있는 것 같지?" 혼란스러운 마음을 억누르며, 통역사의 도움을 받아 나의 인사말을 건넸다. "여러분을 뵙게 되어 정말 반갑습니다······. 오늘 아침의 본문은······". 30분 뒤, 나는 교회 출구로 나가며 한 명씩 인사를 나누고 있었다. 미소와 포옹 그리고 통역된 인사말들이 오갔다. 그때 낡은 작업복을 입은 중년 남성이 두 팔을 벌린 채 내게 다가왔다. 그의 얼굴은 이상하리만치 낯익었다. 그리고 그가 말을 꺼냈을 때 나는 그의 목소리를 알아챘다. "그레그, 다시 만나 반가워". 시간이 멈춘 것 같았다. 우리는 꿈에서 만난 적이 있었다.

우리가 살아가는 세상은 서로 연결되어 있다. 모든 창조물―생명이 있든 없든, 물질적이든 비물질적이든―이 거대한 신비의 생태계 안에서 작동한다. 페루에서의 경험 이후에 나는 한편으로는 경계 없는 미지의 세계와 씨름하면서도, 다른 한편으로는 공간의 다차원성에 대해 깊이 고민하게 되었다. 다음의 책 세 권은 내가 세상 속에서 움직이는 방식에 큰 변화를 가져왔고, '두려움 없는 대화'가 개인과 공동체의 치유를 위한 공간을 창조하는 데 생태계를 어떻게 받아들여야 하는지에 대한 통찰을 주었다. 바바라 브라운 테일러의 『세상 속의 제단An Altar in the World』, 스티브 드 샤저Stive de Shazer의 『단기 치료의 패턴Patterns of Brief Therapy』, 아이 퀘이 아마Ayi Kwei Armah의 『치유자들Healers』이다.

이 책들로부터 얻은 가장 중요한 교훈은 내가 세상의 중심이 아니라, 세상의 한 부분이라는 점을 자각하는 것이다. 나 자신을 중심에서 밀어내고 내가 속한 세계를 주의 깊게 바라보는 법을 배우는 것이다. '두려움 없는 대화'는 참여자들이 전체를 보고, 그 구성 요소를 존중하도록 인도한다. 이 과정에서 우리는 '보는 것'을 통해 보이지 않음과 침묵을 극복하는 방법을 배운다. 바바라 브라운 테일러의 『세상 속의 제단』을 통해 얻은 통찰을 바탕으로, 나는 이 장의 마지막 부분에서 이 중요한 가르침을 나누고자 한다.

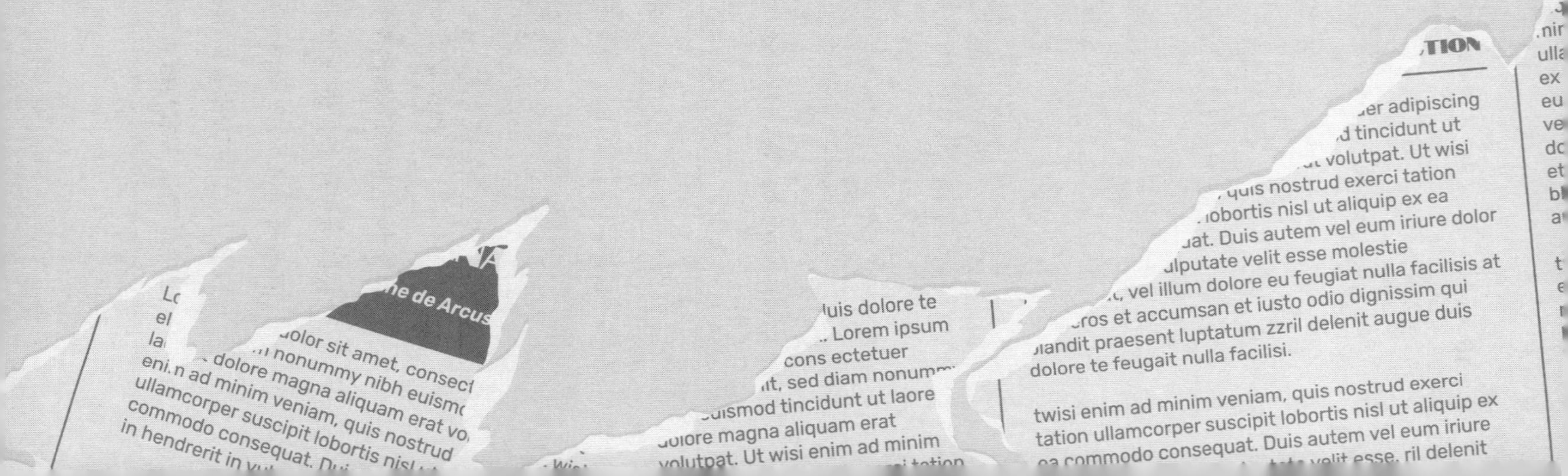

he de Arcus
olor sit amet, consect
n nonummy nibh euismo
dolore magna aliquam erat vo
eni n ad minim veniam, quis nostrud
ullamcorper suscipit lobortis nisl
commodo consequat.
in hendrerit in
uis dolore te
Lorem ipsum
cons ectetuer
it, sed diam nonumm
uismod tincidunt ut laore
dolore magna aliquam erat
volutpat. Ut wisi enim ad minim
TION
er adipiscing
d tincidunt ut
volutpat. Ut wisi
quis nostrud exerci tation
lobortis nisl ut aliquip ex ea
uat. Duis autem vel eum iriure dolor
ulputate velit esse molestie
vel illum dolore eu feugiat nulla facilisis at
eros et accumsan et iusto odio dignissim qui
blandit praesent luptatum zzril delenit augue duis
dolore te feugait nulla facilisi.
twisi enim ad minim veniam, quis nostrud exerci
tation ullamcorper suscipit lobortis nisl ut aliquip ex
ea commodo consequat. Duis autem vel eum iriure
velit esse, ril delenit

경외의 눈으로 세상을 보다

◆

　내 인생에 가장 큰 영향을 미친 책 중 하나인 바바라 브라운 테일러의 『세상 속의 제단』은 일상 속에서 신성함을 발견할 수 있는 열두 가지 실천법을 제시한다. 성공회 사제로서의 깊은 영성과 현자의 통찰력을 지닌 테일러는 이렇게 주장한다. "적절히 바라본다면, 모든 것이 성례가 될 수 있다. 성례란 내면의 영적 연결을 외적으로 보여 주는 가시적 징표를 의미한다".[19] 그녀는 자전적 이야기와 역사적 사례를 통해 걷기,[20] 빨래하기,[21] 치킨 샐러드 만들기,[22] 악수하기[23] 같은 평범한 일들 속에서 영적인 의미와 신성한 지혜를 발견하도록 독자들을 초대한다. 그중에서도 '주의 깊게 보기'라는 실천과 이를 보완하는 '경외심'의 덕목은 페루에서의 경험과 세상의 상호 연결성에 대해 고민하던 나에게 특히 강렬한 울림을 주었다.

　군인인 아버지 밑에서 자란 테일러는 어린 시절부터 아버지를 통해 경외심에 대한 중요한 교훈을 배웠다. 그녀의 아버지인 브라운 씨는 흔히 말하는 교회 신자가 아니었다. 그래서 그의 경외심은 "종교와는 무관했고, 신과도 거의 관련이 없었다".[24] 대신에 아버지의 군인 같은 시선에서 경외심은 "세상의 큰 그림 속에서 자신의 위치를 아는 것"[25]이었다. 아버지의 가르침 아래 테일러는 경외심이란 신비롭고 매혹적인 사람, 장소, 사물로 가득 찬 거대한 세상에서 자신을 적절히 자리매김하는 태도를 요구한다는 것을 배웠다. 아버지의 본보기를 통해 그녀는 별빛 가득한 숲길을 걸을 때든, 상처를 붕대로 감쌀 때든, 사냥용 소총의 방아쇠를 꼼꼼히 닦을 때든, 올바른 경외의 태도가 모든 상황에서 필요함을 깨달았다. 경외심을 갖춘 사람은 주의 깊게 보고, 조심하며, 자신을 위협할 수 있는 것을 존중하고, 두려움을 경외로 바꾸는 법을 배운다.26 그러나 군인의 딸이 깨닫게 된 것은 경외의 눈을 기르는 데에는 시간이 걸리며, 무엇보다도 속도 조절이 필요하다는 점이었다.

우리 주변에 가득한 통찰의 가능성을 진정으로 주목하려면 시간이 필요하다. 속도를 늦춘다는 것은 반드시 모든 꽃을 멈춰 바라보거나, 점심 시간을 사람 구경에 쓰거나, 매일 밤 석양에 감탄하며 시간을 보내야 한다는 뜻은 아니다. 물론 이런 실천들은 심박수를 낮출 수는 있겠지만, 업무 마감일과 휴대전화 알림이 쏟아지는 현대사회에서 완전히 멈춰 서는 것은 많은 사람에게 비현실적일 수 있다. 하지만 분당 60걸음을 걷던 속도를 45걸음으로 조금 늦추는 건 가능하다. 이렇게 약간의 속도 변화만으로도 의식이 의례를 이기고, 마음이 깨어나며, 우회로가 새로운 길을 열어 준다. 그렇게 얻은 명확함은 또 다른 발견의 길로 우리를 이끈다. 테일러의 말처럼, 경외는 특별한 순간에만 머무는 것이 아니다. 그것은 우리가 삶 속에서 발을 딛고 있는 매 순간에 조금 더 천천히, 그리고 주의 깊게 살아가는 방식이다.

'두려움 없는 대화'에서는 숨 가쁘게 움직이는 세상 속에서 뜻밖의 참여자들이 세상을 새롭게 바라볼 수 있도록 공간을 만든다. 예를 들어, 처음 한 방에 모인 이들에게 소통 촉진자는 말을 꺼내기 전에 신중하고 경이로운 시선으로 한 사람 한 사람의 눈을 바라본다. 마치 보이지 않던 존재가 갑자기 드러나는 듯한 순간, 소통 촉진자는 조용한 공간을 깨며 말을 건넨다. "여러분을 뵙게 되어 정말 반갑습니다". 이 인사말에 대해서는 이 장에서 조금 더 이야기하겠지만, 이 경이로운 정적의 순간은 모두의 심박수를 낮추고, 분당 45걸음으로 속도를 줄이며, 모인 사람들이 세상을 다르게 인식할 준비를 하게 한다. 속도를 늦추고, 주의 깊게 보는 것에는 두려움 없는 용기가 필요하다. 그것은 빠른 시선으로는 결코 포착할 수 없는 미지의 세계와 마주하는 행위다.

바바라 브라운 테일러는 자연이라는 실험실을 하나님이 설계하신 경외의 교실로 묘사한다. 화학자가 현미경을 통해 발견과 실패의 가능성에 맞서는 것처럼, 자연의 실험실에서도 경외심을 가진 관찰자는 스스로를 압도하는 창조물의 신비와 인간의 이해를 초월하는 문제들에 겁내지 않아야 한다. 이제 가운을 걸치고, 대자연으로 걸어 들어가 보자. 경외의 시선을 시험하기 위해 한 걸음 한 걸음 주의 깊게 움직여 보자. 사막의 구멍을 넘을 때는 조심해야 한다. 예상치 못한 방울뱀의 인사를 받을 수도 있으니 말이다. 옥수수밭에서는 번개와 천둥이 울리기 전의 광활한 빛이 당신을 해칠 수도 있음을 알아야 한다. 귀뚜라미의 노래와 반딧불의 신호에 귀 기울이며, 내 팔에 앉아 피를 빠는 소금 습지의 모기와 나누는 묘한 친밀감을 느껴 보자. 그리고 급류 속에 던져진 외로운 조약돌에도 혼이 깃들어 있음을 경이롭게 바라보자.

자연을 향한 경외는 비교적 쉽다. 그 안에 존재하는 생명체와 무생물이 얽혀 있는 관계를 깨닫는 순간은 종종 직관적이다. 그러나 테일러의 말처럼, 사람에 대한 경외심을 가지는 것은 훨씬 더 어려운 과제다. 자연을 경외하는 시선을 타인에게로 옮기는 일. 그것이야말로 우리 모두가 배워야 할 진정한 도전이다.[27]

뜻밖의 참여자들이 서로를 경외하고, 주의를 기울이며, 모든 사람과의 연대를 인식하도록 돕는 것이 바로 '두려움 없는 대화'의 성례적 과제다. 바바라 브라운 테일러는 이렇게 경고한다. "자신보다 더 높은 것에 경외심을 느끼지 못하는 불경한 영혼은, 자신보다 낮다고 여기는 것들 앞에서도 존중을 느끼지 못한다".[28]

'두려움 없는 대화'에 모이는 뜻밖의 참여자들 대부분은 자신을 불경한 영혼이라고 여기지 않을 것이다. 사실 이런 대화에 참여하는 사람들 대부분은 하나님, 창조물 그리고 세상의 안녕에 대한 기본적인 존중심을 가지고 있다. 그런데도, 무의식적인 경멸이 마음속에 자리 잡고 있지 않은가? 거리의 노숙자들, 이가 빠진 마약 중독자들, 바지가 흘러내린 마약상들 그리고 개인 제트기를 타고 다니는 1%의 부유층은 우리 위장을 뒤틀리게 하고, 혐오감을 자아내며, 분노를 불러일으키지 않는가?

제1장에서의 3피트 도전Three-Feet Challenge, 제4장에서의 이상한 자유Strange Freedom, 제5장에서의 다섯 가지의 어려운 질문Five Hardest Questions, 있는 그대로 오래 사랑스럽게 바라보기Long Loving Look at the Real 같은 상호작용 실험을 통해 '두려움 없는 대화'의 소통 촉진자들은 우리가 쉽게 지나치는 사람들에게 보이는 경멸을 지적한다. 그리고 군인의 눈처럼 훈련된 시선으로, 이 소통 촉진자들은 뜻밖의

참여자들에게 이렇게 상기시킨다. "우리의 운명은 가장 낮은 이들과도 얽혀 있다".

'두려움 없는 대화'의 독특하게 설계된 공간에서 뜻밖의 참여자들은 우리와 이 땅을 함께 공유하는 이들에 대한 무의식적인 혐오감, 드러나지 않는 불쾌감 그리고 파헤쳐지지 않은 편견과 마주하는 연습을 한다. 군인 아버지가 눈을 반짝이고 있는 딸과 함께 걷는 것처럼, 소통 촉진자들은 뜻밖의 참여자들과 함께 무의식적 편견이라는 빽빽한 숲으로 신중히 걸어 들어간다. 그리고 그들이 경외를 느끼게 하는 창조물들과 이해를 넘어서는 신비에 둘러싸였을 때, 이렇게 묻는다. "당신은 무엇을 보고 있습니까?"

이 질문은 뜻밖의 참여자들이 의식의 흐름 속에서 경외의 응답을 찾아가도록 돕는다.

"사진 속 아이가 당신의 주목을 받을 가치가 있습니까?" "당신 옆에 서서 당신의 말을 기다리는 사람은 당신의 관심을 받을 자격이 있습니까?" 이러한 질문 하나하나가 '두려움 없는 대화'의 실험실에서 무의식을 걷어 내고, 경이와 경외의 눈으로 볼 수 있는 공간을 창조한다. 이렇게 낯선 존재를 경외와 경이의 눈으로 볼 수 있게 된 뒤에 이제 사회적 변화를 위한 다음의 관문은 낯선 사람들에 대한 두려움을 극복하는 것이다.

Lo
el
la
...olor sit amet, consec
eni.n nonummy nibh euism
...dolore magna aliquam erat
ullamcorper suscipit lobortis ni
commodo consequat
in hendrerit in

ne de Arcus

..uis dolore te
.. Lorem ipsum
cons ectetuer
..t, sed diam nonumm
..uismod tincidunt ut laore
...olore magna aliquam erat
..at. Ut wisi enim ad minim

...er adipiscing
...d tincidunt ut
..., volutpat. Ut wisi
..quis nostrud exerci tation
..obortis nisl ut aliquip ex ea
...at. Duis autem vel eum iriure dolor
...lputate velit esse molestie
..., vel illum dolore eu feugiat nulla facilisis at
..ros et accumsan et iusto odio dignissim qui
..landit praesent luptatum zzril delenit augue duis
dolore te feugait nulla facilisi.

twisi enim ad minim veniam, quis nostrud exerci
tation ullamcorper suscipit lobortis nisl ut aliquip ex
...e commodo consequat. Duis autem vel eum iriure

TION

마지막 이야기:
펑크 재즈 카페와 공간을 만들어 가는 예술

◆

여름 밤하늘이 어둠으로 물들자 애틀랜타의 도시 풍경은 다채로운 색깔로 깨어났다. 스프링 거리와 러키 거리 모퉁이에 서면, 탑 조명으로 빛나는 고층 빌딩들의 반사광이 탭퍼너클 교회의 진동하는 스테인드글라스 위에서 춤추는 것을 볼 수 있었다. 1911년 3월, 붉은 벽돌의 신고전주의 건축 양식을 자랑하는 침례교회가 문을 열었을 때, 8,000명 이상의 빅토리아풍 수트를 입은 남성과 코르셋을 맨 여성이 이 거리에 모여 광활한 강당의 발코니에서 예배를 드릴 준비를 하고 있었다.[29]

그러나 2013년 7월 13일, 수백 명의 사람이 밤문화를 만끽하려고 거리에 모였던 그날, 그들의 영혼은 전혀 다른 방식으로 움직였다. 아내와 나는 군중 속에서 문이 열릴 순간을 기다리며 서 있었다. 그때 군중을 가르며 마치 공중을 떠다니듯 등장한 차카바(Ckakaba●) 죽마를 타는 사람이 하늘 위로 깃발을 흔들었다.[30] 밤하늘을 반짝이는 스테인드글라스처럼, 그의 반짝이는 의상은 밤을 수놓았고, 마치 하늘에서 외치는 듯한 그의 목소리가 울려 퍼졌다. "준비됐나요? 펑크 재즈 카페에 오신 걸 환영합니다!" 문이 활짝 열리자 군중은

● 30cm 정도의 길이로 된 대나무 등으로 만들어서 사람이 딛고 설 수 있는 발판을 말한다.

계단을 올라 아치형 출입문을 통과하며 새로운 예술적 표현의 세계로 들어갔다.

펑크 재즈 카페는 애틀랜타 출신 제이슨 오르Jason Orr가 구상한 독창적인 문화 예술 축제다. 이곳에서는 하나의 지붕 아래에서 조각가가 진흙을 빚는 모습과 화가가 캔버스를 생동감 넘치게 만드는 장면을 동시에 볼 수 있다. 채식 기반의 자메이카 요리를 맛보고, 브라질의 카포에라capoeira●예술가들의 활기찬 움직임을 느낄 수 있다. 펑크 재즈 카페에서는 해외에서 온 미지의 목소리가 노래하는 라이브 음악을 들을 수도 있고, 그래미 수상 아티스트의 노래에 맞춰 춤추는 관중의 에너지가 건물을 뒤흔드는 진동을 느낄 수도 있다. 이 축제의 독특한 점은 수천 장의 티켓이 판매되지만, 티켓 소지자가 펑크 재즈 카페에 입장하기 전까지는 어떤 시각 예술가와 음악가가 공연할지 전혀 알 수 없다는 것이다.

그날 7월 저녁, 시각 예술이 생명을 얻고, 풍성한 음식 향이 공기를 가득 채우며, 나이와 배경이 다양한 사람이 펑크 재즈라는 이름 아래 모이는 하나의 생태계가 만들어졌다. 나는 아내 앙투아네트와 함께 발코니에 앉아 있었고, 그때 애틀랜타의 히트 듀오 아웃캐스트의 멤버인 빅 보이가 무대에 올랐다. 관중은 환호성을 질렀지만, 그의 랩 비트가 시작되기 전에 그는 청중에게 조지 짐머만이 트

● 브라질의 전통 예술로, 무술, 춤, 음악이 결합된 형태이다. 이는 아프리카 노예들이 개발한 문화적 저항의 표현으로, 오늘날에는 신체적 기술뿐만 아니라 공동체 정신, 창의성, 자유의 철학을 담고 있는 전통적이고 현대적인 예술의 형태로 자리 잡았다.

레이본 마틴을 살해한 혐의에서 방금 무죄 판결을 받았다는 소식을 전했다.

불만스러운 마음이었지만, 예술과 혁신의 생태계의 품에 안긴 채 나는 그 순간 다가오는 주에 열릴 첫 번째 '두려움 없는 대화' 커뮤니티 대화를 어떻게 펼쳐야 할지 꿈꾸기 시작했다. 상상은 날개를 달았다. 나는 꿈을 꾸었다. 펑크 재즈의 외다리 곡예사들처럼, '두려움 없는 대화'의 소통 촉진자들도 예상치 못한 이들을 '발견의 실험실'로 초대해서 미지의 세계를 받아들이도록 환영할 것이다. 우리 역시 예술, 음악, 음식이라는 창의적인 도구를 사용해서 상상력을 자극하고, 논쟁의 장을 진실을 나누는 생동감 넘치는 생태계로 변모시키려고 했다. 펑크 재즈 카페가 끝나고 일주일 후에 열린 첫 '두려움 없는 대화'가 끝날 무렵, 우리 팀은 진실을 말할 공간을 만들기 위해선 단순히 실패를 받아들이고, 감각을 자극하며, 생태계를 활기차게 만드는 것 이상이 필요하다는 것을 깨달았다. 뜻밖의 참여자들과 깊이 있는 대화는 낯선 사람들이 집처럼 편안함을 느끼지 않는 한 좀처럼 이루어지지 않는다는 사실이다.

제3장

조건 없는 환대의 식탁
낯선 사람에 대한 두려움

매 첫째 주 일요일, 나는 환영의 테이블을 보았다.

모두가 가족이었다. 낯선 이는 없었다.

우리는 서로에게 감동받고, 지탱되며, 얽히고,

사랑과 평온으로 이어지는 장소로 나아갔다.

비록 우리는 지상에 발을 딛고 있었지만,

조건 없는 환대는 성소를 천국처럼 만들어 주었다.

무쇠팬에서 지글거리던 노랗게 익은 달걀들은 언제나 밤하늘을 가르며 떠오르는 태양을 떠올리게 했다. 그날 아침이었다. 할머니 댁에서 아침 준비가 한창이었고, 익숙한 사람들이 하나둘 모여들기 시작했다. 달걀 옆에서 어떤 고기가 보글보글 끓고 있었다. 주머니쥐였을까? 토끼? 아니면 다람쥐? 솔직히 전부 다 튀겨서 그레이비 소스를 얹으면 내겐 맛이 다 비슷했다. 뒤쪽 버너에서는 끓는 옥수수죽 사이를 뜨거운 버터가 강처럼 흘러내리고 있었다. 그 모습은 마치 "고풍스럽고 어두운" 미시시피강을 연상시켰다.[1]

달걀과 정체 모를 고기, 끓어오르는 죽 아래 오븐의 열기는 반죽의 공기를 밀어내며 내 여덟 살 손바닥만 한 크기의 비스킷을 하얀 구름처럼 부풀어 오르게 했다. 사람들은 끊임없이 135 웹스터Webster 거리로 모여들며 30초마다 집 출입문이 쾅 하고 닫혔다.

우리 가족에게 식사는 하나의 스포츠였다. 사람들은 마치 올림픽 성화 점화식을 보기 위해 나라들이 모이는 것처럼, 할머니 식탁에 발을 내딛기 위해 먼 길을 달려왔다.

물론 익숙한 얼굴들도 있었다. 두꺼운 작업복을 입은 할아버지와 잭 삼촌이 큰 테이블에 먼저 자리를 잡았다. 얼마 지나지 않아, 슬림Slim 삼촌과 엘시LC 이모가 느긋하게 걸어 들어왔다. 사들러Saddlers 가족은 요란한 발걸음으로 뒷문 계단을 올라왔고, 사촌 트위티Tweety는 봄날 종달새처럼 문을 지나며 흥얼거리며 들어왔다. 피콜로(고음의 작은 플루트) 소리 같은 높은음으로, 레라Lela 이모는 모두에게 인사를 건넸다. 그리고 아이들, 또 아이들 그리고 또 다른 아이들이 빈자리를 찾아 분주히 움직였다.

기도를 마친 후, 우리는 전부 큰 접시를 집어 들었다. 왜냐하면 스포츠를 즐기는 사람들은 작은 접시 따윈 쓰지 않았기 때문이다. 그리고 '식사 경기'가 시작되었다.

오랜 시간이 흐른 후에야 135 웹스터 거리에서 내가 배운 따뜻한 환대의 교훈을 이해할 수 있었다. 어느 날이든, 할머니는 스무 명에서 쉰 명까지 거뜬히 식사를 제공했다. 물론 할머니, 할아버지는 절대 부유하지 않았다. 하지만 미시시피 목화밭에서 이주해 온 그들은 누구든 자신의 식탁에 초대했고, 배고픈 채 돌아가는 이는 없었다.

할머니는 18남매 중 맏이였고, 할아버지는 12남매 중 넷째였다. 우리 가족은 워낙 대가족이었기에, 나는 식탁 주변에서 어슬렁거리는 사람들이 다 가족인 줄 알았다. 나중에야 알게 된 사실이지만, 그들 중 많은 이가 실제로는 혈연이 아니었다. 그러나 할머니, 할아버지는 그들 모두를 가족처럼 대했다. 이웃 동네에서 온 나그네들도 집 출입문을 지나 들어와 손을 씻고, 다른 사람들과 함께 같은 접시에서 음식을 나눠 먹었다.

분주한 아침 시간이 끝나면, 할머니와 할아버지는 현관 앞에 앉아 이야기를 나누곤 했다. 남은 음식은 다음 식사 때까지 스토브 위에 그대로 두었다. 만약 배고파 보이는 나그네가 지나가는 모습을 보면, 다시 집 출입문이 철썩 열리고, 배고픈 이방인은 손을 씻고 환대의 식탁에 앉게 되었다.

할머니의 주방에서 준비된 음식은 엄마의 포옹처럼 위로가 되었고, 마음의 안식을 가져다주었다. 김이 모락모락 나는 옥수수죽, 커다란 비스킷, 정체불명의 고기 접시들 주위로 가족과 친구, 심지어는 예전의 적들까지 모여 앉아 담을 허물고, 가면을 벗고, 거리낌 없이 속마음을 나누었다. 그 식탁에서는 정치와 양육, 신앙과 사회운동, 역사와 시사에 대한 대화가 자연스럽게 펼쳐졌고, 함께 나눈 생각은 그야말로 풍성한 '사색의 만찬'이었다.

말수가 적은 할머니 심슨Simpson은 늘 조용한 편이었다. 흥미롭게도 다른 이들이 음식을 먹는 동안, 정작 본인은 거의 한 입도 뜨지 않았다. 종종 "할머니 왜 안 드세요?"라는 질문에 그녀는 늘 같은 대답을 했다. "애야, 나는 좀 피곤해서. 나중에 먹을게". 그러나 할머니의 살아 있는 눈빛은 다른 이야기를 하고 있었다. 대화와 식사가 한창일 때, 할머니는 방 한구석에 있는 의자에 앉아 '쉬는 척'을 하며 방 안을 살피셨다. 그녀의 눈빛은 방 안을 가로지르며 무언가 수집하듯 세밀함을 놓치지 않았다. 대개 할머니의 눈길이 한 사람과 연결되면, 몇 분도 지나지 않아 배부른 이들은 조용히 할머니 곁으로 다가가 자리를 잡았다. 속삭이듯 낮은 목소리로, 한 사람씩 할머니에게 깊고 내밀한 진실을 털어놓곤 했다. 그런 대화 후, 할머니는 몇 마디 신중히 고른 말로 그들의 마음을 위로하며 따뜻한 지혜를 더해주었다.

2007년 6월 25일, 내 할머니 메리 제인 심슨은 82세의 나이로 마지막 숨을 내쉬었다. 그녀의 장례식에서 위로와 격려의 말을 전해달라는 초청을 받았고, 나는 그 준비 과정에서 가족과 친구들에게 할머니가 남긴 영향을 묻기 시작했다. 모두가 공통적으로 기억한 것은 그녀의 소박하지만 깊은 요리 솜씨, 현명한 조언 그리고 비밀을 결코 누설하지 않는 신뢰였다. 장례식 당일, 수백 명의 조문객들 앞에서 나는 한 문장으로 할머니의 삶을 요약했다. "할머니는 낯선 이를 만난 적이 없다".

이 장에서는, 할머니 심슨의 현명한 지혜와 함께 헨리 나우웬, 파커 J. 파머 그리고 다른 이들의 통찰을 통해 '두려움 없는 대화'가 어떻게 조건 없는 환대Radical Hospitality의 네 가지 방법을 통해 낯선 이에 대한 두려움을 극복하는지 나누고자 한다.

'두려움 없는 대화'의 환대 공간은 다음과 같은 원칙을 기반으로 한다.

1. 공동체의 연대감을 떠올리게 하는 상징적 요소들을 포함한다.
2. 사회적 책임에 대한 무언의 유대를 형성하기 위해 바라보는 행위를 실천한다.
3. 손님들이 안전함을 느낄 수 있도록 가정적인 환경을 조성한다.
4. 손님이 도착하기 훨씬 전부터 이들을 환영할 준비를 한다.

이렇게 '두려움 없는 대화'는 낯선 이를 더 이상 낯설지 않은 파트너로 변화시킨다.

낯선 이들과의 동행:
환대와 적대 그리고 이웃 사랑의 두려움

◆

어릴 적부터 많은 이는 낯선 사람을 두려워하도록 배우며 자랐다. 부모나 보호자에게서 모르는 사람은 자동으로 의심의 눈초리를 받을 만한 대상으로 여겨야 한다고 배웠다. 이러한 사회적 편견은 무의식적으로 우리의 내면에 자리 잡아, 우리와 비슷하게 생기고, 말하고, 입고, 생각하는 사람들을 덜 위협적인 존재로 느끼게 만든다. 어린 시절의 '낯선 사람은 위험하다'는 교훈은 오랜 시간 마음속에 자리하며, 성인이 되어도 어려운 대화나 의미 있는 만남을 방해하는 요소로 작용한다. 이러한 가르침 속에서 다름과 이질성은 너무 자주 두려움과 동의어로 여긴다.

낯선 이에 대한 두려움이 대화와 깊은 만남을 위협한다는 것을 인식하며, 우리 주변에 존재하는 네 가지 유형의 낯선 이를 살펴보자.

공공의 낯선 사람들 Public Strangers

익숙한 낯선 사람들 Familiar Strangers

친밀한 낯선 사람들 Intimate Strangers

내면의 낯선 사람 Stranger Within 2

이 낯선 이들은 각기 다른 은사를 지니고 있다. 그들의 존재를 적대에서 환대로 바꾸고, 그들을 두려움 없이 마주할 용기를 낸다면, 그들을 통해 우리 자신과 세상에 대해 많은 것을 배울 수 있다. 그러나 나의 경험에 비추어 보건대 환대는 결코 쉬운 일이 아니다.

중서부에 있는 할머니와 할아버지의 집이 가족의 중심지였다면, 부모님의 집, 애정 어린 별칭으로 불린 '두 드롭 인Do Drop Inn'•은 남부의 교차점 역할을 했다. 할머니 프란세이나Franceina에게는 우리 애틀랜타 집이 매년 겨울철 미주리주의 추위를 피해 쉴 수 있는 안식처였다. 조종사였던 사촌 데이먼에게는 비행 사이에 쉬어갈 수 있는 경유지였다. 사촌 티나, 오드리, 레슬리, 아론, 닐 그리고 그들의 대학 친구들에게는 무료 세탁실이자, 푹신한 소파와 프라이드치킨과 복숭아 파이를 담은 포장 음식이 제공되는 휴식처였다. 어떤 친척들에게는 직장이나 관계의 공백기 동안 임시로 지낼 수 있는 무료 숙소였다. 어린 시절과 청소년기를 거치면서 우리 집은 마치 회전문이 달린 듯 가족, 친구 그리고 친구의 친구들까지 끊임없이 오갔다. 그 과정에서 우리 가족은 낯선 사람들이 집에서 환영받는 느낌을 가질 수 있도록 일상의 균형을 맞추는 법을 배웠다.

환대의 정신에 따른 이러한 변화는 희생과 깊은 불만 없이는 이루어질 수 없었다. 엄마는 집이 두세 시간 이상 깨끗하게 유지되는 일이 없다고 한탄하셨다. 가계 재정을 철저히 관리하던 회계사 아

> • Do Drop Inn은 발음상 'Do drop in(꼭 들르세요)'과 유사하다. 영어권에서 종종 사용되는 재미있고 재치 있는 표현으로, 보통 식당, 카페, 작은 여관 또는 친근한 분위기의 모임 장소에서 사용된다.

빠는 '나쁜 경찰' 역할을 마다하지 않으며 손님들의 도착과 출발 날짜를 정하곤 했다. 남동생 DE는 손님들이 환영받는 시간을 넘겨 머무는 것에 대해 불평을 늘어놓았다. 나는 마지못해 나의 침대를 연장자 친척들에게 내주었고, 그중 한 번은 고등학교 2학년 대부분을 소파에서 자며 보냈다. '두 드롭 인'의 여관지기 중 하나였던 나는, 지속적으로 낯선 이들을 환대하는 일이 제대로 관리되지 않으면 조건 없는 환대 대신 혐오와 적대감을 키울 수도 있다는 것을 배웠다.

헨리 나우웬은 그의 저서 『손을 뻗음: 영적 성장의 세 가지 핵심 운동Reaching Out: Three Movements of the Spiritual Life』에서 낯선 이를 환대하는 호스트의 양가감정과 낯선 이들이 자유롭게 자신을 나눌 수 있도록 따뜻한 환경을 조성하는 데 필요한 수고를 강조했다. 나우웬은 호스트가 낯선 이들을 맞이할 때 내면 깊이에서 느끼는 적대감의 가능성을 부인하지 않았다. 그러나 그는 또한 환대를 기독교적 삶의 영적 의무로 바라보며, 이를 구약과 신약에 깊이 뿌리내린 전통으로 연결시킨다.

환대는 단순히 '부드럽고 달콤한 친절'이나 '아늑한 분위기'에 국한되지 않는다. 성경의 수많은 이야기는 낯선 이를 맞이하기 위해 필요한 희생, 위험 그리고 보상을 준다.[3] 아브라함과 사라는 뜨거운 낮 동안 마므레Mamre를 지나가던 세 명의 나그네에게 물과 안식처 그리고 가장 훌륭한 음식을 제공한다. 라합Rahab이라는 여인은 창녀로 일했는데, 여리고 왕이 보낸 병사들을 피해 이스라엘 정탐꾼들을 보호함으로써 자신과 가족의 생명을 큰 위험에 노출시킨다. 엠

마오Emmaus로 가는 길에서 두 나그네는 낯선 이를 만난 후 그를 식사와 쉼터로 초대한다. 그리고 그 낯선 이가 바로 예수임을 알게 된다! 이 이야기들에서 공통적으로 호스트는 자신의 집이라는 성스러운 공간에 낯선 이를 맞이하며, 보상의 여부를 알지 못한 채 위험을 감수한다. 아브라함과 사라 그리고 엠마오의 두 나그네는 시간을 내고, 에너지를 쏟으며, 귀중한 자원을 희생해서 낯선 이들에게 음식을 대접한다. 라합처럼, 어떤 호스트는 낯선 이들을 보호하기 위해 목숨과 생계를 내건다.

나우웬은 이러한 성경적 사례들에서 환대의 공간을 통해 호스트와 손님은 서로의 가장 소중한 선물을 드러내고, 서로에게 새로운 생명을 가져다주는 독특한 순간을 창조한다고 말한다.[4] 그의 제자인 파커 J. 파머는 "낯선 이들은 열린 마음을 가진 호스트의 환대 없이는 드러날 수 없는 진리와 비전을 품고 있다."라고 주장한다.[5]

오늘날처럼 이웃 간의 온정, 환대 그리고 삶을 변화시키는 진리가 절실히 필요한 세상에서 환대의 의미를 되찾는 것은 필수적이다. 그러나 단순한 친절에서 한 걸음 더 나아가, 희생과 위험을 동반한 환대를 실천하기 위해서는 호스트의 깊은 헌신과 준비가 필요하다.

낯선 이를 진정으로 환대한다는 것은 단순히 문을 열고 자리를 내어주는 것을 넘어 그 과정에서 자신도 변화를 경험하는 여정이다. 당신이 누군가를 환대할 때 그 낯선 이는 당신에게 어떤 진리와 비전을 가져다줄 수 있을까? 그리고 당신은 이 환대를 위해 어떤 희생을 기꺼이 감수할 준비가 되어 있는가?

손님을 초대하는 주인이 단순히 새로운 통찰과 진리를 얻기 위한 보상을 기대하며 손님을 대한다면, 이는 자신 만족에 빠진 가부장적인 웨이터와 다를 바 없다. 진정한 환대는 낯선 이를 맞이하기 전, 주인이 자신의 내면을 먼저 준비하는 데에서 시작된다. 그렇지 않으면, 손님을 자기 이익, 가부장적 태도, 적대감 혹은 불안의 시선으로 맞이할 위험이 있다. 성경의 사례들을 깊이 숙고하고 다양한 이론을 탐구하며, 호스트와 낯선 이가 상호 선물을 나누는 데 필요한 조건들을 관찰한 끝에, 나는 '두려움 없는 대화'의 실천을 이끄는 조건 없는 환대 접근법을 고안했다.

서로 다른 손님들이 모여 진솔한 대화를 나누는 공간을 조성하기 위해 '두려움 없는 대화'의 조건 없는 환대는 다음과 같은 과정을 보장한다.

1. 공공의 낯선 사람들 Public Strangers

이들에게는 진실이 드러나고 선물이 나눠질 수 있도록, 그들의 영혼을 편안한 상태로 전환시키는 상징적 공간을 제공한다.

2. 익숙한 낯선 사람들 Familiar Strangers

자신과 타인을 관조적인 눈으로 바라볼 수 있도록 초대한다.

3. 친밀한 낯선 사람들 Intimate Strangers

위기 속에 있는 이들이 안전하다고 느낄 수 있는 환경으로 이끈다.

4. 내면의 낯선 사람 Stranger Within

스스로 자신의 내면에 자리한 낯선 이와 마주할 수 있도록 유도한다.

이 조건 없는 환대의 실천―공간 제공 placeholding, 관조적 바라봄 beholding, 보호하는 환경 제공 holding, 내면으로 나아감 moving―은 삶을 변화시키는 만남과 잊지 못할 대화의 순간을 준비하는 과정이다. 그 첫 번째 단계로 우리는 우리 주위에 있는 공공의 낯선 이들을 소개하며 여정을 시작한다.

공공의 낯선 사람들:
소중한 기억과 공공의 증언

◆

 그들의 이야기는 미국적인 동시에 보편적이다. 20세기 초반에 태어난 메리 제인 영Mary Jane Yong과 윌리 덥 심프슨Willie Dub Simpson의 삶은 대중의 기대 속에서 자신들이 소유하지도 않은 땅을 갈며 생을 마칠 운명처럼 보였다. 이는 터무니없는 예측이 아니었다. 그들의 어머니와 어머니의 어머니, 아버지와 아버지의 아버지 모두가 미시시피의 끈적한 태양 아래에서 면화를 수확하며 생을 이어 갔기 때문이다. 덥은 겨우 초등학교 4학년까지만 정규 교육을 받았고, 메리 제인은 8학년까지만 학업을 이어 갔으니 이들의 삶 역시 백인 지주의 땅에서 농사를 짓는 조상의 전통을 그대로 답습할 것처럼 보였다. 그러나 이 두 연인은 약속했다. '우리 아이들은 모두 대학에 갈 것이다. 면화 한 송이도 따지 않을 것이다'.
 수년간의 수모 끝에 덥Dub은 백인 지주에게 손찌검을 했다. 그의 목숨에 현상금이 걸리자, 두 사람은 "다른 태양의 따스함"[6]을 찾아 떠났다. 몰래 델타Delta를 따라 올라가며, 한 조용한 중서부의 제조업 도시에서 안식처를 발견했다. 낯선 이들 속에서 터를 잡으며, 이들은 자신들의 약속을 지켰다. 몇 년 후, 그들의 열한 명의 자녀가 모두 대학에 진학했고, 그 누구도 미시시피의 면화 밭에서 일하지 않았다. 이 고전적인 이야기는 다중의 공적 영역을 능숙히 헤쳐 나가고, 위험을 피해 가며, 공공의 낯선 사람들 속에서 안식처를 찾은 삶의 교훈을 준다.

파커 J. 파머에 따르면, "공적이라는 단어는 궁극적으로 사회의 모든 사람을 구별이나 자격 없이 포함하는 것을 의미한다".[7] 우리는 대중교통, 공원, 카페와 같은 공공장소에서 이러한 공적 구성원들과 만난다. 공적 삶에서는 사적인 관심사를 추구하는 낯선 이들이 서로 만나며, 비록 서로를 모른다 해도 공통된 공간을 점유하고 있다는 암묵적인 메시지를 교환한다.[8]

그러나 공적인 공간과 공통된 기반이라는 개념은 주관적이다. 조부모 세대가 자란 남부의 인종차별 시대에는 '백인 전용Whites Only'이라는 명확한 표시로 구분된 공적인 공간이 존재했다. 오늘날 미국에서 이런 분할선은 과거만큼 분명하지 않을지 몰라도, 여전히 다양한 형태로 낯선 이를 분리하려는 공공의 경계가 남아 있다. 예컨대, 세금 목적으로 이웃을 구획하는 '레드라이닝redlining'●, 도시 폭력을 겨냥한 지역사회 경찰 활동, 가난한 지역을 오염시키는 환경적 위험이 그 예다. 하지만 이러한 구획선에도 불구하고, 우리의 일상에서 공적 세계는 서로 교차하며, 낯선 이들이 예기치 않게 서로의 삶에 들어온다.

사적 영역에서는 우리와 '비슷한' 사람들과 관계를 형성하는 것이

● 특정 지역(주로 저소득층이나 소수 인종이 거주하는 곳)을 대상으로 금융, 대출, 보험 등의 서비스를 제한하거나 거부하는 차별적 관행을 말한다. 이는 경제적·사회적 불평등을 심화시키며, 미국의 역사적 인종차별 문제와 깊이 연관되어 있다. 오늘날에도 레드라이닝의 여파와 변형된 형태가 존재하며, 이를 해결하기 위한 정책과 노력이 계속되고 있다.

더 쉽다고 생각될 때가 많다. 이런 개인들은 우리의 인종, 정서적 환경, 종교적 믿음, 사회경제적 배경을 공유할 가능성이 크다. 그러나 공적인 공간은 우리가 익숙한 사적인 영역에서 얻을 수 없는 새로운 배움과 연결을 제공한다. 공공의 낯선 사람들 속에서 우리가 익숙한 범위를 넘어서는 차이를 마주할 때, 갈등의 가능성을 인식하는 동시에 인간적 유대의 힘을 발견할 수 있다.

파머는 건강한 공공 생활이 잠재적 갈등의 일상을 제공한다고 말한다. 낯선 사람들이 만나 희소한 자원을 나눠야 할 때, 그것이 지하철 좌석이든, 공립학교의 예산을 위한 세금이든 간에 갈등은 피할 수 없다. 하지만 공공 생활은 갈등이 항상 끝장으로 치닫는 것이 아님을 가르쳐 준다. 복잡한 공간 속에서나마 어려운 대화 가운데 우리는 "조정하고, 타협하며, 우리의 방향을 수정하는 법"을 배우게 된다. 그렇게 함으로써 갈등은 최소화되고, 전체의 움직임이 가능해진다.[9] '두려움 없는 대화'에서는 이런 공적인 배움을 바탕으로 서로 어울릴 것 같지 않은 사람들이 낯선 사람들과 조화를 이루고 갈등을 관리할 수 있는 공간을 만들어 낸다.

예를 들어, 대화에 참여하는 모든 사람은 입장할 때 '교육자' '활동가' '치유자' '예술가' '연결자' '이웃'이라는 여섯 가지 중 하나의 이름표를 선택한다. 대화 시간 동안에 각기 다른 이름표를 가진 사람들은 전략적으로 짝지어져서 평소에는 거의 대화하지 않을 사람들과 공통의 기반 위에 서게 된다. 판사와 범죄자, 백만장자와 실업자가 한자리에 모여서 공공 생활에서 배운 본능적인 기술을 활용하여 갈등을 풀어 나가는 것이다. 이렇게 하면 놀라운 연결이 이루어질 가능성이 열린다. 이 이야기는 나에게도 매우 가깝게 다가온다.

1940년대, 나의 조부모는 일자리를 찾기 위해 중서부의 한 공업도시로 이주했다. 그들은 교육 수준이 낮고 생계를 위한 수단도 부족했지만, 굳건한 노동 윤리와 함께 낯선 땅에서 살아남아야 했다. 결국 조부는 육가공 공장에서 일자리를 찾았고, 두 분은 폐철을 모아 생계를 이어 갔다. 그리고 경제적 재주가 탁월했던 조모는 15센트로 1달러를 만드는 법을 터득하며, 성장하는 가족을 위해 5개의 침실이 있는 집을 직접 지었다. 이 이야기는 표면적으로는 '스스로의 힘으로 성공했다'는 전형적인 미국식 자수성가의 신화처럼 들린다. 그러나 실제로는 공공의 낯선 사람들과의 인간적 관계 속에서 이룬 성취이기도 하다.

가족의 증언에 따르면, 조부는 '좋은 백인 남자'를 만나 공장에서 일할 수 있도록 특정 도표와 차트를 읽는 법을 배웠다고 한다. 미시시피의 분리된 환경에서 겪은 트라우마를 생각하면, 낯선 사람, 특히 백인을 믿는 것은 위험한 일이었을 것이다. 하지만 내 조부모님이 굶주린 낯선 이들을 집으로 초대해서 정성스럽게 음식을 대접했던 것처럼, 이 백인 남자도 상호 도움이라는 정신 속에서 위험을 무릅썼다. 사적인 영역을 넘어서는 순간, 우리의 자기중심적 관점은 변화된다. 공공의 영역에서는 비록 낯선 사람이라고 해도 예상치 못한 선의를 발견할 수 있다.

2013년, 나는 공공의 낯선 사람들의 기이한 연대기를 직접 체험하게 되었다. 중서부에 사는 한 친구의 초대를 받아 대화에 참여하게 된 것이다. 나는 손에 따뜻한 차를 들고, 호스트가 던진 가족사에 대한 간단한 질문에 답했다. 나는 조부모님이 미시시피를 탈출해서 중서부에 정착한 이야기를 전했다. 호스트는 이야기를 들으며 눈썹을 치켜올렸다. 그는 그 도시를 너무나 잘 알고 있었다. 우리 가족이 '좋은 백인 남자'라고 부른 이는 바로 올드 맨 파머Ol' Man Palmer였고, 내 호스트인 파머는 그를 자신의 할아버지로 기억하고 있었다. 가끔은, 낯선 이들이 생각보다 훨씬 익숙한 존재일 때가 있다.

◆ 공공의 낯선 사람들을 위한 자리: 과도기 공간의 과도기적 대상들

"그레그, 소금 너무 많이 넣지 마라. 혈압 오른다. 설탕도 너무 많이 먹지 마라. 당뇨 걸린다. 물도 너무 많이 마시면 익사한다. 뭐든 적당히 해라".

할머니들의 환영 식탁에서 배운 교훈들을 얼마나 소중히 여기는지 모른다! 두 분이 돌아가신 후에야 많은 사람이 남부 요리를 '소울푸드soul food'●라 부르는 이유를 더 깊이 이해하게 되었다. 음식이 소화된 후에도, 그들이 주신 깨달음은 여전히 마음을 위로한다. 토요일 아침, 아이들과 아침 식사를 준비하며 오븐 속의 부풀어 오르는 비스킷을 보면 심슨 할머니의 목소리가 들려오는 듯하다. 밤의 검은 빛으로 덮인 듯한 외부 공기를 느낄 때면 엘리슨 할머니가 들려

● 소울푸드는 미국 남부의 아프리카계 미국인 공동체에서 시작된 전통 음식으로, 역사, 문화, 공동체의 정체성을 담은 음식이다. 튀긴 치킨, 콩, 채소, 옥수수 빵과 같은 요리가 대표적이며, 단순히 맛있는 음식을 넘어 가족과 공동체를 연결하고 정체성을 표현하는 데 중요한 역할을 한다.

주셨던 어둠에 대한 가르침이 떠오르고, 혀끝에선 손수 만든 아이스크림의 맛이 되살아난다. 두 분이 무척 그립지만, 그분들이 주셨던 소울 푸드는 나 자신을 발견하게 한다. 눈물이 한 방울 흘러내릴 때면 할머니가 내 곁에 앉아 계신 듯한 느낌이 든다.

때때로 할머니들은 꿈에서만 찾아오는 것이 아니라, 공공장소에서도 내 곁에 앉아 있는 듯한 느낌을 준다. 예를 들어, 어느 일요일 아침 교회에서 오래된 찬송가가 울려 퍼질 때가 있었다. 나도 모르게 눈을 감고 앞뒤로 몸을 흔들면서 멜로디에 이끌렸다. 눈물이 한 방울 떨어지면서 나는 할머니가 내 곁에 계심을 깨달았다. 그 순간 눈을 떠 다시 한번 그분께 물어보고 싶었다. 가방 맨 아래 지퍼백에 넣어 둔 사탕을 건네주시겠냐고.

얼마 전, 또 다른 할머니가 내 곁에 앉아 계신 것 같은 순간이 있었다. 에모리 대학교의 고위 행정관과의 회의 자리에서였다. 그녀와는 처음 대화를 나누는 자리였고, 대화의 민감한 성격 때문에 그녀의 사무실에서 만났다. 그날은 이례적으로 애틀랜타의 날씨가 따뜻했지만, 그녀의 사무실은 냉동고처럼 차가웠다. 방에 들어섰을 때, 구석에 놓인 손으로 만든 퀼트가 담긴 바구니가 눈에 들어왔다. 민감한 대화를 나누기 전, 나는 그 분위기를 풀기 위해 퀼트에 대해 물었다. 그녀는 은퇴한 할머니께서 미시시피에서 손수 바느질해서 만든 것이며, 사무실 동료들에게 추운 공간에서 덮으라고 주신 것이라고 설명했다. "제 할머니도 미시시피 출신이에요. 할머니가 만드신 퀼트는 너무 무거워서 덮으면 마치 누군가가 내 위에 누워 있는 것 같았죠". 내가 답했다. 몇 초 만에 민감한 대화를 둘러싼 긴장이 풀리며 우리는 순식간에 가까워졌다. 할머니들은 우리 위를 맴도는 듯했고, 퀼트는 마치 마법의 양탄자처럼 우리를 다른 곳으로 데려다주는 듯했다.

비스킷, 담요 그리고 노래의 초월적인 힘을 설명하기 위해 D. W. 위니컷의 이론을 살펴보자. 소아과의사로서 정식 훈련을 받은 후에 위니컷은 자신의 삶을 정신분석 연구와 실천에 헌신했다. 그는 아기와 어머니를 관찰하면서 많은 시간을 보냈는데, 이러한 관찰을 통해 아기의 자아 발달은 주로 '충분히 좋은 어머니'의 존재에 달려 있다는 결론에 도달했다. 이 어머니는 아기에게 안정된 기반 또는 '안아 주는 환경holding environment'을 제공한다. 위니컷이 정의한 '충분히 좋은 어머니'는 완벽하거나, 특별히 똑똑하거나, 지적으로 깨어 있거나, 심지어 아기의 생물학적 어머니일 필요도 없다. 이러한 어머니는 자신의 욕구를 뒤로 하고, 아기의 돌봄에 대해 "쉽고, 원망 없는 몰두"를 보여야 한다.[10] 위니컷에 따르면, 이러한 전념은 아기에게 세상의 중심이 자신이라는 환상을 만들어 준다.

> 아기가 배가 고파 젖병(또는 젖)을 원하면, 그것이 나타난다. 마치 아기가 그것을 만들어 낸 것처럼. 아기는 자신이 주변 환경을 통제하고 있으며, 세상을 창조하고 있다고 느낀다. 충분히 좋은 어머니는 세상을 아기에게 가져다주며, 그 과정에서 망설임이나 놓치는 순간이 없다.[11]

충분히 좋은 어머니가 아기의 극심한 배고픔과 불편함에 꾸준히 반응할 수 있다면, 이 과정에서 아기의 자아를 위한 '인큐베이터'가 형성된다. 위니컷의 보호 환경은 "아기가 자신이 보호받고 있다는 사실을 인식하지 못한 채 보호받는 신체적이고 심리적인 공간"이다.[12]

이 안전한 기반이 마련되고, 충분히 좋은 어머니가 점차적으로 자신을 희생하며 몰두하는 모습을 줄여 나가면 아기는 서서히 자신의 의존성을 인식하게 된다. 이 안전하고 반응적인 보호 환경 덕분에 아기는 이제 주변의 "나 아닌 세계"와 상호작용하는 법을 배우면서 생존하고 성장해야 함을 깨닫게 된다.

위니컷은 아기와 어머니의 관계에서 형성되는 초기 경험의 중요성을 강조한다. 생애 첫날, 충분히 좋은 어머니는 아기의 요구와 요청에 즉각적으로 반응하는 보호 환경을 만들어 주기 위해 시간과 에너지를 헌신적으로 바친다. 적절히 구성된 이 보호 환경은 아기가 외부 세계를 전능하게 통제하며, 음식이나 온도 변화까지 요구할 수 있다고 믿게 만드는 환상을 형성한다. 그러나 충분히 좋은 어머니의 헌신이 점차 줄어들면서 아기는 '세상이 나를 중심으로 돌아가는 것이 아니구나.'라는 사실을 깨닫게 된다. 위니컷에게 있어서 이 유아기의 깨달음은 중요한 발달 단계로, 아기가 자신의 외부에 존재하는 객관적인 현실을 인지하게 되는 순간이다. 충분히 좋은 어머니의 보호 환경에서 형성된 주관적인 전능감은 소중한 유산이자 자원이 되지만, 아기는 생존을 위해 "나 아닌 세계"와 상호작용하는 법을 배워야 한다.[13] 이 현상에서 중심이 되는 것은 아기가 '나 아닌 소유not-me possession'를 받아들이는 것이다. 위니컷은 이를 '중간 대상transitional object'이라고 부른다.

위니컷은 아기가 태어난 지 며칠 지나지 않아서 손가락을 빨며 스스로를 달래는 모습을 관찰했다. 몇 달 후, 아기들은 동물 인형, 부드러운 장난감, 심지어 담요에 애착을 갖기 시작한다. 소아과의사에서 정신분석학자로 전향한 위니컷은 이러한 애착이 단순히 구강적 즐거움이나 만족을 의미하는 것만은 아니라고 보았다. 위니컷은 "어느 시점이 되면, 아기는 자신이 아닌 다른 물건들을 자신의 개인적인 패턴에 엮으려는 경향을 보인다. 이런 물건들은 어느 정도 젖병이나 엄마의 젖을 상징한다."라고 말하며, 이 물건들이 아기에게 보호 환경의 상징으로서 안전과 위안을 제공한다고 설명한다.[14]

아기가 성장하면서 이러한 부드러운 장난감, 담요의 한 귀퉁이, 특정한 단어나 행동, 혹은 멜로디는 잠들기 전 중요한 역할을 하게 된다. 이러한 전이 대상은 불안과 두려움을 방어하는 역할을 한다.[15] 위니컷은 충분히 좋은 어머니는 이 귀중한 물건이 때때로 더럽거나 냄새나는 것을 허용해야 한다고 말한다. 왜냐하면 세탁이 아기의 경험에서 연속성을 끊을 수 있으며, 이는 그 물건이 가진 의미와 가치를 파괴할 수 있기 때문이다.[16] 초기의 불안, 외로움, 두려움을 완화시켜 주던 중간 대상에 대한 애착은 어린 시절에도 상당 기간 지속될 수 있다.

위니컷에 따르면, 성장 과정에서 이 물리적 대상은 의미를 잃지만 완전히 잊히지는 않는다. 오히려 그것은 아동의 내적 현실의 일부로 내재화된다. 중간 대상과 그것이 상징하는 보호 환경의 기억은 성장한 아동에게 불안과 두려움을 극복할 수 있는 자원으로 남게 된다.

초기의 보호 환경에서 내재화된 전이 현상은 여전히 오늘날 우리를 지탱해 준다. 토요일 아침, 부풀어 오르는 비스킷은 앞으로도 영혼을 채우는 음식이 세대를 이어 갈 것이라는 확신을 준다. 일요일의 찬송가는 할머니의 따뜻한 손길에서 오는 평온함을 불러온다. 월요일 오후, 퀼트를 만들던 할머니의 기억은 낯선 사람들 사이의 긴장된 대화를 '두려움 없는 대화'로 변화시킬 수 있다. 바로 이러한 이유로 '두려움 없는 대화'는 중간 대상을 대체물로 사용하여 공공의 낯선 사람들에게 조건 없는 환대를 확장한다.

대체물은 단어, 상징, 개념으로, 다른 무언가를 대신해서 그 자리를 차지한다. 위니컷의 중간 대상처럼, 이 대체물은 개인의 주관적 경험과 외부 세계의 객관적 현실을 연결하는 다리 역할을 한다. 공공의 낯선 사람들의 마음속에서 불안과 두려움이 자칫 방치될 수 있음을 인식하고, '두려움 없는 대화'에서는 예술, 음악, 음식을 전이 대상이자 대체물로 활용한다. 비록 할머니와 충분히 좋은 어머니를 매번 공간에 초대할 수는 없지만, 기억을 불러일으키고 안정감을 제공하는 중간 대상을 통해 보호 환경의 느낌을 전달할 수 있다.

'두려움 없는 대화'가 커뮤니티 대화를 주최할 때, 우리는 의도적으로 지역 예술가들의 도움을 받는다. 음식이 제공되는 자리라면, 지역 요리사나 케이터링 업체를 초청해서 참여자들에게 위안을 주는 음식을 준비한다. 공공의 낯선 사람들이 공간에 들어설 때, 힙합, 재즈, 클래식, 포크 등 다양한 장르의 음악이 울려 퍼진다. 이러한 음악은 낯선 이의 귀를 간질이며 긴장을 풀고, 이 공간을 집과 닮은 곳처럼 느끼게 한다. 그들이 좌석으로 이동할 때, 세계 각국의 사람들을 묘사한 예술 작품이 벽을 채운 것을 볼 수 있다. 이 벽은 다양한 인종, 성별, 배경의 모습이 담겨 있어서 모두를 환영한다는 무언의 메시지를 전달한다. 이렇게 의도적으로 배치된 음식, 음악, 예술의 대체물은 공공의 낯선 사람들이 두려움 없이 대화에 참여할 수 있도록 환경을 유지하는 중간 대상 역할을 한다. 이러한 대체물은 단순히 조건 없는 환대를 확장하는 데 그치지 않고, 익숙한 낯선 사람들의 지혜를 바라볼 수 있는 공간을 만들어 준다.

he de Arcus
olor sit amet, consect
nonummy nibh euismo
dolore magna aliquam erat vo
ad minim veniam, quis nostrud
ullamcorper suscipit lobortis nisl
commodo consequat.
uis dolore te
Lorem ipsum
cons ectetuer
t, sed diam nonumm
uismod tincidunt ut laore
olore magna aliquam erat
volutpat. Ut wisi enim ad minim
TION
er adipiscing
d tincidunt ut
volutpat. Ut wisi
quis nostrud exerci tation
obortis nisl ut aliquip ex ea
at. Duis autem vel eum iriure dolor
lputate velit esse molestie
vel illum dolore eu feugiat nulla facilisis at
eros et accumsan et iusto odio dignissim qui
landit praesent luptatum zzril delenit augue duis
dolore te feugait nulla facilisi.
twisi enim ad minim veniam, quis nostrud exerci
tation ullamcorper suscipit lobortis nisl ut aliquip ex
ea commodo consequat. Duis autem vel eum iriure

익숙한 낯선 사람들:
보이는 것 이상의 존재

◆

익숙한 낯선 사람들은 꼭 외국인이 아니어도 된다. 사실 한 번도 말을 섞은 적이 없는 이들이지만, 그들의 존재는 이상하게도 우리에게 위안을 주거나, 그들이 보이지 않을 때 알 수 없는 불안을 느끼기도 한다.

예를 들어, 나는 에모리 대학교의 강의실에서 벌어진 화학 수업을 떠올리면 약간의 두려움을 느낀다. 그곳은 200명이 넘는 신입생이 이른 아침마다 긴장 속에 모여드는 공간이었다. 이 강의는 더 이상 과학에 흥미가 없는 학생들을 걸러 내기 위한 시험대처럼 설계되었다. 오전 7시 50분이면 강의실이 하나둘씩 차기 시작했고, 뉴욕 지하철의 러시아워처럼 8시 5분 전쯤 되면 학생들이 이중문을 밀치며 의자를 더 빨리 차지하려고 몰려들었다. 매주 두 번, 이 광경은 마치 우리의 아침 출근길처럼 반복되었다.

나는 늘 앞에서 세 번째 줄, 중앙에서 왼쪽으로 치우친 자리에 앉았다. 그중 가장 졸린 날에도 두 줄 앞에 앉아 있는 빨간 머리의 남자는 언제나 눈에 띄었다. 나는 그와 대화를 나눈 적도, 그의 이름을 물어본 적도 없지만, 그는 교수와 칠판만큼이나 강의실의 고정물처럼 느꼈다. 그리고 그가 자리에서 보이지 않는 날이 드물게 찾아오면, 나는 곧바로 알아차렸다. 그는 내게 익숙한 낯선 사람이였다. 아마도 내가 강의실의 몇 안 되는 아프리카계 미국인 학생으로 세 번째 줄에 고정적으로 앉아 있었기에 내 동료 학생들 그리고 교수조차도 내가 결석한 날을 기억했을 것이다. 우리는 같은 공간을 공유했지만, 본질적으로는 익숙한 낯선 사람들이었다.

약 100년 전, 뉴욕에서 태어나 세계적으로 명성을 얻은 사회심리학자 스탠리 밀그램Stanley Milgram은 『익숙한 낯선 사람: 도시 익명성의 한 단면The Familiar Stranger: An Aspect of Urban Anonymity』이라는 짧은 에세이를 발표했다. 그는 뉴욕의 거리에서 범죄를 목격하고도 도움을 주지 않는 행인들,[17] 줄을 새치기하며 사회적 질서를 깨뜨리는 사람들[18] 그리고 지하철 승강장에서 같은 공간을 공유하는 '익숙한 낯선 사람들'을 연구했다. 밀그램과 그의 연구팀은 익숙한 낯선 사람을 "여러 사람의 얼굴에 매우 익숙하지만, 결코 상호작용하지 않는 존재"[19]로 정의했다. 마치 친구 관계가 서서히 형성되는 것처럼, 익숙한 낯선 사람과의 '멈춰 있는 관계' 역시 시간이 필요한 과정이다. 누군가가 익숙한 낯선 사람이 되기 위해서는, "(1) 관찰되어야 하고, (2) 일정 기간 반복적으로 마주쳐야 하며, (3) 그 과정에서 어떤 상호작용도 없어야 한다."라는 세 가지 조건을 충족해야 한다. 시간이 흐르면서 익숙한 낯선 사람들 사이에는 보이지 않는 벽이 생기고, 간단한 인사조차 나눌 가능성은 점점 줄어든다. 결국 익숙했던 얼굴들은 도시 풍경의 일부로 흩어져서 주변 환경에 녹아들게 된다.[20]

밀그램과 그의 연구팀은 뉴욕 지하철 승강장에서 아침 통근자들을 대상으로 사회 실험을 진행했다. 연구팀은 통근자들이 서로 등을 맞대거나 똑바로 앞만 바라보고 서 있는 모습을 사진으로 담았다. 이들은 물리적으로는 가까운 거리에 있지만, 정서적으로는 멀리 떨어져 있다. 그다음 주, 연구팀은 촬영한 사진과 함께 연구의 목적을 설명하는 안내문과 설문지를 지하철의 아침 통근자들에게 배포했다. 결과는 놀라웠다! 조사에 참여한 사람들 중 약 90%가 승강장에서 만나는 낯선 사람 중 최소 한 명을 알고 있었다. 평균적으로 통근자 한 명은 단 한마디도 나눠 본 적이 없는 사람들을 네 명 이상 알아볼 수 있었다.[21]

통계 자료 외에도 설문 응답에서 흥미로운 사실이 드러났다. 많은 승객이 함께 통근하는 사람들을 떠올리며 그들의 삶이 어떤 모습일지, 어떤 일을 하는 사람일지 상상하곤 한다는 것이다. 밀그램은 익숙한 낯선 사람들이 서로를 무시하되 적대감 없는 암묵적인 합의를 공유한다고 결론지었다. 하지만 중요한 상황에서는 이들이 말을 건네거나, 서로를 지지하거나, 함께 서서 연대할 수 있다고 보았다. 이 연구 결과는 '두려움 없는 대화'가 평소에는 거의 상호작용을 하지 않는 이들 사이에서 변화를 만들어 내는 만남의 장을 열 수 있는 중요한 단서를 제공한다. 이런 공간은 자신과 타인의 삶을 변화시키는 계기가 될 수 있다.[22]

◆ 익숙한 낯선 사람들을 바라보기: 할머니, 그레이하운드 그리고 총

재밌는 이야기 하나가 있다. 결혼한 지 얼마 안 되었을 때, 나의 아내 앙투아네트와 함께 심슨 할머니 댁을 방문한 적이 있다. 남편을 잃고 큰 집에 혼자 살고 계시던 할머니는 언제나 침대 옆에 장전

된 권총을 두고 주무셨다. 그날 저녁, 할머니는 우리를 침실로 초대하더니 총을 다른 곳으로 옮기고는 침대에 앉으라고 손짓하셨다. 총을 보고 눈에 띄게 긴장한 아내를 보자, 할머니는 빙그레 웃으며 이렇게 말씀하셨다.

"내 자신을 지키기 위한 호신용 총이야". 그 후 들려주신 이야기는 잊을 수 없다.

할머니는 비행기를 무척 싫어하셨다. 늘 걸어서 갈 수 있거나, 자동차, 버스, 기차로 갈 수 있는 곳만 여행하셨다. 그날 저녁, 할머니는 친척을 방문하기 위해 떠난 어느 버스 여행 이야기를 들려주셨다. 혼자 떠난 여행길에 그레이하운드 Greyhound 23 버스가 지연되어 낡고 허름한 터미널에서 긴 시간을 기다려야 했다. 지루함을 달래기 위해 할머니는 평소처럼 주변을 살피며 다른 사람들의 삶을 상상하고, 그들의 여정을 위해 기도하셨다. 그러다가 한쪽에서 어린 아이들을 데리고 여행 중인 지친 엄마를 발견하셨다. 열한 명의 아이를 키운 어머니였던 할머니는 낯선 공간에서 아이들과 긴 시간을 버티는 그 고충을 누구보다 잘 알고 계셨다. 그 엄마의 모습은 낯설다기보다는 할머니 자신과 닮은 친숙한 모습이었다. 그러나 그 터미널에는 수상한 남자가 한 명 있었다. 그는 불안한 엄마와 그녀의 핸드백을 눈여겨보며 서성거리고 있었다.

할머니는 조용히 짐을 챙겨서 그 엄마에게 다가갔다. 곧 두 사람은 육아와 여행에 대한 이야기를 나누며 대화를 시작했다. 그러나 대화 중에도 할머니는 시선을 거두지 않았다. 그 남자는 계속해서 움직였고, 드디어 그 엄마와 할머니를 노리기 시작했다. 미시시피에서 자라면서 사냥을 싫어하셨던 할머니였지만, 위협에 대처하는 법은 잘 아셨다. 할머니는 천천히 가방 속에 손을 집어넣고, 남자를 똑바로 응시하며 말했다.

"자네가 현명하다면 이 자리에서 돌아설 걸세".

이야기의 결말에서 할머니는 미소를 지으면서 고개를 기울이며 웃으셨다. "난 내 사람은 내가 지켜".

낯선 사람들로 가득한 허름한 터미널에서 할머니는 한 엄마와 그녀의 아이들을 바라보셨다. 그들의 고된 여정을 이해했던 할머니는 그들의 이야기를 단번에 자신의 이야기처럼 느끼셨다. 눈을 마주하고 서로를 바라보는 그 순간에 두 엄마 사이에는 말없이 성스러운 유대감이 형성되었다. 그리고 그 유대감은 위기의 순간에서 더욱 강렬해졌다. 할머니는 자신이 이 엄마와 아이들을 책임져야 한다고 느끼셨다. 단 몇 분 전까지만 해도 아무런 대화도 나누지 않았던 사람들에게 말이다. 나는 오랫동안 이런 유대감, 사회적 책임감 그리고 낯선 이를 향한 할머니의 조건 없는 환대에 대해 흥미를 느꼈다. 이를 더 깊이 이해하기 위해 스탠리 밀그램이 연구한 익숙한 낯선 사람들에 대한 연구로 돌아가 보자.

밀그램의 연구는 익숙한 낯선 사람들이 서로 대화를 나누지 않으면서도 미묘한 방식으로 교감하고, 서로의 부재를 알아차린다는 점을 알려 준다. 심지어 때로는 특정 상황에서 이런 낯선 사람들이 서로 돕거나 지지하며 행동에 나서기도 한다. 밀그램은 한 가지 사례를 제시한다.

브루클린의 거리에서 한 여성이 의식을 잃고 쓰러졌다. 그녀의 아파트에서 멀지 않은 곳이었다. 그녀는 그 거리의 다른 주민에게 오랫동안 익숙한 낯선 사람이었다. 그 주민은 곧바로 책임감을 느끼고 의식을 잃은 여성을 돕기 위해 나섰다. 구급차를 부르는 것은 물론, 병원까지 동행하며 그녀가 적절히 치료를 받을 수 있도록 했다. 심지어 그녀의 소지품이 도난당하지 않도록 지키기까지 했다. 이후 그 주민은 이렇게 말했다. "그 여자가 수년간 내 눈에 익은 사람이었기 때문에 특별한 책임감을 느꼈어요".[24]

이 연구는 '두려움 없는 대화'에서 상호작용이 적었던 사람들 간에도 어떻게 의미 있는 관계를 형성할 공간을 만들 수 있는지에 대한 중요한 단서를 제공한다.

밀그램의 연구는 익숙한 낯선 사람들이 서로를 바라보고, 드문 경우지만 이웃에게 책임감을 느끼는 능력을 지니고 있음을 시사한다. 이를 설명하려면 단어의 어원을 살펴볼 필요가 있다.

'바라보다behold'라는 단어의 초기 사용 사례는 '눈으로 주의 깊게 관찰하거나 숙고하다'는 의미를 담고 있다. 이런 바라봄은 단순한 우연에 그치지 않으며, '능동적이고 자발적인 시각적 사고의 작용'을 요구한다. 이 정의에 비추어 볼 때, 밀그램의 연구는 익숙한 낯선 사람들이 매일 마주치는 플랫폼의 동료나 근처 이웃을 단순히 시야에 넣고 있는 것이 아니라, 실제로 서로를 가시적으로 인식하고 있음을 의미한다. 바라보는 사람beholder은 단순히 눈으로 볼 뿐 아니라, 눈으로 숙고하면서 상대방의 일자리, 일정, 삶에 대한 이야기를 마음속에 그려 낸다.

'두려움 없는 대화'에서는 대화에 모인 익숙한 낯선 사람들을 서로 바라볼 수 있도록 격려하는 데 심혈을 기울인다. 이 바라보는 과정은 주최자의 환영 인사에서부터 시작된다. 소통 촉진자들이 눈을 맞추며 건네는 "드디어 당신을 보게 되어 정말 기쁩니다"라는 말이 그 첫걸음이다. 이후 익숙한 낯선 사람들은 리빙 뮤지엄에 초대된다. 그곳에서 소통 촉진자들은 의자 위에 올라가 손님들의 눈높이에 맞춘 강렬한 이미지를 들고 있다. 익숙한 낯선 사람들은 그 이미지와 마주하며 숙고하게 된다. "이 사진을 보면, 누가 떠오르나요? 이 사람은 당신의 삶에서 어떤 사람을 상징하나요? 가족인가요? 직장에서 만난 동료인가요? 혹은 고향의 누군가인가요?"라는 질문을 받으면서 참여자들의 눈은 자연스레 과거를 향해 떠오른다. 익숙한 얼굴과의 이야기를 찾아내려는 듯, 기억 속을 헤매는 것이다. 이 과정은 바라보는 사람의 눈을 단련시키고, 곧 이어질 대화 속에서 익숙한 낯선 사람들 속의 선물과 가치를 발견할 준비를 하게 한다.

밀그램의 연구는 시간이 지나면서 익숙한 낯선 사람들을 단순히 눈으로 바라보는 것을 넘어서 서로에게 책임감을 느끼게 되게 한다. 옥스퍼드 영어사전에 따르면, '신세를 진beholden'이라는 단어는 특정 사람에게 느끼는 유대감이나 도덕적 의무를 의미한다. 브루클린 주민의 사례는 오래된 관찰을 통해 익숙한 낯선 사람들 간에 형성된 독특한 유대감을 준다.

'두려움 없는 대화'의 대화 공간에서는 익숙한 낯선 사람들 간의 유대를 오래 관찰하며 쌓아 가기에는 시간이 부족하다. 그래서 우리는 발견의 실험실Laboratory of Discover에서 다음과 같은 방식을 활용한다.

1. 불안감을 덜고 권력의 차이를 줄이기 위해 조건 없는 환대를 실천한다.
2. 예술 매체를 중간 대상으로 활용하여 냉담하고 적대적인 환경을 활기차고 흥미로운 상호작용의 공간으로 전환한다.
3. 취약한 진실 공유를 강화하고 연결을 촉진하기 위해 임상 결과를 활용한다.

물론 아직 '두려움 없는 대화'의 참가자가 단순히 지나가던 이웃과 구급차에 동승했다는 이야기를 들은 적은 없다. 그러나 라이벌 갱단 간에 나눈 포옹, 소원했던 동료 간에 흐른 치유의 눈물 그리고 3피트 자를 펼치며 서로에게 책임감을 느끼는 이웃들의 경이로운 표정을 우리는 수없이 보아 왔다.

친밀한 낯선 사람들:
생사의 갈림길에서 만난 자유

◆

친밀한 낯선 사람들Intimate Strangers. 이 얼마나 역설적인 표현인가. 어떻게 한 사람이 낯설면서도 동시에 친밀할 수 있을까? 때로는 용기와 위험을 무릅쓰고 타인의 공동선을 위해 자신을 내어주는 사람들이 있다. 어떤 이들은 선한 사마리아인처럼 영웅으로 칭송받고, 또 어떤 이들은 위기 속에서 길을 잃은 사람들에게 삶의 위안을 전하며 생계를 이어 간다. 아버지와 내가 경험했던 한 번의 충격적인 여정에서 낯선 이와의 공감과 연결이 생사의 경계 속에서도 삶을 붙들어 주는 힘이 될 수 있음을 깨달았다.

불편한 잠에서 깨어났을 때, 어디선가 신음 소리가 들려왔다. 병원의 스피커에서 '코드 블루Code Blue'라는 경고가 울려 퍼졌고, 간호사와 의사들이 분주히 뛰어다니며 바퀴 달린 침대를 급히 복도로 밀고 나가는 소리가 들렸다. 정신이 혼미한 상태로 나는 의자에서 몸을 일으키며 뒤를 돌아보았다. 아버지의 몸에 연결된 링거와 기계들이 삐걱거리고, 튜브가 몸 안팎으로 엉켜 있었다. 병실을 감싼 소독약 냄새가 코를 찌르며 위기 상황의 낯설음과 불안을 더욱 선명히 드러냈다.

문 너머의 소란 속에서 라키샤Lakisha는 네이비색 수술복과 새 신발을 신고 병실로 들어왔다. "엘리슨 씨, 활력 징후를 확인하러 왔습니다". 처음 보는 얼굴이었지만 그녀의 차분한 목소리는 묘한 안도감을 주었다. 그녀는 아버지의 팔찌 바코드를 스캔하고는 이름과 생년월일을 확인하더니 환자에게도, 걱정에 휩싸인 나에게도 따뜻하게 말을 걸었다. 체온을 재고 삐삐 울리는 장치를 다루는 동안, 그녀는 절제된 농담을 던졌고, 그 사이에 아버지는 평소에는 잘 드러내지 않던 자신의 취약함을 자연스럽게 털어놓았다. 병원의 삭막한 새벽 공기의 낯설고 두려운 공간 속에서 라키샤 간호사는 우리를 친밀한 낯선 사람들로서 맞아주었다.

친밀한 낯선 사람들. 참으로 모순적인 단어의 조합이다. 한 사람이 어떻게 친밀하면서도 완전히 낯설 수 있을까? 프린스턴 신학대학원에서 나의 논문을 지도해 주었던 로버트 C. 딕스트라^{Robert C. Dykstra} 교수도 이 단어의 모순에 대해 깊이 고민한 적이 있다. 젊은 시절, 그는 프린스턴의 한 의료센터에서 응급실 병원 목회자로 일하며 낯선 위기 속에서 가족과 함께해야 하는 상황을 자주 마주했다. 그곳에서 방문객들은 사랑하는 이의 상태를 기다리며 생사의 갈림길에서 느끼는 낯선 불안과 함께 있었다.

어떤 이들은 다행스러운 소식을 듣고 안도의 한숨을 내쉬었지만, 어떤 이들은 삶에 닥친 죽음과 상실의 낯선 공포에 원초적인 비명을 토했다.

딕스트라는 매주 눈물에 젖은 환자들과 병원 방문객들 사이에서 죽음을 마주했다. 사고로 인한 교수형, 교통사고, 흉기에 의한 비극적인 죽음부터 심장마비나 다른 외상으로 인한 노인의 예상된 임종까지 다양했다. 어떤 형태의 죽음이든 남겨진 이들에게는 고통스러운 상처로 남는다.25 죽음의 방식이 어떠하든, 사랑하는 사람들은 아픔을 느꼈다. 죽음이 끝이 아닌 순간에도, 삶은 때로 깊은 병이라는 형태로 상실을 안겨 줄 수 있다. 하지만 삶과 죽음의 경계, 인생을 뒤흔드는 대기실은 눈으로 보고, 귀로 들을 줄 아는 젊은 병원 목회자에게는 하나의 성소가 되었다.

위기라는 성소와 낯선 사람들의 동행 속에는 기묘한 자유가 머물러 있다.

딕스트라는 스물여섯 살 딸을 자살로 잃은 한 여성과 함께하며 이 진실을 깨달았다. 슬픔에 잠긴 어머니와 대화하던 중 그녀는 갑자기 외치기 시작했다. "나는 하나님이 미워요! 정말 미워요! 미워요! 정말 미워요!"26 몇 분 후에 그녀의 본당 신부가 대기실에 도착했다. 신부 앞에 앉은 그녀는 태도를 바꾸었다. 그녀는 차분하고 예의 바르며, 신부가 와 준 것에 대해 깊은 감사를 표현했다. 딕스트라가 이 여성에게서 본 모습은 마치 내 아버지가 간호사 라키샤 앞에서 솔직히 자신의 고통을 털어놓았던 모습과도 같았다. 이 어머니는 한 번도 만난 적이 없는 목사 앞에서, 그리고 다시 만날 일도 없을 낯선 사람 앞에서 예의를 넘어선 솔직한 진실을 스스럼없이 드러냈다. 이 두 사례에서 공통적으로 나타나는 것은 고통받는 이들이 "낯선 이 앞에서 무엇이든 말하고 행동할 자유를 느낀다"는 점이다. 왜냐하면 낯선 이와의 관계에서는 자신이 그것에 대해 책임을 져야 한다는 부담감이 없기 때문이다.27 위기의 강렬함과 선한 낯선 이의 존재가 결합되면 진실을 말할 수 있는 기묘한 자유가 발현되기에 이상적인 조건이 만들어진다.

◆ **위기의 도가니 속에서 친밀한 낯선 사람들을 품다:
주차장으로 가져온 세계**

나는 아버지를 잘 알고 있다고 생각했다. 우리는 22년 넘게 같은 이름을 공유하며 살아왔다. 초등학교 시절, 추운 겨울 아침이면 아버지는 늘 오트밀과 까맣게 구운 토스트를 만들어 주셨다. "배를 따뜻하게 해야지."라고 아버지는 말씀하곤 하셨다. 십대 시절에도 아버지는 나와 동생을 농구 경기장으로 데려다주셨고, 주일 예배 시간에 우리가 산만해지면 매서운 눈빛을 보내셨다. 내 어린 시절의 많은 순간, 아버지 그레그 시니어Greg Sr.는 교회 예배 후에 거실의 텔레비전 앞에 작은 접이식 테이블을 펴고 앉아 있었다. 이 간이 책상 위에는 스무 파운드9kg에 달하는 세금 서류와 작은 노트북만 한 크기의 계산기가 놓여 있었다. 왼손으로는 노란 노트에 적힌 숫자들을 뒤적이며, 오른손 손가락은 마치 피아노를 치듯 계산기를 능숙하게 움직였다. 스포츠 해설가의 목소리가 텔레비전에서 흘러나오는 동안 다리가 얇은 테이블이 흔들렸고, 계산기는 부지런히 돌아갔다. 이 주말의 고요한 의식은 가족 모두가 건드릴 수 없는 영역이었다. 그 시절, 아버지는 말수가 적고 애정을 공개적으로 표현하는 분이 아니었다. 그는 열심히 일했고, 가족을 돌보았으며, 교회에 다녔다. 내게 아버지는 일요일의 고요함과 저녁 식사에서 주어지는 '가장 큰 치킨 조각'에 만족하는 분으로 보였다.[28] 하지만 1999년 3월, 나는 내가 그분에 대해 얼마나 모르고 있었는지를 깨닫게 되었다.

그날 아침 10시쯤에 전화가 걸려 왔다. 대학 4학년이었던 나는 아직 잠에서 완전히 깨지 않은 채 오후 수업 준비를 하고 있었다. 전화기 너머의 목소리는 나를 불안하게 만들었다. 전화를 끊자마자 나는 서둘러 북서부 애틀랜타로 차를 몰고 갔고, 동생이 있는 고등학교로 데리러 갔다. 교장선생님은 우리 가족을 잘 알고 있었고, 내가 전한 소식을 듣자 놀란 그는 자신의 차를 몰아 우리를 따라 교회로 향했다.

그날 아침 6시 반, 아버지는 총을 든 사람에게 납치당했다. 매일 아침처럼 커피를 들고 사무실 문을 열려고 열쇠를 찾는 순간, 무장한 낯선 이가 아버지에게 다가와서 등에 총을 들이댔다. 그는 열쇠를 빼앗고 아버지를 차 트렁크에 밀어 넣었다. 캄캄한 트렁크 속에서 아버지는 소리 내어 기도했다. 몇 시간 후, 차가 멈췄고, 트렁크 문이 열리면서 쏟아져 들어온 강렬한 빛이 아버지를 놀라게 했다. "가까운 은행으로 가". 납치범의 명령에 따라 아버지는 그의 얼굴을 보지 않으려고 고개를 돌린 채 은행으로 차를 몰았다. 조수석에 완전히 누워 있던 납치범은 총구를 아버지의 옆구리에 댔다. 돈을 인출한 후, 납치범은 움직이는 차에서 뛰어내렸다. 10시쯤, 아버지의 비서로부터 전화가 왔다. "당신 아버지가 오늘 아침 납치를 당하셨습니다. 지금 교회로 가 주세요".

10시 50분쯤, 동생과 교장선생님 그리고 나는 교회 주차장에 도착했다. 어머니와 목사님이 문 앞에서 우리를 기다리고 있었다. 주차장에서 우리는 서로를 껴안고는 말 대신에 눈물로 서로를 위로했다. 기도가 하늘로 올라갔다. 주차장 한가운데에서 우리는 삶이 이전과는 결코 같을 수 없음을 느꼈다.

얼마 지나지 않아 아버지의 차가 주차장에 들어섰다. 우리가 알지 못했던 사실은 바로 그 차가 몇 시간 전까지는 어두운 감옥 같은 공간이었다는 것이다. 아버지는 교회 입구에 차를 세우고 떨리는 손으로 차에서 내렸다. 눈물이 뺨을 타고 흘렀고, 그는 우리를 향해 달려왔다. 우리도 그를 향해 뛰어갔다. 주님의 집 바로 앞에서 우리는 서로를 끌어안았다. 목사님과 교장선생님이 함께한 그 자리에서 아버지는 어머니와 동생 그리고 나를 껴안으며 말했다. "너희를 정말 많이 사랑한다".

저 사람이 정말 아버지일까? 그의 감정과 취약함은 그를 전혀 다른 사람처럼 보이게 했다. 주차장 한가운데에서 아버지와 어머니 그리고 아들들은 눈물 가득한 눈으로 서로를 바라보며 '친밀한 낯선 사람들'이 되어 있었다. 하얀 선이 그어진 아스팔트 위에서 깊은 고통과 말로 표현할 수 없는 기쁨이 뒤섞인, 날것 그대로의 감정을 담아낼 수 있는 특별한 공간이 만들어졌다.

지난 20년간, 나는 병실에서 간호사들이, 응급실 대기실에서 목회자들이, 주차장에서 목사들과 교장들이 만들어 낸 이런 결정적인 순간들을 곱씹어 보았다. 이들은 친밀한 낯선 사람들 사이에 나누어져 있는 진실을 담아낼 수 있는 그릇을 만들어 냈다.

이러한 성찰은 '두려움 없는 대화'가 위기의 자리에서 마주하는 낯선 이들의 숨겨 둔 재능과 발견되지 않은 이야기를 담아낼 그릇을 빚는 데 중요한 틀이 된다.

이제 우리는 '도가니crucible'라는 단어의 진화와 그것이 어떻게 친밀한 낯선 사람들이 자신과 타인에 대한 새로운 이해를 발견할 수 있도록 돕는 독특한 '안아 주는 환경'으로 기능할 수 있는지에 대해 깊이 들여다본다. 옥스퍼드 영어사전에 따르면, '도가니'라는 단어는 1475년에 처음 사용되었으며, "큰 열을 견딜 수 있도록 만들어진 대개 흙으로 된 용기로, 금속을 녹이기 위해 사용된다."라는 뜻을 가졌다. 시간이 흐르면서 도가니의 이러한 문자적 의미는 점차 비유적인 형태로 확장되었다. 이 단어의 두 가지 주요 의미는 '극심한 시험이나 시련의 장소'와 '서로 다른 요소들이 상호작용하여 새로운 것을 만들어내는 상황'을 가리킨다.

'두려움 없는 대화'는 극심한 시련과 시험 속에서 어려운 대화를 시도하려는 친밀한 낯선 사람들을 맞이하기 위해 큰 압력을 견디고, 다양한 성격이 상호작용하여 새로운 무언가를 창조할 수 있는 그릇을 만들어야 한다. 이러한 친밀한 낯선 사람들을 위한 도가니는 심리학자인 위니컷이 소개한 정신분석학 용어인 "안아 주는 환경holding environment"으로 불린다.

위니컷은 아기와 어머니의 관계를 하나의 은유로 삼아 개인이 돌봄의 환경에서 어떻게 반응하고 세상과 상호작용하는지를 탐구했다. 정신분석가로서 위니컷은 자신의 환자들에게 '안아 주는 환경'을 제공하고자 했는데, 이는 세상과의 안전한 신체적·심리적 기반을 만들어 주는 "충분히 좋은 어머니good-enough mother"가 아기에게 세상을 가져다주는 역할과 유사하다. 그는 『치유Cure』라는 에세이에서 정신분석가를 적절하게 "호스트host"라고 묘사하며, 이들이 단순히 "억압된 무의식을 해석하는 것"에만 그치는 것이 아니라, "그러한 작업이 이루어질 수 있는 신뢰의 전문적 환경을 제공"하는 데 초점을 맞춘다고 설명했다.29 위기의 도가니 속에서 두 명의 호스트가 동시에 "충분히 좋은 어머니" 역할을 맡아 우리 가족을 지탱하는 책임을 감당해 주었다.

1999년 봄, 아버지의 납치 사건은 우리 가족의 중심을 뒤흔들었다. 우리는 위기를 겪는 낯선 사람들이었고, 그 속에서 우리 안에 숨어 있던 낯선 면들이 드러났다. 분명 가족으로서 서로를 잘 안다고 생각했지만, 그날 이전에 아버지가 우는 모습을 본 기억은 단 한 번뿐이었다. 공공연한 애정 표현 또한 낯설기만 했다. 하지만 그날, 내가 초인적이라 여겼던 아버지가 연약하고 인간적인 모습으로 내 앞에 서 있다. 그날 우리는 두 명의 '충분히 좋은 어머니'를 만났다. 그들은 교장선생님과 목사님이라는 모습으로 우리 곁에 있었고, 위기의 도가니 속에서 우리를 따뜻하게 품어 주었다.

병원 목회자라기보다는 엄격한 훈육자로 보였던 프레더릭 더글라스 고등학교의 교장인 사무엘 L. 힐 박사는 나와 내 동생에게 자신의 사무실에서 두려움과 고통을 마음껏 털어놓을 공간을 내주었다. 평범한 학교 일과 중이었음에도 그는 우리의 특별한 상황에 온전히 몰입하며 교회까지 동행했다.

교회 주차장에 도착했을 때, 약 20미터 앞에 어머니와 월터 L. 킴브로 목사가 서 있었다. 우리의 트라우마가 얼마나 깊을지 이미 짐작한 듯, 킴브로 목사는 우리를 교회 문까지 걸어가게 할 필요가 없다고 판단했다. 대신에 차 문 바로 앞에서 따뜻한 포옹으로 우리를 맞아 주었다. 그 순간, 그는 '우리에게 세상을 가져다주었다'. 힐 교장의 사무실에서 느낀 돌봄처럼, 목사님의 돌봄은 우리의 고통을 씻어내고 두려움을 담아내는 또 하나의 도가니를 만들어 주었다.

아버지의 차가 지평선을 넘어 주차장에 들어설 즈음, 우리는 이미 손을 맞잡고 흰색 줄이 그어진 검은 아스팔트 위에서 아버지의 건강과 정신적 평안 그리고 우리 가족의 힘과 겸손을 위해 기도하였다. 그 짧은 순간, 주차장은 단순한 공간을 넘어 하나의 도가니가 되었다. 그곳에서 우리는 평소 알지 못했던 감정들과 마주했으며, 친밀하지만 낯설었던 가족 사이에 더 깊은 사랑과 유대를 만들어 냈다.

'두려움 없는 대화'는 모든 종류의 위기를 담을 수 있는 포용 환경을 만드는 것을 목표로 한다. 소통 촉진자로서 우리는 위니컷의 가르침을 바탕으로 곧 모일 낯선 사람들에게 '편안하고 원망 없는 몰입'을 제공해야 할 책임이 있음을 인식한다. 힐 교장 같은 충분히 좋은 '어머니'로부터 배운 교훈을 토대로, 우리는 낯선 사람들이 두려움을 나눌 수 있는 물리적·심리적 안전 공간을 만들어 간다. 동시에 우리는 신뢰가 쉽게 만들어지지 않는다는 것도 잘 알고 있다. 그래서 킴브로 목사 같은 충분히 좋은 어머니의 지혜를 내면화하며, 때로는 대화의 장에 발걸음을 내딛기도 전인 몇 주, 심지어 몇 달 전부터 낯선 사람들을 위해 기도한다. 그리고 마침내 낯선 사람들이 '차 문을 열기 시작할 때' 우리는 세상을 그들에게 가져다준다. 조건 없는 환대를 통해, 그들이 우리의 기대 속에 환영받고 있으며, 이 신성한 공간에서 자신의 은사들을 나눌 자격이 있다는 것을 끊임없이 상기시킨다. 이러한 의도적이고 기도에 기반한 행동들은 친밀한 낯선 사람들이 대화 속에서 새로운 진리를 발견하고 깊이 있는 관계를 형성할 수 있는 도가니 같은 환경을 조성한다.

'두려움 없는 대화'의 소통 촉진자로서 나는 종종 친밀한 낯선 사람들의 역할을 맡는다. 낯선 참여자들이 깊이 있는 대화를 나눌 수 있는 안전한 공간을 만드는 것은 축복이다. 하지만 동시에 나는 소통 촉진자로서 걸러지지 않은 진실을 마주하고, 위기 속에서 고통받는 사람들을 보는 무게를 짊어져야 한다. 과거 병원 목회자로서 낯선 이들과 함께했던 로버트 C. 딕스트라는 가장 중요한 순간에 사람들과 함께하면서 느꼈던 위험과 보람을 반추하며 이러한 부담을 설명했다.[30] 딕스트라는 고백했다. "트라우마 현장을 동행하면서 나는 점점 더 무력감과 부족함을 절감하게 되었다".[31] 고통받는 사람들에게 상처를 드러낼 공간을 제공하면서 그는 목회자로서 스스로도 상처를 입고 흉터를 얻었다. 죽음에 무뎌지고 상실에 냉정해지지 않으려면, 돌보는 사람과 호스트는 자신의 유한성, 연약함 그리고 선한 사람들에게 왜 나쁜 일이 일어나는지에 대한 모순된 진실과 맞서야 한다. "낯선 상황 속에서 낯선 이로 다가가는" 선한 사마리아인조차도 내면의 낯선 사람과의 대면을 피할 수는 없다.[32]

내면의 낯선 사람:
마음의 풍경 속 여행자들

◆

　우리 안에는 낯선 사람들이 있다. 안타깝게도 너무 많은 낯선 사람이 우리의 내면에 숨어 있다. 우리 마음 속 거리는 끝없이 오가는 발걸음으로 북적거린다. 마음의 세계는 우리가 소중히 간직한 기념비적인 순간들을 보기 위해 몰려드는 호기심 많은 여행자로 붐빈다. 이 낯선 이들의 낯선 언어가 깊은 곳에서 올라오는 것을 들을 때도 있다. 때로는 우리가 가장 소중히 여기는 장면을 응시하듯 그들을 향해 시선을 돌리기도 한다. 하지만 이들은 마치 환영처럼 그림자에 가려 있다. 자세히 들여다보면, 그들은 의심스러운 어둠 속에 서 있는 군중들이다. 우리의 이드^{id}● 주위로 모여들어 공포를 심고 두려움을 자극한다. 그들이 어디에서 왔는지 우리는 알지 못한다. 그러나 새로운 일을 시작하거나 낯선 땅에 발을 디딜 때, 또는 낯선 얼굴들로 가득한 방에 들어설 때, 그들의 그림자 같은 존재를 느낀다. 이런 감정들이 제대로 점검되지 않은 채 방치된다면, 우리가 미지의 영역으로 나아갈 때 그 내면의 그림자를 실제로 마주한 얼굴들에게 투영해 버릴 수도 있다. 그래서 우리는 내면의 낯선 사

● 이드는 정신분석학 용어 중 하나로, 자아, 초자아와 함께 인간 정신의 근간을 이루는 영역이다. 본능적인 생체 에너지를 뜻하며, 본능적인 쾌락을 추구하는 쾌감 원리를 뜻한다.

람들과 친구가 되어야 한다. 그렇지 않으면, 이 정체 불명의 방문객들은 불안으로 번지고 이웃에게 적대감으로 흘러나갈지도 모른다.

얼마 전, 몇 가지 예상치 못한 사건들이 나를 분노로 몰아넣어 글조차 쓸 수 없게 만들었다. 출소한 젊은이들을 상담하면서 나는 종종 그들의 얼굴에 드러나는 분노를 보았다. 그들의 떨리는 목소리에서 분노를 들었고, 분노가 마치 독성 안개처럼 공중에 떠도는 것을 느끼기도 했다. 그러나 나는 마음속으로 '나는 다르다'고 생각했다. 그러던 어느 날, 점심 미팅에서 갓 만난 동료와 대화 도중에 분노가 고개를 들었다. 그 동료는 나에게 아무런 해를 가하려는 의도가 없었고, 우리는 몇 마디 나눴을 뿐이었다. 그런데 갑자기 알 수 없는 감정이 내 안에서 끓어올랐다. 깊은 곳에서 속삭임이 들려왔다. "저 사람 턱을 날려 버려!" 주먹을 쥐고 휘두르지 않으려고 내 서른네 살의 온 에너지를 쏟아야 했다. 그날 이전에는 내 안에 분노가 살고 있다는 사실을 인지하지 못했다. 하지만 그날 그는 내 안에 머물고 있었고, 내가 그를 찾아오기를 기다리고 있었다는 걸 알게 되었다.

2011년 2월 어느 아침, 나는 거울 앞에 서서 분노를 마주했다. 거울에 비친 분노는 나를 똑바로 바라보았다. 얼핏 보면 우리는 쌍둥이처럼 보였지만, 그의 모습은 어딘가 비틀려 있고, 금이 간 듯했다. 혐오감에 그를 외면하려던 순간, 그가 속삭였다. '너의 아파트 아래층에서 살고 있어. 한번 와 볼래?'

나는 몇 주 동안 그의 끓어오름과 날카로운 자극을 외면하려 했다. 하지만 때때로 대화 속에서 교활하고 비꼬는 말투가 깊은 곳에서 올라와서 내 입술을 통해 흘러나왔다. 대화 상대방들의 충격에

찬 표정을 보며, 나는 그의 희미한 웃음을 느낄 수 있었다. "내게 와 봐……". 그는 속삭였다. 그러나 나는 그의 목소리를 눌러 버렸다. 몇 주가 몇 달로 변해 갈 무렵, 나는 집에서 내 목소리가 점점 더 커지고 있음을 알아차렸다. 그 독설 속에서 내 가족은 불신에 찬 눈으로 나를 바라보았다. 소란이 지나고 고요가 찾아오면, 고개를 숙이고 부끄럽게 자문했다. "난 누구지? 내가 어떤 사람이 되어 버린 거야?" 내 안의 낯선 이는 적이 되었고, 나는 그의 전리품을 함께 나누는 동조자가 되어 버렸다.

같은 해 11월 저녁, 나는 다시 거울 앞에 섰다. 분노의 얼굴은 내 얼굴이 되어 있었다. 두려움과 불신 속에서 나는 내면의 여정을 떠날 용기를 냈다. 나는 아래층에 살고 있는 분노의 집을 찾았다.

이 동네를 잘 알기에
한번 가 보기로 했지.
생각을 잠시 멈추고
그 집으로 걸음을 옮겼다.
"그레그, 이 남자를 본 적 있잖아…….
네 진실을 마주하고, 문을 두드려라".
창 너머로 그의 영혼을 느꼈다.
그도 눈구멍 너머로 나를 보고 있었다.
그는 내 오래된 흔적과 이름을 알고 있었고,
내 목표와 의도도 꿰뚫고 있었다.
이건 게임이 아니었다.

문이 열리고,

나는 그를 응시했다!

분노는 문을 쾅 닫았다.

나는 문을 발로 차고 들어갔지만,

들어서기 전에 잠시 멈췄다.

집을 살피기 전,

내 신경을 진정시키고

내부의 불길을 꺼야 했다.

한편으로는 집에서 멀어진 기분이었지만,

다른 한편으로는 혼자가 아니었다.

문이 잠겼다.

그 녀석이 날 안에 가둬 버렸다.

이제 나는 내 안에서 감옥에 갇혔다.

중앙에 놓인 테이블에서는 빛이 뿜어져 나왔고,

증오에서 멀어진 기분이 들었다.

그의 집은 내 집이었다.

그곳에는 순수함이 있었다.

흠결 없는 분노는 배려로 가득 차 있었다.

금이 간 나무를 덮은 광택은 없었고,

삶의 금들이 온전히 좋다는 걸 상기시켜 줬다.

분노는 더 이상 낯선 이가 아니었다. 친구가 되었다.

그의 창조적 불길이 이제 내 안에서 타오르고 있었다.

이 시에서 나는 낯선 감정인 분노를 의인화했다. 몇 달 동안, 분노는 내 내면의 삶을 괴롭혔을 뿐만 아니라, 가족과의 관계에 마찰을 일으키고 일상적인 대화 속에서도 균열을 만들었다. 이런 틈이 더 이상 견디기 힘들어졌을 때, 나는 더는 분열된 삶을 살지 않겠다고 결심했다. 내 안의 낯선 사람은 바로 나의 일부이다. 내 존재의 일부로 짜인 이 감정을 무시하고 분리시키는 것은 나 자신에게 진실하지 못한 행동이다.

따라서 내가 온전한 진실로 말하고, 대담한 진정성으로 글을 쓰고, 세상에서 분열되지 않은 채 존재하기 위해서는 나의 적과 화해해야 했다.

이 낯선 사람을 마주하기 위해 나는 상담하던 젊은이들과 내가 별로 다르지 않다는 사실을 인정해야 했다. 거울 앞에 서서 그들이 고백했던 강간, 살인, 악의의 이야기를 떠올렸다. 내가 확고한 신앙과 도덕적 나침반을 가지고 있다고 하더라도, 그들 안에 있는 것이 내 안에도 있다는 사실을 깨닫는 것은 결코 쉬운 일이 아니었다. 이론과 실천은 그들에게 그들의 분노를 소개하도록 가르쳤다. 분노가 그들 모르게 그들을 지배하지 않도록 말이다. 하지만 나 자신의 분노를 나에게 소개하는 데에는 아홉 달이 걸렸다. 그해 11월 저녁, 나는 내 영혼의 평지에 서 있었다. 분노가 지은 집에서 나는 이 낯선 이가 나를 꼭두각시처럼 조종하고 있다는 것을 이해하게 되었다. 분노가 한때 살았던 빈 상자 안에서 그는 나와 하나가 되어 있었다. 그러나 그 공간에서 나는 환영받는 느낌을 발견했다. 한때 그림자처럼 숨어 있던 그 방문자는 내 안의 친구가 되었고, 나의 진정한 친구가 되어 주었다.

시간이 지나면서 나의 태도가 변하기 시작했다. 짧고 날카로운 말투 대신, 깊이 있는 대화와 진심 어린 논의가 자리를 잡았다. 내 목소리의 크기는 낮아졌고, 집 안에 고요함이 돌아왔다. 그리고 마침내 내면의 홍수가 터져서 단어들이 영혼에서 흘러나와 손끝을 타고 화면 위로 쏟아졌다. 내 안의 낯선 이를 환영하는 것은 사실 우리 자신의 진짜 모습을 집으로 초대하는 일이다.

당신은 당신 내면의 낯선 사람을 당신의 집으로 초대했는가? 그렇지 않다면, 이 그림자 같은 낯선 사람과 관계를 맺지 않는 것이 당신이 세상과 상호작용하는 데 어떤 영향을 미치는가? 수년 전, 거울 속에서 마주친 낯선 사람이 두려운 상태로 남아 있다면, 우리가 한 번도 본 적이 없는 여행자들을 어떻게 반길 수 있을까? 우리 곁에 있는 낯선 이들을 위한 자유롭고 열린 공간을 만들기 위해서는 먼저 우리 자신을 위한 조건 없는 환대를 베풀어야 한다.

◆ 내면의 낯선 사람을 환영하기 위해 호스트를 움직이다

손님을 맞이하려면, 호스트는 내면에 자유롭고 열린 공간을 만들어야 한다. 하지만 자신을 비우고 타인의 온전함을 환대하는 일은 말처럼 쉬운 일이 아니다. 우리의 마음은 "끊임없는 교통량과 소음으로 가득하다".[33] 끝나지 않은 질문과 풀리지 않은 문제들, 열린 결말로 남아 있는 상황들에 대한 걱정이 우리의 내면세계를 지배한다. 변화에 대한 두려움은 우리의 마음속 풍경을 뒤덮고, 이는 좋은 가능성을 가진 위험보다 나쁜 확실성이 더 낫다고 느끼게 만든다. 마감일, 청구서, 시급한 이메일 등 일상의 소음이 우리의 내면을 채우고, 자기 성찰, 발견 그리고 타인을 따뜻하게 맞이할 여지가 거의 남지 않게 만든다.[34]

그럼에도 불구하고 이 혼잡한 마음속에도 여전히 미개척된 영혼의 땅이 존재한다. 내면의 낯선 사람을 마주하고 타인을 환영하며 수용할 준비를 하려면, 우리는 마음의 혼잡한 교통에서 벗어나서 영혼의 열린 공간으로 이동해야 한다. 그렇다면 어떻게 이 일을 할 수 있을까? 미국의 유명 심리학자인 칼 로저스Carl Rogers의 지혜를 빌려 보자.

오랜 세월 동안 안전하고 따뜻하며 공감적인 치료 환경을 만들어 내는 그의 놀라운 능력으로 찬사를 받은 로저스는, 내담자들이 마음의 열린 공간으로 나아갈 수 있도록 돕는 데 능숙했다. 그의 에세이 『진정한 자기로 존재하기To Be That Self Which One Truly Is』에서 로저스는 자신의 삶의 목표를 찾기 위해 노력하는 일부 내담자들의 여정을 그린다.[35] 그는 내담자들과 함께한 시간이 얼마나 되었는지는 밝히지 않지만, 그들이 혼잡한 마음에서 벗어나서 자신을 발견할 수 있는 열린 공간으로 서서히 이동하는 과정을 강조한다.

▌ 멀어지기에서 시작하기

우리 중 일부는 가면 뒤에 숨은 채 살아간다. 로저스는 동료들에게 자신이 아닌 모습으로 비칠까 봐 두려워하는 한 십대 소년을 이야기한다. 이 소년은 동시에 로저스에게 자신이 진정 누구인지 드러내는 것을 거부한다. 로저스의 내담자처럼 나도 가면 뒤에 숨었고, 분노라는 감정이 내 안에 자리 잡을 수 있다는 가능성을 부인했다. 교도소에 갇힌 젊은이들의 눈에서 보았던 그 격렬한 감정에서 나 자신을 떼어 내고자 애썼다. 하지만 가끔씩 그 가면이 흔들리면서 내 모습이 드러날까 봐 두려웠다. 십대 소년과 나는 우리가 아닌 존재라고 확신했던 자신으로부터 두려워하며 멀어지려고 했다. 그러나 "그렇게 함으로써 우리는 부정적으로나마 자신이 누구인지를 정의하기 시작한 셈이었다".36 로저스의 말에 따르면, 가면을 인식하고 그것으로부터 멀어지는 것은 내면의 낯선 사람을 환영할 준비를 하는 중요한 이정표가 된다.

로저스는 또한 '~해야 한다'는 강박에서 멀어지는 것도 필요하다고 본다.37 수많은 목소리가 끊임없이 우리의 귀에 속삭이는 것처럼, 우리가 '이래야 한다'는 규범은 우리의 의식으로 스며들어 사고방식과 일상을 지배한다. 이런 내적 목소리들은 가족, 문화, 신앙, 직업적 기대에서 비롯되며, 이를 통제하지 않으면 우리를 마음의 열린 공간에서 멀어지게 할 수 있다. 나의 경우에 내가 목사이자 상담가 그리고 아이비리그에서 훈련받은 교수라는 사실과 동시에 안에서 이런 분노가 끓어오르고 있다는 현실을 받아들일 수 없었다. 나의 성장 배경과 교육을 생각하면, 나는 이런 격한 감정을 억눌러야 '마땅하다'고 생각했다. 그러나 현실은 달랐다. 로저스의 내담자들처럼, 나 역시 '타인에게서 가장 혐오스러운 것이 나 자신의 일부를 반영한다'는 사실을 받아들이고, 이 '해야 한다'는 강박에서 벗어나야 했다.38

가면과 '~해야 한다'는 강박에서 멀어지는 것은 억눌린 감정들에 더 가까이 다가가는 여정이다.[39] 의식적인 사고에서 벗어난 길목에서 우리 안에 억눌린 감정들이 마치 우리 사이에 존재하는 낯선 이들처럼 대면을 기다리고 있다. 이 내면의 낯선 사람들을 인식한 뒤에 '진정한 자기로 존재하기' 위해 우리는 그들에게 다가가야 한다.

▌다가가기

로저스의 한 성인 남성 내담자는 자신 안에 있는 어린아이 같은 감정을 느낄 때마다 불편한 혐오감을 느낀다고 했다. 어느 상담 시간, 그의 내면에 숨어 있던 소년 같은 모습이 나타나자 그는 깜짝 놀라며 이렇게 외쳤다. "이건 내가 분명하게 느껴 본 적 없는 감정이에요. 이건 내가 한 번도 본 적이 없는 나예요".[40] 로저스는 이 충격적인 만남 이후, 시간이 지나면서 내담자가 자신의 어린 시절의 모습을 점점 받아들이고 자신의 일부로 포용하게 되었다고 설명한다. 이러한 수용과 포용의 감각이 점점 커지면서 그는 자신의 감정에 더 가까이 다가가고 내면의 소년 같은 모습을 기꺼이 받아들이게 되었다. 로저스는 우리 자신의 경험과 열린 마음으로, 친밀하고 가까운 관계를 형성하는 것이 우리 내면에서 공동체를 만들어 낼 가능성을 열어 준다고 강조한다.[41]

몇 해 전 11월 저녁, 나는 거울 앞에 서 있었다. 분노라는 감정과 동행하며 내면의 공동체를 찾아가는 과정에 있었다. 그전까지 나는 분노를 두렵고 적대적인 감정으로만 여겼다. 그러나 그날, 나는 스스로와 마주하며 처음으로 분노를 분명하게 느꼈다. 그 감정 속에서 나는 폭발적인 불길의 긴장과 창조적 불꽃의 가능성을 동시에 느꼈다. 이전까지는 두려움 때문에 스스로가 분노를 경험하도록 허락하지 않았다. 그러나 놀랍게도 내가 발견한 분노는 상상했던 것만큼 두렵지 않았다. 로저스의 내담자들처럼, 나 역시 내 경험과 열린 마음으로 친밀하게 관계를 맺으려고 노력했을 때, 분노를 더 이상 위협적인 낯선 존재가 아닌 친근한 자원으로 서서히 받아들일 수 있었다.[42]

내면의 낯선 존재가 친구로 변하면서 내 마음속에 작고 미개척된 공간이 점차 넓어졌다. 내가 발견할까 봐 두려워했던 것들에 대한 공포가 줄어들자, 이전에 닫혀 있던 정보와 사람들과의 관계가 기적처럼 열렸다. 이 경험은 로저스의 이론과 정확히 일치한다. 그는 내면에서 더 큰 개방성을 향해 나아가는 것이 나 자신뿐만 아니라 타인을 더욱 수용하게 하고, 나와 타인의 경험을 더욱 가치 있게 여기게 한다고 설명한다.[43]

가면과 '~해야 한다'는 강박에서 벗어나서 경험의 개방성과 타인의 수용으로 나아가는 여정은 '두려움 없는 대화'의 소통 촉진자들의 궁극적인 여정이다. '~해야 한다'는 강박에서 벗어나서 자기 수용으로 나아가는 여정을 헌신적으로 수행하는 주인은, 조건 없는 환대가 '우리의 신념, 이야기, 조언, 제안을 통해 다른 사람을 변화시키는 것'이 아님을 이해하게 된다.[44] 오히려 자신의 여정을 걷는 주인은 자신의 집착을 내려놓는 것의 본질적인 힘을 깨닫는다. 조건 없는 환대와 '두려움 없는 대화'의 자유롭고 열린 공간에서는 주인과 낯선 사람 모두 '자신의 진정한 모습 그대로 존재할' 자유를 얻는다.

마지막 이야기:
환영의 테이블-회고

◆

어린 시절, 심슨 가문의 피를 물려받은 나는 어디서든 먹는 것을 즐기는 선수였다. 다행히도 우리 교회 가족은 성찬식이라는 신성한 식사를 할머니께서 친척을 위해 음식을 준비하실 때 보였던 존경과 같은 마음으로 맞이했다. 첫째 주 일요일마다 우리는 성찬을 기념하며 이 의식을 기억의 예배로 삼았다. 하지만 그것만이 아니었다. 매달 초, 이 거룩한 날은 온 공동체가 한데 모이는 장이 되었고, 조건 없는 환대의 정신이 말과 행동으로 성소를 가득 채웠다.

빨간 표지의 감리교 찬송가를 손에 든 채, 로워리Lowery 목사님은 우리가 인쇄된 예식문을 따라 굵게 표시된 단어를 함께 읽기를 권했다. 각 단어는 공동체를 하나로 묶으며, 축복받은 성찬의 요소로 우리를 더 가까이 이끌었다. 가족이 줄지어 버건디 색의 쿠션 의자를 떠나 성스러운 성찬을 받기 직전, 우리는 한 목소리로 오래된 기도를 읊조렸다. "자비로운 주님, 우리는 우리의 의로움을 믿고 이 테이블에 나아 오는 것이 아니라 주님의 크고도 풍성한 자비를 믿습니다. 우리는 테이블 아래 떨어진 부스러기를 모을 자격조차 없으나, 주님은 여전히 같은 주님이십니다……".

우리의 테이블은 교회 앞쪽에 있는 희끄무레한 성찬대였다. 그것은 마치 세 겹으로 쌓인 레드벨벳 케이크 위에 얹힌 크림치즈처럼, 진홍색 카펫과 뚜렷한 대비를 이루고 있었다. 얇은 모양새였지만, 이 성찬대는 할머니의 넓고 웅장한 테이블과 같은 역할을 했다. 이것은 열린 테이블이었고, 그 선함을 맛보러 온 모든 이를 환영했다. 로워리 목사님의 초대가 이 환영의 뜻을 충분히 전달하지 못했다면, 우리의 찬송이 이를 분명히 했다. 매 첫째 주 일요일마다 우리는 어린 시절에 가장 기억에 남는 교회 찬송의 후렴구를 불렀다. "나는 환영의 테이블에 앉을 거야. 어느 날, 할렐루야!"⁴⁵

이 조건 없는 환대의 리듬 가득한 노래가 성소를 채우면, 모두가 그 성찬대를 향해 나아갔다. 자주색과 흰색 로브를 입은 샐리Sally 여사가 합창단을 이끌며 그 분위기를 더했다. 줄지어 선 사람들은 빵을 받고 포도주를 마셨다. 로워리 목사님과 나란히 선 어머니 같은 연로한 여성들은 빛나는 흰 옷을 입고 테이블에 빈 잔이 남지 않도록 신경을 썼다. 할렐루야! 합창단에 이어 검은 넥타이를 맨 남성 안내 위원들이 줄지어 나섰다. 발코니의 마지막 줄부터 교회 앞줄까지 그들은 줄지어 예배자들을 초대했다. 성찬의 상징적인 잔치를 기다리며 성소의 외벽에 줄지어 선 이들 속에는 아버지의 바지를 잡아당기는 어린아이들, 엄마 곁에 붙어 선 십대들, 지팡이에 몸을 의지하고 있는 노인들 그리고 커다란 교회 모자를 바로잡는 할머니 같은 성도들이 있었다. 우리의 교회가 네 개의 대학에서 몇 분 거리에 있었던 덕분에 학생들이 줄지어 성찬을 기다리는 모습은 흔한 일이었다. 더욱 인상 깊었던 순간은 애틀랜타의 노숙자 공동체 일원이 최고로 차려입은 중산층 가족 옆에 차분히 서 있던 때였다. 벽이 비워진 후, 로워리 목사님은 안내 위원들을 테이블로 초대하며 그들의 헌신에 감사를 표했다. 그러나 이 성스러운 환대의 순간은 목사들과 연로한 성도들 그리고 제단으로 걸을 수 없는 환자들에게까지 성찬이 전해지기 전까지 끝나지 않았다.

   매 첫째 주 일요일, 나는 환영의 테이블을 보았다. 모두가 가족이었다. 낯선 이는 없었다. 우리는 서로에게 감동받고, 지탱되고, 얽히고, 사랑과 평온으로 이어지는 장소로 나아갔다. 비록 우리는 지상에 발을 딛고 있지만, 조건 없는 환대는 성소를 천국처럼 만들어주었다. '두려움 없는 대화'에서는 물리적인 제단이 드물지만, 우리는 이웃들이 서로의 지혜를 나누고, 상처받은 공동체가 낯선 이들 속에서 친족의 유대를 발견할 수 있는 따뜻하고 환영받는 공간을 조성하기 위해 노력한다.

he de Arcus
dolor sit amet, consect
nonummy nibh euismo
dolore magna aliquam erat vo
enim ad minim veniam, quis nostrud
ullamcorper suscipit lobortis nisl
commodo consequat.
uis dolore te
Lorem ipsum
cons ectetuer
sed diam nonumm
euismod tincidunt ut laore
dolore magna aliquam erat
volutpat. Ut wisi enim ad minim
TION
er adipiscing
tincidunt ut
volutpat. Ut wisi
quis nostrud exerci tation
lobortis nisl ut aliquip ex ea
at. Duis autem vel eum iriure dolor
ulputate velit esse molestie
vel illum dolore eu feugiat nulla facilisis at
eros et accumsan et iusto odio dignissim qui
blandit praesent luptatum zzril delenit augue duis
dolore te feugait nulla facilisi.
twisi enim ad minim veniam, quis nostrud exerci
tation ullamcorper suscipit lobortis nisl ut aliquip ex
ea commodo consequat. Duis autem vel eum iriure
velit esse, ril delenit

제4장

학생들이 볼 때 "무시당함"에 대한 두려움

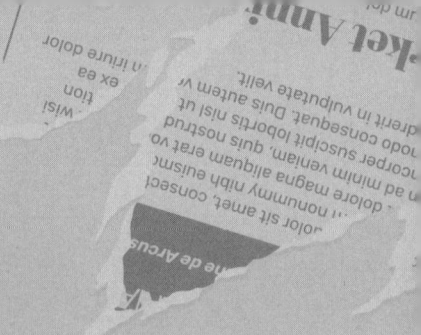

우리는 일상의 분주함 속에서 너무도 자주 다른 이들을 보이지 않게 만든다.

(……)

우리 주변에는 인정받지 못하는 이들이 넘쳐 난다.

그리고 솔직히 말하자면, 우리 각자는 자신이 보이지 않는 존재로 느꼈던 운명의 순간을 기억한다.

우리는 '툭' 떨어지는 그 고통을 안다.

무거운 침묵이 교실 바닥에 진홍색 얼룩을 남겼다. 첫날부터 이 상처는 열려 있었다. 그리고 그 후 5년 동안, 나는 살아남기 위해 싸워야 했다.

그 상처가 새로이 난 20분 전, 나는 프린스턴 신학교의 예배당 계단을 내려가 매우 독특한 지하 강의실로 들어섰다. 예배당의 석조 벽은 방음이 완벽해서 가벼운 한숨마저도 들릴 정도였다. 그러나 나의 동료들과 교수님은 이 방의 음향 효과에는 아랑곳하지 않는 듯했다. 그렇게 내 첫 박사 세미나가 시작되었다.

수업의 첫 15분 동안, 선배 동료들과 교수님은 전문 용어를 마치 솜뭉치처럼 가볍게 주고받았다. 나는 이 첫 세미나를 위해 철저히 사전 준비를 했고, 자신감 있게 대화의 흐름에 참여했다. 내가 처음으로 한마디를 꺼낸 순간, 테이블 주위의 얼굴들이 하나둘씩 표정을 잃는 것을 알아챘다. 팔에 소름이 돋았고, 지하실은 갑자기 차갑고, 텅 빈 동굴처럼 느꼈다. 나는 계속해서 말했지만, 스스로에게도 둔탁하게 들렸다. 마치 트럼펫의 소리를 청소기로 막은 것처럼, 내 생각의 음률은 벽에 부딪히다 바닥으로 떨어지는 듯했다.

나의 짧은 독백이 끝나자 테이블 주위의 얼굴들은 다시 활기를 되찾았고, 대화는 내가 아무 말도 하지 않은 것처럼 계속되었다. 몇 분 후, 한 선배 동료가 내 말과 동일한 내용을 반복한 뒤에 그의 '천재성'을 칭찬받는 광경을 보았다. 그 순간, 나는 교실 바닥에 피가 고인 것을 눈치챘지만, 그것이 나를 얼마나 깊이 베었는지는 감히 상상조차 할 수 없었다.

학기마다 쌓여 가는 미묘한 공격은 점점 내 희망을 갉아먹으며 보기 흉한 마음의 상처를 덧나게 했다. "너는 흑인 이야기를 너무 많이 써, 그레그". 어떤 이가 말했다. "이론에 더 집중하고, 공동체적 실천은 덜 다뤄라". 또 다른 이는 충고했다. "창의성은 네 가장 큰 강점이자 약점이야. 그냥 지시대로 따라 하고 과제를 제출해". 누군가는 조언했다. 이 모든 의도는 좋았을 법한 말들이 내 열린 상처에 소금으로 문지르듯 아팠다.

정체성을 공격당한 나는 피를 흘리며 매일 교실을 들락날락했지만 마음은 온전히 머물지 못했다.

"진짜" 고난을 보았으므로 이 문제를 "특권층의 고민" 정도로 여겼다. 그래서 입을 다물었다. 침묵 속에 고통받으며, 내 고통은 누구에게도 인정받지 못했고, 도움도 받지 못한 채 상처는 아무는 기미조차 보이지 않았다. 그러던 어느 날 절망의 종소리를 들었다. 그러나 자존심은 내면적 고통을 세상에 드러낼 수 없게 했다. 그리하여 "나는 웃으며 거짓말하는 가면을 썼다. 내 뺨을 숨기고 눈을 가리기 위해".[1] 몇 달 동안 재미없는 농담에도 웃었고, 동의하지 않는 말에도 고개를 끄덕였다. 가식적인 행동 하나하나는 가면을 내 얼굴에 밀착시켰고, 결국 그 가면은 정체성과 융합되어 버렸다. 그렇게 18개월간의 위선적인 삶 끝에 나는 대학 캠퍼스에서뿐만 아니라 거울 속 모습에서도 나 자신을 찾을 수 없게 되었다.

가면을 쓰고 있는 동안 상처는 더욱 깊어졌고, 나는 타인에게도, 스스로에게도 보이지 않는 존재가 되었다.

19개월째 되던 어느 날, 나는 갈림길에 섰다. 이제 어둠 속으로 더 깊이 가라앉을 것인가, 아니면 내 보이지 않는 존재를 빛으로 드러낼 것인가. 후자를 선택한 나는 내 상황을 이해하기 위해 그리고 인정받지 못하고 보이지 않으며 들리지 않는 이들의 삶과 생계를 연구하기 시작했다. 랄프 엘리슨^{Ralph Ellison}과 하워드 워싱턴 서먼^{Howard Washington Thurman}의 삶과 작업에서 나는 명확성을 발견했다. 윌리엄 제임스, 앨리스 밀러, 듀보이스는 나의 '침묵'과 '투명성' 이론을 구체화할 구조를 제공했다. 이 인물들의 목소리는 책 속에서 나를 부르며 희망을 북돋아 주었고, 내 상처를 어루만졌다.

마침내 나는 조용한 소머셋^{Somerset} 마을의 한 상담사 사무실의 소파에 누워 가면을 벗었다.

때로는 더 북쪽으로 향했다. 몬트클레어의 번화가에서 몇 분 떨어진 곳의 대모의 부엌에서 메기 요리를 나눠먹었다. 뉴어크의 메모리얼 웨스트 장로교회의 관대한 교인들은 연약한 목소리를 다시 건강하게 만들어 주었다. 얼마 지나지 않아 낡은 강단 위에 서서 대담한 창의성으로 설교를 했다. 그 예배당 교실에서 멀리 떨어진 곳에서 소파에 앉고, 강단에 서고, 튀긴 생선을 나누며 다시 웃고, 진심으로 소통하는 법을 배웠다. 신뢰할 수 있는 이들로 이루어진 공동체 속에서 희망은 치유되었고, 상처는 서서히 아물기 시작했으며, 생명력이 내 몸 구석구석 돌아왔다. 그리고 그때 Uth Turn[•]이라는 이름으로부터 전화가 걸려 왔다.

● 청소년(YOUTH)과 변화(TURN)를 합친 단어. 청소년을 위한 변화, 회복 혹은 지원 프로그램.

이 장에서는 보이지 않는다는 고통, '두려움 없는 대화' 팀이 어떻게 눈에 보이지 않는 사람들과 평범한 시선에서 숨은 공동체를 볼 수 있도록 돕는지에 대해 다룬다. 윌리엄 제임스와 하워드 서먼의 오래된 이론 그리고 키플링 윌리엄스와 제인 벨라의 현대적 연구가 이 작업의 중심을 이룬다. 교육 환경이 인격 발달의 장이자 정체성 공격의 무대가 될 수 있음을 인지하며, 다음 페이지에서는 교실 안의 통찰과 내성의 여정을 탐구한다. 칠판과 훌륭한 선생과 시간을 함께하면서 우리는 '잘려 나간' 느낌과 스스로가 인정받을 가치가 없다고 여기는 두려움을 들여다볼 것이다. 벨라가 이 현상을 적절히 묘사한 단어는 바로 '무시당함plopping'의 공포다.

툭 떨어지는 소리:
침묵 속의 상처와 위협

◆

 철자는 어렵지만, 이해는 쉬운 단어, 의성어 onomatopoeia는 내가 초등학교 3학년 때 플래니건 선생님께 배운 가장 긴 단어였다. 만화책에서 들리는 소리와 농장에서 나는 동물 소리가 귀에 맴도는 가운데, 친구들은 자연의 소리를 흉내 낸 단어들을 외치며 웃음을 터뜨렸다. 여덟 살의 나에게 "쾅!" "꿀꿀" "음매!" 같은 소리는 순수함과 기쁨을 불러일으켰다. 그러나 수십 년이 지난 지금, 한 의성어가 혐오감을 불러일으키면서 입안에서 네 글자의 욕설처럼 매섭게 맴돈다. 바로 "툭 plop"이라는 소리다.

 상상해 보라. 뉴욕시 엠파이어 스테이트 빌딩의 높은 난간 끝에 작은 물방울 하나가 맺혀 있다. 떨리는 듯한 저항 끝에 난간에 매달려 있던 물방울은 중력에 굴복하고 곤두박질치기 시작한다. 공중을 휙 지나 속력을 더하면서 물방울은 인도 위 노숙자가 들고 있던 플라스틱 페인트 통을 정확히 겨냥한다. 이 통 안에는 37센트의 동전과 전날 밤 폭풍우에 고인 5센티미터 높이의 빗물이 담겨 있다. 눈에 보이지 않을 정도의 속도로 떨어지던 물방울이 통 안으로 떨어지며 낮은 목소리로 "툭" 소리를 낸다. 이 소리를 들은 사람은 없다. 통 옆에서 골판지 조각을 매트리스 삼아 웅크리고 자던 노숙자만이 그 소리에 잠에서 깬다. 그가 자신의 현실로 재조정되는 동안, 커피를 들고 출근길을 재촉하는 이들은 무심하게 그를 지나쳐 간다. 매일 아침, 단단한 구두 굽이 딱딱한 인도를 두드리며 내는 소리는 그를 지옥으로 밀어낸다. 그러나 그들의 눈에 그는 얼굴 없는 존재일 뿐이다.

누구를 보았는가? 누구의 소리를 듣지 못했는가? 희망은 어디에 있는가? 제인 벨라는 그녀의 저서『듣는 법을 배우고, 가르치는 법을 배우기: 성인 교육에서 대화의 힘Learning to Listen, Learning to Teach: The Power of Dialogue in Educating Adults』에서 "툭plopping"이라는 용어를 만들어 냈다. 벨라에 따르면, 플로핑은 성인 학습자가 그룹 내에서 무언가를 말했지만, 그 말이 인정은커녕 들렸다는 표시조차 받지 못하고 허공에 떨어지는 치명적인 순간을 말한다.² 플로핑은 말하는 사람과 듣는 사람 모두에게 폭력을 가한다. 왜냐하면 방 안에 있는 다른 사람들은 공포와 불안을 내면화할 수 있기 때문이다. 플로핑이 발생한 후, 다른 사람들은 '내가 진실을 말하면, 나 역시 허공에 떨어질지도 몰라.'라고 생각하게 된다. 플로핑은 상처를 남긴다. 진심 어린 말이 바닥에 떨어지면, 화자는 상처를 입고, 청자는 얼어붙으며, 그 방은 더 이상 진솔한 공유를 위한 안전한 공간이 될 수 없다.³

벨라의 개념을 곰곰이 숙고한 끝에 역설적인 깨달음이 떠올랐다. 플로핑은 청자가 화자를 보지 못하기 때문에 공포를 유발하고 고통을 초래한다는 것이다. 청자가 화자의 말을 듣지 못한다는 사실은 고통의 부차적인 요소다. 플로핑의 주요 상처는 청자가 화자를 인정하거나 주목할 가치가 없다고 여기는 데에서 비롯된다.

이 장의 시작에서 첫 박사 세미나에서 대화에 참여하려는 나의 노력을 묘사했다. 처음으로 말을 던진 후 몇 초 만에 방 안의 얼굴들이 공허해지는 것을 알아차렸다. 지하실의 벽에 튕겨 나가고 고요한 얼굴들에 흡수되지 못하는 내 말은 마치 진공 상태에 갇힌 듯했다. 그 순간, 내가 연구한 발언의 내용은 중요하지 않았다. 나는 단지 미묘한 신호 하나를 바랐다. 올라간 눈썹, 끄덕이는 머리 혹은 반감의 찡그린 입술. 하지만 그런 신호는 오지 않았다. 내가 말을 끝내자마자 얼굴들은 생기를 되찾았고, 대화는 내가 아무 말도 하지 않은 것처럼 계속 이어졌다. 내 말은 뚝 떨어졌다. 나는 얼어붙은 채 힘든 마음으로 앉아 있었다. 얼굴 없는 존재, 인정받을 가치조차 없는 존재가 된 듯한 기분이었다. 몇 분 후에 맞은편에 앉아 있던 동료가 내 말을 반복했고, 그가 받은 긍정적인 반응은 더욱 아프게 했다. 동료들과 교수의 눈에 보이지 않게 된 나는 내면의 깊이에서 날카로운 통증을 느꼈다. 그날 이후로 보이지 않는 존재로 살아온 5년간의 여정이 시작되었다.

　나의 교실에서의 플로핑 경험은 결코 예외적인 사례가 아니다. 사실 인정받지 못하는 사람들은 우리 주변에 늘 존재한다. 그들은 어둠 속에서 비명을 지르고 속삭인다. 그러나 우리는 그들을 볼 수 있는 눈을 가지고 있는가? 당신은 어떠한가?

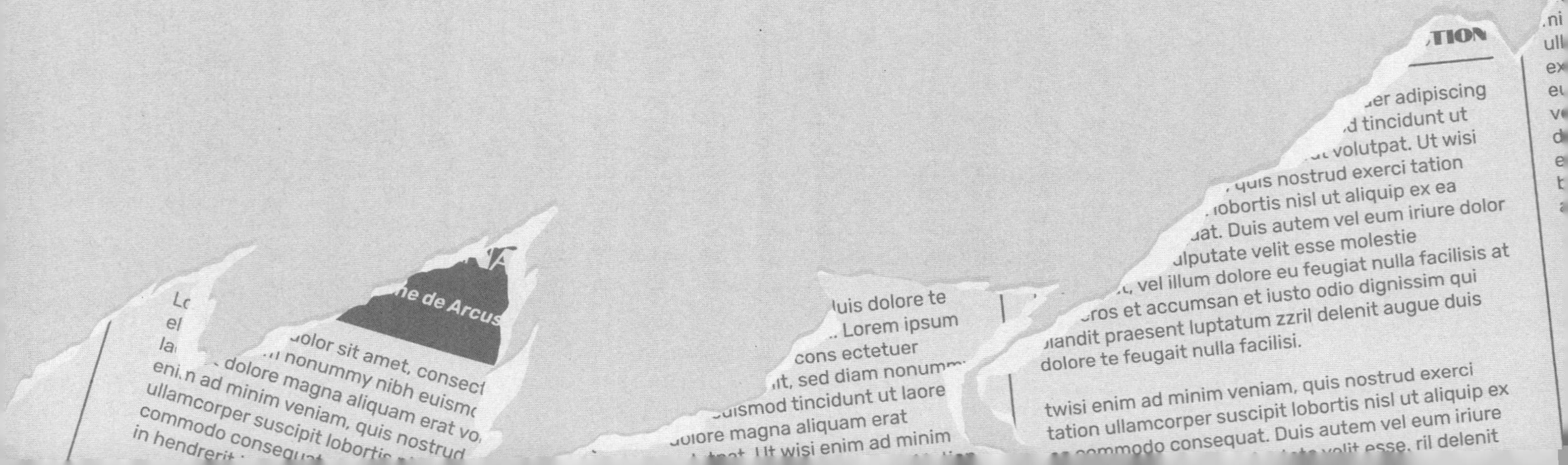

보이는 눈:
우리 주변의 인정받지 못한 이들

◆

　우리는 일상의 분주함 속에서 너무도 자주 다른 이들을 보지 못한다. 노숙인을 마치 아무런 가치도 없는 존재인 듯 지나치고, 계산대에서 계산해 주는 직원이 음식을 봉투에 담아도 전화 통화에만 몰두한다. 심지어는 정치인, 목회자 그리고 프로 운동선수들 같은 너무도 잘 보이는 이들조차도 그들의 전체적인 인격을 표현할 여지를 주지 않는 공공의 이미지를 통해 평가절하한다. 우리 주변에는 인정받지 못하는 이들이 넘쳐난다. 그리고 솔직히 말하자면, 우리 각자는 자신이 보이지 않는 존재로 느꼈던 운명의 순간을 기억한다. 우리는 '툭' 떨어지는 그 고통을 안다.
　사회심리학자인 키플링 윌리엄스Kipling D. Williams는 보이지 않는다는 위험은 차별하지 않는다는 점에서 이 사실을 뒷받침한다고 했다. 그의 저서 『배제: 침묵의 힘Ostracism: The Power of Silence』에서 윌리엄스는 문화와 시대를 초월하여 배제의 만연함을 추적한다. 정부가 승인한 추방, 종교적 추방, 군사적 침묵과 같은 공식적 선언에서부터 교사가 부과하는 잠시의 '타임아웃', 설명되지 않는 침묵 그리고 가까운 관계에서의 피하는 눈 맞춤까지 폭넓게 다룬다. 배제라는 개념에 얼굴을 부여하고, 이를 지적으로 추상적인 개념에서 일상적인 현실로 전환하기 위해 윌리엄스는 독자들에게 기억의 연습을 요청한다.

다음 문장을 천천히 읽고, 마음 속 깊이 돌아보아 잊지 않도록 하라.

"한번 떠올려 보라. 친구, 가족, 직장 동료 혹은 가까운 관계에서 상대방이 마치 당신이 존재하지 않는 듯 행동했던 순간을. 당신이 마치 투명 인간이 된 듯 느끼며, 다른 이들이 아무 일도 없다는 듯 자신들의 삶을 살아가는 모습을 보았던 기억을. 당신은 어떻게 반응했는가? 그들에게 다가가 무슨 일이냐고 물어본 적이 있는가? 하지만 만약 그들이 당신을 외면하거나 마치 당신의 말이 들리지 않는 것처럼 행동했다면? 어쩌면 당신은 그들의 눈앞에서 손을 흔들어 보였을지도 모른다. 만약 그랬다면, 그들이 당신을 투명하게 대했을 때 어떤 느낌이었는가? 혹은 당신의 가족이나 친구들이 모임 계획을 세웠는데, 당신만 제외되었던 순간을 기억하는가? 그럼에도 불구하고 참여하려고 요청했는가, 아니면 당신이 이들과 정말 어울릴 자격이 있는지 고민하며 물러섰는가?"[4]

윌리엄스는 독자에게 이 상황을 상상하라고 요청하지 않는다. 대신에 그는 독자들에게 이를 기억하라고 한다. 이는 잘 계산된 위험을 감수하며, 모든 사람이 어떤 형태로든 배제의 경험을 한 적이 있다고 전제한다.

'두려움 없는 대화'에 모이는 의외의 참여자 unlikely partners들이 '툭' 떨어지는 기억의 상처를 안고 있음을 인지하며, 대화의 공간에 들어와 자리를 잡는 순간부터 이들을 주목하려는 노력을 의도적으로 기울인다. 앞서 제3장에서 언급했듯이, 조건 없는 환대의 몸짓을 통해 '두려움 없는 대화'의 팀원들은 모든 참여자를 눈 맞춤, 따뜻한 포옹 그리고 이들의 시그니처 인사말로 맞이한다. "드디어 당신을 보게 되어 기쁩니다. '두려움 없는 대화'에 오신 것을 환영합니다. 변화를 맞을 준비가 되셨나요?" 이 간단한 눈 맞춤의 교환이 망설이던 관찰자를 즉각 참여자로 바꿀 수 있다는 것을 경험을 통해 배웠다.

2014년 6월, 예일 신앙문화센터와 예일 청소년 사역 연구소에서 도시 청소년을 돌보는 방법에 대해 이야기하는 '두려움 없는 대화'가 열렸다. 놀랍게도 약 300명의 흑인과 유색인종 주민들이 이 중요한 대화를 위해 예일 신학교 캠퍼스에 모였다. 리빙 뮤지엄에 들어가기 전에 나는 오래된 식당 건물의 계단에 서서 손님들을 맞이했다. 각자의 눈을 마주치고 '두려움 없는 대화'의 특유의 인사말을 건네면서 환영의 포옹을 나눴다. 그날 저녁, 참석자들 중에는 마무리 예배에서 공연할 예정인 교도소 합창단도 있었다. 그들과 눈을 맞추고 따뜻한 인사를 건네던 중에 합창단의 한 멤버가 나를 따로 불렀다. 그의 눈빛에는 진지함과 열정이 담겨 있었다. 그는 이렇게 말했다. "솔직히 말해서 오늘 밤에 여기 오고 싶지 않았어요. 우리가 안에서 뭘 하게 될지도 잘 모르겠어요. 당신이 더 아무 말도 하지 않아도 괜찮습니다. 저는 이미 필요한 걸 얻었거든요. 저를 봐 주셔서 감사합니다".

'본다'는 행위가 가진 인간화의 힘은 실로 강렬하다. 그래서 '두려움 없는 대화'는 대화의 시작부터 끝까지, 참여자들이 눈을 맞추는 순간, 소그룹으로 대화하는 순간 그리고 강렬한 강연을 통해 함께

하는 모든 순간을 통해 이와 같은 경험을 강조한다. 우리는 '플로핑'의 위험성과 보이지 않는 상태로 남아 있는 것이 주는 상처를 함께 다룬다. 또한 가시성•의 부재가 어떻게 인간의 기본 욕구를 위협하는지를 설명하며, 참여자들에게 이를 알리는 데 집중한다. 이런 이론적 기초는 공동체가 보이지 않는 이들을 더 깊이 보고, 그들의 이야기를 듣는 데 필요한 시작점을 제공한다. 사실 내가 보이지 않는 상태가 가진 해악을 연구할 이론을 갖추기도 전에 내 학생들은 이미 오래전부터 무언가 잘못되었음을 내게 알려 주고 있었다.

● 배경으로부터 분리된 가시 대상의 존재나 색의 차이에 대하여 잘 볼 수 있는 정도 또는 상태. 빛의 감각, 식별, 깜박거림 등이 그 대상이 되며, 보는 대상의 크기, 밝기, 배경과의 대비에 따라 영향을 미친다.

파이프라인*의 학생들:
보이지 않는 것에 대한 수십 년의 질문

◆

매일 아침, 우리 차가 U자형 진입로에 들어설 때면 자연스럽게 내 시선은 쇠창살이 달린 창문으로 향하곤 했다. 시간이 늦었을 때는 줄이 문 밖으로 길게 이어졌다. 맨 앞에서는 표준화된 인사가 학생들을 맞이했다. "약물, 밀수품 또는 불법 물건이 있습니까?" 금속 탐지기나 랜덤으로 선택된 탐지봉 검사를 통과한 후, 어떤 학생들은 천장을 올려다보며 웃거나, 감시 카메라를 향해 중지를 치켜드는 장난스러운 몸짓을 보였다. 창문 없는 계단을 올라 2층으로 가서 내 자리를 찾고는 힐 박사님의 방송을 기다렸다.

하지만 이날은 평소와는 다른 날이었다. 우선, 늘 책상에서 자던 트로이가 깨어 있었다. 어디선가 긴장감이 공기를 가득 메우고 있었다. 갑자기 스피커에서 굵직한 목소리가 울렸다. 이것은 점심 메뉴나 다가오는 학교 모임에 대한 평소와 같은 공지가 아니었다. 불안감을 조성하는 말이 이어졌다. "현재 학교는 폐쇄 상태입니다! 모든 교사와 학생은 추가 지시가 있을 때까지 교실에 머물러 주십시

● '파이프라인의 학생들'은 특정한 사회적 구조 속에서 이미 예견된 경로(흐름)에 들어선 학생들을 지칭한다. 특히 차별적 교육 시스템, 빈곤, 인종 문제, 징벌적 훈육 등을 통해 어린 학생들이 점차 범죄화되고, 궁극적으로 교도소나 사회적 배제에 이르게 되는 구조를 말한다.

오". 몇 초 후, 복도에서 개들이 뛰어다니는 소리가 들렸다. 상황을 이해할 틈도 없이 제복을 입은 경찰들이 트로이에게 수갑을 채우고 있었다. 그가 끌려 나가는 동안에 그의 흐릿한 눈이 내 마음을 뒤흔들었다. 그의 눈동자 속 빛이 꺼진 것처럼 보였다.

모든 일이 너무 빨리 벌어졌다. 그런데도 우리는 마치 아무 일도 없었던 것처럼 평소대로 돌아가야 했다. 그날, 10학년 때, 내가 원래 다채롭다고 느꼈던 세상은 회색빛으로 변해 가기 시작했다. 마음속에 어떤 공허함이 자리 잡기 시작했다. 졸업반이 될 무렵, 이런 혼란에 너무 익숙해져서 점심 식사를 하러 가는 길에 싸움 구경을 하다가 그냥 웅덩이를 건너뛰듯이 아무렇지도 않게 지나치곤 했다.

다행히도 혼잡하고 과밀한 도심의 공립학교 속에서 선생님들은 교실 안에서 비판적 사고를 키울 수 있는 안전한 피난처를 마련해 주었다. 덕분에 졸업할 때쯤, 나는 다섯 권의 책을 집필했고, AP 과정을 훌륭히 이수했으며, 단테Dante, 초서Chaucer, 듀보이스Du Bois 그리고 조라 닐 허스턴Zora Neale Hurston의 글 속에서 동반자를 찾을 수 있었다. 프레드릭 더글라스Frederick Douglass 고등학교의 자랑스러운 동문으로서 나는 정말로 양질의 교육을 받았다고 굳게 믿는다. 나는 교실 안에서 배운 것만큼이나 복도를 지나다가 친구들의 이야기를 들으며 많은 것을 배웠다.

그럼에도 불구하고 10학년 때 시작된 그 회색빛 공허함은 여전히 나를 따라다녔다.

그리고 몇 가지 대답되지 않은 질문들은 내 안에 계속 맴돌았다. 왜 트로이를 매일 아침 1교시 내내 자도록 내버려 두었을까? 우리는 모두 트로이가 밤에 '일'을 한다는 것을 알고 있었다. 그런데 그가 수업을 듣는 것보다 자는 편이 더 쉬운 일이었을까?

사람들은 트로이에게서 무엇을 보았을까? 혹시 아무도 그를 보지 않았던 것은 아닐까? 쇠창살이 달린 창문, 아침 검색, 감시 카메라 그리고 학교 폐쇄 조치가 대체 어떻게 대학 입학 준비 교육과 연결될 수 있는가? 아니면 우리 반 친구들과 나는 이 모든 조치로 인해 우리가 배워야 할 학교와 닮은 어딘가에 가도록 준비되고 있었던 걸까? 우리 학교 건물을 지원했던 납세자들과 학교 시스템은 우리를 학생으로 보았을까? 아니면 아예 보지도 않았던 것일까?

내 중등교육 과정 동안 이런 질문들을 품었지만, 이 질문들에 대한 실질적인 답을 찾을 이론적 자원은 부족했다. 그러다 에모리 대학교에서 종교학과 사회학을 전공하면서 재클린 조던 어바인Jaqueling Jordan Irvine, 바비 패터슨Bobbi Patterson, 로버트 애그뉴Robert Agnew 같은 뛰어난 교수님들의 지도 아래 학교에서 감옥으로 이어지는 파이프라인, 사회적 방치의 악순환 그리고 이론-실천 학습의 잠재적 영향을 다룬 문헌들을 접하게 되었다. 그제야 나는 내가 경험했던 혼란이 결코 정상적인 것이 아니었음을 깨달았다.

잘려 나갔으나 여전히 살아 있는:
눈에 보이는 것 이상의 이야기

◆

　뉴저지에서의 9년간의 학창 시절 동안, 나는 보이지 않는 사람들과 공동체가 겪는 혼란스러운 삶을 더 깊이 이해하기 위해 새로운 기준을 찾고자 했다. 스스로의 존재와 목소리를 유지하기 위해 매일 같이 분투했다. 한편, 학생들, 교직원들 그리고 거리에서 마주치는 낯선 이들에게도 주의를 기울이면서 그들이 인정을 받고 주목받기를 바라는 모습을 관찰했다. 동시에 신비주의자, 순교자, 주변부로 여기던 소수 집단들이 어떻게 절망 속에서도 희망을 만들어 냈는지에 대해 깊이 탐구했다. 이러한 9년간의 이론과 실천의 순환은 내면의 성찰, 관찰, 연구로 이루어졌으며, 그 시작은 전혀 익숙하지 않은 학문 분야의 한 강의에서 비롯되었다.

　나는 그때까지 목회 신학이라는 학문을 들어 본 적이 없었다. 인간의 내면세계와 영혼의 성찰적 공간을 탐구하는 이 분야는 생소하기만 했다. 하지만 대학원 첫 학기, 열린 마음으로 나는 종교 심리학이라는 과목에 등록했다. 이 과목은 은퇴를 앞둔 경쾌한 목소리와 가냘픈 체구를 가진 도널드 캡스Donald Capps 교수가 강의했다.[5] 캡스 교수는 프로이트Freud, 에릭슨Erikson, 융Jung을 소개하면서 그의 조용한 신념과 함께 시, 자동차, 건조한 유머에 대한 사랑을 엿보게 했다. 그의 강의는 종종 오마하에서의 어린 시절, 시카고에서의 성장기, 말콤 엑스Malcolm X에 대한 깊은 공감으로 엮인 개인적인 이야기를 담고 있었다. 학기 동안 그는 미국 실용주의 철학자이자 심리학자인 윌리엄 제임스William James의 삶과 작업을 세심하게 다루었다.

캡스 교수는 한 손에 제임스의 저서 『종교적 경험의 다양성Varieties of Religious Experience』, 다른 손에는 그의 전기를 들고 제임스의 글에 담긴 은유와 가명 뒤에 가려진 진실을 하나씩 벗겨 냈다. 우리는 그의 글 속에 숨겨진 언어와 이미지를 분석하면서 제임스의 개인적 삶이 그의 이론적 구성을 어떻게 형성했는지 깨달았다. '병든 영혼sick soul'과 '분열된 자기divided self', 종교적 낙관주의에 대한 그의 관점은 단순한 학문적 성과를 넘어 그의 삶 속 고통의 흔적을 반영하고 있었다. 특히 그가 쓴 글 속에서 느낄 수 있는 보이지 않는 존재로 살아가는 공포와 그것이 초래하는 인간의 분열은 나의 관심을 끌었다. 고등학교 시절부터 품었던 질문들에 대한 실마리를 찾기 시작한 나는 학기 말 과제로 제임스의 『심리학 원리The Principles of Psychology』에서 한 문장을 발견했다. 이 문장은 마치 나의 생각을 읽은 듯한 강렬한 충격을 주었다. 제임스의 말은 존재를 무시당하는 공포를 생생하게 묘사하며 나의 의문에 명확성을 부여했다.

사회에서 자신이 완전히 무시당하는 상황만큼 악랄한 형벌은 없을 것이다. 만약 우리가 사람들 속에 들어가도 아무도 우리를 돌아보지 않고, 우리가 말해도 대답하지 않으며, 우리가 무엇을 하든 신경 쓰지 않는다면, 즉 모든 이가 우리를 보이지 않는 존재로 여긴다면, 우리는 곧 분노와 무력한 절망 속에서 몸부림칠 것이다. 그 절망은

가장 끔찍한 육체적 고문조차 차라리 위안처럼 느낄 만큼의 고통일 것이다.7

이 문장을 읽는 순간, 마치 오래도록 찾아 헤맨 퍼즐 조각이 맞춰지는 기분이었다. 제임스의 글은 내가 고등학교 때부터 품어온 질문에 빛을 비추며, 무시당한다는 감정이 인간의 정체성과 관계에 얼마나 심오한 영향을 미치는지 이해하게 했다.

악마 같은 형벌, 분노, 무력감 그리고 절망. 윌리엄 제임스의 글에서 단 한 문단이 나의 내면에서 말로 표현하기 어려웠던 세계에 형태와 언어를 부여했다. '보이지 않는 존재'로 살아가는 경험의 잔혹함을 그는 생생히 묘사했다. 1891년에 쓰인 그의 글은 지금도 여전히 유효하게 느껴졌다. 그의 통찰은 내가 겪었던 고통을 명확히 이해하도록 이끌었다.

제임스의 890페이지에 달하는 저서 속 깊은 곳에서 나는 그의 핵심 주장을 발견했다. 그는 인간이 사회적 존재로서 타인에게 인정받고, 긍정적으로 주목받고자 하는 본능을 가지고 있다고 주장했다. 반대로 주목받지 못하거나 의도적으로 무시당하는 경험은 극심한 고통을 수반한다고 말한다. 'Cut dead'라는 표현은 19세기의 관용어로, 고의적으로 무시당하거나 완전히 배척당하는 것을 뜻한다.

이 무시와 배척을 의미하는 섬뜩한 표현의 뜻을 이해하자 과거의 기억들이 머릿속을 스치기 시작했다. 한순간에 나는 고등학교의 보안 검색대를 통과하며 냉소적인 눈빛으로 나를 스쳐 지나가던 동급생들의 눈을 떠올렸다. 수업 시간 내내 졸고 있던 트로이의 반쯤 감긴 눈꺼풀이 떠올랐다. 그리고 나는 프린스턴 신학교 지하 교실에서 점점 회색빛을 띠던 나 자신의 눈동자마저 떠올렸다. 또한 Uth Turn에서 만난 젊은이들의 텅 빈 눈동자를 떠올렸다. 그들의 눈 뒤에 감춰 있는 회색빛 속에서도 미약하게나마 빛이 깜박이고 있었다. 그래서 나는 질문을 던지기 시작했다.

1. 꿈을 간직하고 희망을 찾아가는 무시당한 '보이지 않는 존재들'은 과연 어떤 사람들인가?
2. 그들 스스로를 '존재하지 않는 존재'로 여기는데, 주목받기 위해 어떤 행동을 취할 것인가?
3. 만약 그들의 노력에도 불구하고 여전히 보이지 않는다면, 그들의 분노는 끓어오르고 절망은 깊어질 것인가? 그들의 꿈은 연기되고 희망은 꺾일 것인가?
4. 혹시 보이지 않는 존재들이 가질 수 있는 다른 대안과 희망은 어디에 있을까?

이 질문들은 나의 과거를 돌아보게 하고, 또한 앞으로 나아갈 방향을 모색하게 했다.

이 질문들 그리고 고등학교 시절부터 품어 온 의문들에 사로잡혀, 나는 7년간의 여정을 시작했다. 그 연구는 보이지 않고 들리지 않는다는 경험이 아프리카계 미국인 젊은 남성들의 정체성, 미래의 목표, 대인관계에 어떤 영향을 미치는지 탐구하는 것이었다. 이 연구의 결실은 나의 첫 번째 책 『죽음처럼 외면당했으나 여전히 살

아 있다: 아프리카계 미국인 젊은 남성들을 돌보다Cut Dead but Sill Alive: Caring for African Young Man』였다. 시적으로는 어두운 느낌을 주는 이 책의 제목은 완전히 무시당하더라도 희망은 여전히 살아남을 수 있음을 암시한다. 책은 보이지 않음과 말하지 못함에 직면하여 희망을 찾으려고 노력했던 여섯 명의 아프리카계 미국인 젊은 남성들의 삶을 기록하고 있다. 출간 이후, 나는 다양한 성별, 인종, 사회경제적 배경, 신앙을 가진 사람이 자신의 경험을 이야기하면서 보이지 않고 들리지 않는 것은 인간 전체의 문제이며 전 세계적인 현상임을 깨달았다.[8] 또한 이러한 경험들이 키플링 윌리엄스의 주장과 맞닿아 있음을 알았다. 그는 모든 사람이 살아가면서 한 번쯤은 철저히 무시당한 순간을 기억한다고 말한다. 그래서 '두려움 없는 대화'를 시작할 때마다 우리는 제임스의 이론을 소개하며 참석자들에게 그의 오래된 문장을 붙잡고 씨름해 보라고 권한다.

예일 신학교에서 열린 '두려움 없는 대화'가 끝난 지 며칠 후, 나와 동료 알리샤 '라디오' 고든Alisha "Radio" Gordon은 100명의 흑인 남성이라는 단체의 전국 대회에서 청소년을 대상으로 커뮤니티 대화를 이끌었다. 호텔 컨퍼런스 룸에는 200명의 고등학생과 멘토까지 모여 있었다. 우리는 제임스의 강렬한 문장을 함께 읽는 것으로 대화를 시작했다. 한 용감한 고등학생이 이 글을 낭독하자 방 안에는 묵직한 침묵이 깔렸다. 이후 소그룹으로 나누어서 그 글이 자신들에게 어떤 감정을 불러일으켰는지 논의했다. 제임스의 문장은 그 공간을 떠다니며 모든 사람의 마음을 흔들었다. 토론이 끝난 뒤, 나는 알리샤와 함께 앞에 나섰다. 그리고 참석자들에게 그 글이 자신들에게 준 감정을 한 단어로 표현해 달라고 요청했다. 우리는 이 단어들을 종이에 적어 내려갔다. 그러자 폭풍 같은 감정들이 방을 가로지르며 쏟아졌다. "분노" "절망" "불안" "외로움" 같은 단어들이 강풍처럼 흘러나왔다. 그런데 갑자기 어두운 회색 하늘을 가르는 번개처럼 날카로운 목소리가 방을 찢었다. "저는 자살하고 싶어요".

순간 방 안은 충격으로 잠잠해졌다. 폭풍의 눈처럼 깊은 침묵이 내려앉았다. 그 청년의 흐릿한 눈동자 속에서 나는 너무도 익숙한 회색빛을 보았다. 구조대가 범람한 제방을 복구하듯이 멘토들은 재빨리 움직여 그 청년을 도왔다. 한 전문 상담자가 자살 예방 절차를 잽싸게 실행하며 그의 안전을 확보했다. 이 폭풍 같은 순간이 지나고, 방 안에 있던 사람들은 다시 초점을 맞췄다. 그리고 모두가 깨달았다. '보이지 않는 존재'를 보는 일은 생사가 걸린 문제라는 것을.

이상한 자유:
'보이지 않는' 문화 속에서 살아가는 네 가지 기본 원칙

◆

눈가에 문신으로 새겨져 있는 눈물, 삶의 고난이 깃든 눈빛을 지닌 뉴어크의 Uth Turn 학생들은 그들이 결코 '보이지 않는' 존재로 남고 싶지 않다는 사실을 분명히 했다. Uth Turn은 교도소에서 갓 나온 청년들을 위한 프로그램이었다. 그래서 그곳은 평범한 교실이 아니었다. 칠판 대신, 두꺼운 유리창, 볼트로 잠긴 철문, 좁은 창살이 있는 공간이 수업의 무대였다. 교도관의 날카로운 시선 아래 나는 그들의 선생님으로 지정되었다. 적어도 그렇게 생각했다.

다시 말하지만, 이들은 결코 평범한 학생들이 아니었다. 총격전과 친구들의 죽음, 가혹한 마약 문화 속에서 단련된 이들에게 '약해 보이는 것'은 생존을 위협했다. 그래서 사소한 무시나 미미한 경멸조차도 몇 초 만에 "지금 당장 나를 봐!"라는 대립적인 자세로 폭발했고, 이는 생명을 위협할 수 있는 충돌로 이어질 위험이 있다.

이들의 그러한 태도는 존중을 요구하고, 두려움을 심어 주며, 인간성을 무시하거나 경멸하는 사람들에게 물리적 폭력을 가하겠다는 위협으로 거리에서의 명성street credibility을 보장받았다. 이 논리는 간단했다. "나를 무시하거나 없이 여기면 나는 너를 때릴 것이다(주먹이나 총으로). 그러면 너는 나를 볼 수밖에 없을 것이다".[9]

그러나 Uth Turn에서 함께한 이 젊은이들은 '강해 보이기 위해'

목숨을 걸고자 했지만, 직관적으로 자신들이 결코 제대로 보이지 않았다는 사실을 알고 있었다. 그들의 도시적 외골격* 아래에는 따뜻한 마음, 숨겨 둔 예술적 재능, 높은 직업적 꿈이 자리 잡고 있었다. 하지만 '범죄자' '깡패' '중퇴자' 같은 처벌적인 인식과 꼬리표로 인해 이러한 자질들은 제대로 성장하지 못했다. 낮은 자존감과 차별적인 시선 사이에 갇혀 있는 그 긴장감을 누구보다 잘 알기에 어느 날 오후 수업에서 나는 그들에게 하워드 서먼의 『보이지 않는 존재를 위한 애가』 중 '이상한 자유A Strange Freedom'를 소개했다.

명상으로 가득 찬 다섯 단락의 글을 나눠 주기 전, 나는 그들에게 눈을 감고 감옥 창살이 만들어 내는 밤의 그림자를 떠올려 보라고 했다. 그리고 그 어두운 기억 속에 두 가지 질문을 속삭였다. "갇혀 있으면서도 자유로울 수 있을까요? 그것은 정말 이상한 자유가 아니겠습니까?" 눈을 뜬 그들의 이마에 주름이 잡히고, 서로 적대하던 이들이 자유에 대해 이야기를 나누기 시작했다. 의식의 흐름은 갱단 소속과 지역 전쟁의 장벽을 넘어 흘러갔다. 긴장이 서서히 풀려 갈 때쯤, 나는 '두려움 없는 대화'를 위해 더 나아갔다. "오늘 우리가 진실을 말하려면, 이 방에 있는 모든 사람을 사슬에서 자유로워지고자 하는 학습자로 존중해야 합니다. 어떤 이는 듣고 배우고, 어떤 이는 행동하며 배우고, 또 어떤 이는 읽으며 배웁니다. 그러나 모든 학습자에게는 가르쳐야 할 가치가 있는 진실이 있습니다. 이 이상한 자유를 찾기 위해 오늘 우리 모두가 학습자가 될 수 있겠습

* 신체의 바깥쪽에 발달하는 굳은 구조. 갑각류의 외피와, 척추동물에서는 표피로부터 생성된 구조인 털, 손톱, 발톱, 치아 등을 가리킨다.

니까?"

고개를 끄덕이는 것을 보면서 거의 문맹에 가까운 몇몇 젊은이의 부끄러움 섞인 불안감이 사라지는 것을 느꼈다. 잠시 후, 우리는 소그룹으로 나누고 나는 그들에게 글을 나눠 주었다. 각 그룹에 뛰어난 읽기 능력을 가진 한 명을 배치해서 모든 문장을 천천히, 신중하게 읽어 보도록 요청했다. 낮은 목소리로 읽은 단어들이 천장을 향해 올라가다니 바닥으로 떨어지기 전에 이미 받아들일 준비가 된 마음속으로 스며들었다.

나는 방 안을 둘러보았다. 누군가는 천천히 읽고 있었고, 다른 이들은 눈을 감고 그림 같은 독백 속의 장면을 머릿속에 떠올리고 있었다. 연습이 시작된 지 약 10분쯤 지나자, 한때 어수선하던 목소리들이 그레고리오 성가 같은 명상적 화음을 만들어 냈다. 마지막 목소리가 조용히 사라지며 명상의 공간은 깊은 침묵 속으로 빠져들었다. 젊은이들은 서면의 진리가 전달한 깊은 감동 속에 사로잡혀 있었다.

나는 그 엄숙한 순간에 들어가서 젊은이들에게 서면의 명상 중에서 자신들의 현재 상황을 가장 잘 설명하는 문장이나 장면을 선택해 보라고 요청했다. 그룹마다 같은 단락을 골랐다.

"무시당하고, 아무런 의미가 없고 하찮은 존재로 치부되는 것은 얼굴 없는 존재, 즉 인간이 아닌 것이 되는 것이다. 차라리 한 번도 겪어 보지 못한 분노와 끝없는 분노로 완전히 희생당하고, 무자비한 폭력으로 산산이 부서지거나 두들겨 맞는 것이 더 낫다. 적어도 그런 상황에서는 누군가가 나를 대면하고, 맞서고, 압도하거나 쓰러뜨린다. 그러나 무시당하는 것은 다르다. 길거리에서 아무도 이름을 불러 주지 않고, 자신만의 자리를 알려 주는 표시도 없는 그곳을 오르락내리락하며 이름 없이 존재하는 것은 정말 이상한 자유다".10

그들의 표정에는 깊은 공감이 서려 있었고, 이 단락은 그들의 현실을 고스란히 드러내는 거울처럼 보였다.

서먼이 그랬듯이 이 젊은이들도 눈에 띄기 위해 목숨을 걸어야 하는 현실을 너무도 잘 알고 있었다. 그러나 그들에게 거리에서 인정을 위해 죽음과 마주하는 일은 살아갈 자유를 거의 제공하지 못했다. 몇몇은 '범죄자'라는 꼬리표가 주는 감옥 같은 속박을 표현했고, 또 다른 이들은 침묵과 투명함이 주는 마비된 고통을 언급했다. 한 젊은이가 했던 말이 지금도 생생하다. "갱스터를 반겨 주는 건 갱스터짓뿐이야……. 갱스터는 이름이 불리지 않아". 자신의 이름으로 불리는 것, 평판이나 범죄 기록이 아닌 본인의 이름으로 알려지는 것은 단순히 얼굴 없는 존재 이상이 되는 일이다. 서먼의 '이상한 자유'는 독자와 청중을 그들 내면세계의 심연으로 끌어내렸고, 명상이 불러일으킨 감정을 말로 표현하는 과정은 방치와 무시가 얼마나 해로운 영향을 미치는지를 드러내는 깊고 의미 있는 진실을 드러냈다.

그날 오후의 대화는 내게 심리학자 키플링 윌리엄스의 연구를 떠올리게 했다. 그는 인간의 네 가지 근본적인 필요, 즉 **소속감, 자존감, 통제감** 그리고 **의미 있는 존재감**은 개인이 보이지 않고 들리지 않을 때 위협을 받는다고 주장한다. 윌리엄스는 이러한 네 가지 필요를 '욕구'나 '바람'이라고 부르지 않는다. 왜냐하면 이것들은 인간의 동기와 생존에 필수적이기 때문이다. 그는 이러한 필요 중 어느 하나라도 결핍되면 단순한 일시적 고통을 넘어선 병리학적 결과가 나타날 수 있다고 설명한다.[11] 또 짧은 기간의 배제 경험만으로도 이러한 필요가 거의 즉각적으로 위협을 받을 수 있다고 덧붙인다.[12] 이 근본적인 인간의 필요는 상호 배타적이지 않으며, 각기 나름대로 치명적인 영향을 미칠 가능성이 있다. 그래서 나는 각각의 부족한 필요를 단테의 『신곡』 중 지옥편에서 묘사된 고리 하나하나에 비유하게 되었다. 한 고리에서의 고통은 다음 고리에서 느끼는 고통을 배가시키는 것처럼, 이 필요들이 충족되지 않는다면 고통은 점차 깊어질 수 있다.

◆ 소속감

다른 이들로부터 무시당하거나, 심지어 상대조차 되지 못하는 경험은 인간의 가장 기본적인 필요 중 하나인 소속감을 위협한다. 소속감은 일시적으로 안정된 환경 속에서 서로의 안녕을 걱정해 주는 몇몇 사람과의 꾸준한 상호작용을 필요로 한다. 연구에 따르면, 소속감은 인간에게 너무나도 중요한 요소여서 이를 충족하지 못할 경우 사람들은 정신적·신체적 질환을 겪고, 심지어 무기력해질 수 있다.[13] 이상한 자유 속에서 단절된 채 살아가는 이들은 스스로에게 이런 질문을 던질 수밖에 없다. "내 이웃은 누구인가? 내가 정말 이웃을 지킬 수 있는 사람인가? 누군가 나를 진정으로 이웃으로 맞이하고 싶어 하기는 하는가?" 소속감을 잃게 만드는 배제의 차가운 손길은 단지 여기서 끝나지 않는다. 이로 인해 위협받는 다른 세 가지 필요가 지옥 같은 내면을 더욱 떨게 만든다.

◆ 자존감

"나는 얼굴 없는 존재인가?" 랄프 엘리슨Ralph Ellison의 보이지 않는 사람을 떠올리게 하는 이 질문은 배제당하고 무시당하는 경험이 촉발시키는 부정적인 내적 대화의 단면을 보여 준다. 이러한 대화는 자존감을 심각하게 훼손하고, 개인의 내재적 가치를 갉아먹는다. 윌리엄스에 따르면, 이러한 좀먹는 듯한 심리적 독백은 두 가지 형태로 나타난다. 첫 번째로, 인정받지 못하는 사람은 자신이 무언가 잘못했기 때문에 배제되었다고 느낄 수 있다. 대화의 기회나 가시적인 인정 없이 이런 사람은 자신이 겪는 불쾌한 대우를 정당화할 수 있는 잘못들의 목록을 스스로 작성하게 된다. 시간이 갈수록 늘어나는 이 목록은 자신의 선함과 가치를 스스로 의심하게 만든다. 두 번째로, 인정받지 못하는 사람은 자신의 외모, 행동 또는 사회적 규범에서 벗어난 다른 이유로 인해 따돌림을 당하고 있다고 느낄 수 있다. 이 경우, 그는 단순히 자신의 잘못을 의심하는 데에서 그치지 않고, 자신이 원하는 존재인지, 받아들여질 수 있는 사람인지, 혹은 속할 수 있는 능력이 있는지를 두고 내면에서 끊임없는 논쟁을 벌이게 된다. 이렇게 함으로써 또 다른 질문이 지하 세계의 어둠 속에서 울려 나온다. "나는 결함이 있는 존재인가?"

◆ **통제감**

"통제감이 있어야 실패 속에서도 버티고, 결국 성공할 수 있다".[14] 하지만 통제감을 잃은 사람은 이렇게 묻게 된다. "왜 나는 갇혀 있는 것 같지? 왜 내가 표적이 된 것 같지? 왜 나는 묶여 있는 것 같지?" 자신이 무시당하거나 중요하지 않은 존재로 간주되는 상황을 스스로 통제할 수 없다면, 사람은 타인이 자신에게 덧씌운 고정관념과 편견에서 벗어날 힘조차 잃게 된다. 연구에 따르면, 통제감을 잃은 사람은 학습된 무기력이나 우울증을 겪기 쉽다.[15] Uth Turn 프로그램에 참여한 젊은이들의 경우, 때로는 폭력적인 "지금 나를 봐"라는 행동조차 통제감을 가질 수 있다는 환상에 불과했다. 이러한 폭력적인 반응은 오히려 그들이 벗어나고자 하는 생애를 제한하는 낙인을 더욱 깊게 새길 뿐이었다. 지지해 줄 공동체가 없는 상황에서 자존감이 점점 낮아지고, 통제감마저 잃은 채 자신이 중요하지 않은 존재로 치부되는 상황을 벗어날 방법이 없을 때 '무시된 사람들'은 생존을 위해 무엇이라도 붙잡으려고 한다.

◆ **의미 있는 존재감**

심연 속에서 고립된 채, 내면의 혼란에 시달리며 모든 통제권을 잃어버린 사람은 문득 이런 생각을 할지도 모른다. '내가 오늘 죽는다면, 누군가 알아차리기나 할까? 어차피 아무도 나를 반기지 않고, 내가 있는 곳을 표시하는 흔적조차 없는데'. 의도적으로 외면당하고 철저히 무시당하는 경험은 뼛속까지 아리는 감정을 불러일으키며, 존재와 삶의 의미에 대한 고통스러운 질문을 던지게 만든다. 공포 관리 이론Terror Management Theory에 따르면, 인간은 자신의 유한함과 무의미한 존재에 대한 두려움을 근본적인 불안으로 느끼며, 이는 사회적 행동을 이끄는 원동력이 된다.[16] 그렇다면 목소리를 잃고 투명인간처럼 살아가는 사람들은 끊임없이 자신의 존재의 덧없음을 마주하며, 과연 자신의 삶에 의미와 가치가 있는지 되묻게 될 것이다.

서먼의 낯선 자유로 돌아가며

◆

서먼의 자유는 낯설다. 그것은 자유라는 기반 위에 세워진 것이 아니기 때문이다. 오히려 추방이라는 낯선 자유는 얼굴과 이름, 의미와 가치를 빼앗아 간다. 이러한 고통은 인간의 근본적인 욕구를 방해하고, 고통스러운 질문을 촉발하며, 철저히 외면당한 이들이 삶을 긍정할 수 있는 대답을 찾아 헤매게 만든다. 하지만 "듣는 귀와 보는 눈"17을 가진 성자들과 소외의 사슬에서 해방을 찾는 이들이 있어 얼마나 다행인가.

2013년 겨울, '두려움 없는 대화'를 공식적으로 시작하기 몇 달 전, 나는 전국 목회자 회의에서 '인정받지 못한 이들은 우리 주변에 있다'라는 주제로 전체 강연을 맡았다. 차가운 1월의 아침, 400여 명의 목회자가 단정한 정장을 차려입고 호텔 연회장으로 모여들었다. 그러나 그들은 이미 한창 진행 중인 사회적 실험, 이른바 '발견의 실험실Laboratory of Discovery'의 상황을 전혀 눈치채지 못했다. 관례에 따라 나는 강연을 눈을 맞추며 이렇게 시작했다. "드디어 여러분을 보게 되어 반갑습니다". 이 인사 후, 우리는 윌리엄 제임스의 'cut dead' 이론을 함께 읽었고, 5명씩 그룹을 나누어 그의 감정적인 단어들에 대해 토론을 시작했다. 방 안은 활기찬 대화로 가득 찼지만, 뒷줄의 한 사람은 홀로 앉아 있었다.

제임스의 이론에 대한 반응을 정리한 후, 나는 참석자들에게 눈을 감고 "친구, 가족, 동료, 혹은 연인이 마치 여러분이 존재하지 않는 것처럼 행동했던 순간"[18]을 떠올려 보라고 요청했다. 잠시 후에 눈을 뜬 후에 그들은 자신이 느꼈던 감정적인 반응을 작은 그룹에서 나누기 시작했다. 추억 속에서 나온 이야기의 멜로디가 방 안을 감싸고 있었지만, 뒷줄의 청바지를 입은 남자는 고개를 푹 숙인 채 여전히 침묵을 지키고 있었다. 이후, 키플링 윌리엄스가 정의한 인간의 네 가지 근본적인 필요에 대한 간단한 강의를 마치고, 나는 참석자들의 시선을 서먼의 '이상한 자유'가 적힌 인쇄물로 돌렸다. 그룹의 각 구성원은 다섯 개의 문단 중 하나를 읽기로 했다. 몇 분 동안 서먼의 글을 읽은 후, 초기의 혼란스럽던 목소리들이 점차 리듬을 갖추기 시작했다. 하지만 여전히 이 대화에서 배제된 한 사람이 있었다. 그는 이번에는 완전히 등을 돌린 채 깊은 불쾌감을 드러냈다.

성직자들이 서먼의 글에 깊이 감동받은 반응을 쏟아 내기 전에, 나는 뒷줄에 앉아 있던 청바지를 입은 남자에게 '이상한 자유'에 대한 그의 생각을 물었다. 그는 뒷자리에서 앞으로 걸어 나오며 마치 바다를 가르듯 성직자들 사이를 지나 중앙에 놓인 마이크로 다가왔다. 그의 닳아 빠진 운동화는 반짝이는 구두와 극명한 대조를 이루었고, 그의 후드티는 고급 이탈리아 정장을 입은 사람들의 시선을 사로잡았다. 마이크 앞에 선 그는 '아무도 인사를 건네지 않는 방'에 들어섰을 때의 느낌과 '아무런 의미도 없는 존재로 무시당한' 경험을 이야기했다. 내가 그에게 눈을 맞추며 인사를 건넨 지 한 시간이 지나도록 단 한 사람도 그를 작은 그룹에 초대하지 않았다고 했다.

환대를 받지 못한 그는 매 순간이 지나갈수록 더욱 절망감에 빠졌고, 자신이 '얼굴 없는 존재'가 되어 가는 기분이었다고 외쳤다. 그리고 마침내 자신을 소개했다. "제 이름은 에드윈 터닙시드 목사입니다. 그레고리 박사는 제 오랜 친구이고, 오늘 저를 이곳에 초대해서 이 사회 실험의 일부로 뒷줄에 앉게 했습니다". 그의 말이 끝나자 놀라움이 방 안을 휩쓸었고, 그는 차분히 뒷줄로 돌아가 앉았다.

감탄하는 성직자들과 마지막 악수를 나눈 지 거의 한 시간이 지나, 내 오랜 친구 에드윈에게서 전화가 왔다. "그레그, 믿을 수 있겠나? 내가 그 회의를 나올 때까지 단 한 사람도 나에게 말을 걸지 않았다는 걸?" 우리는 소속감, 자존감, 통제감, 의미 있는 존재감에 대해 다시 이야기를 나누었다. 그리고 늘 하던 대로, 우리 주변에 있는 '인정받지 못한 사람들'과 인정을 받기 위해 자신의 삶을 기꺼이 내어놓는 '낯설고 자유로운 이들'을 볼 수 있는 '듣는 귀와 보는 눈'을 위해 함께 기도했다.

마지막 한마디:
메마른 땅에 던져지지 않으려면 –
우리는 자유를 위해 삶을 바칠 것이다

◆

너무나 많은 교실이 창의성의 황무지가 되어 버렸다. 교수의 지혜만을 쌓아 두는 이 저장소들은 학생들을 유랑자로 만들고, 학점, 학위, 상을 찾아 헤매는 방랑길로 내몬다. 이런 학습 환경에서는 정보 수집이라는 목표가 호기심을 메마르게 하고, 진정한 배움은 신기루로 변해 버린다. 대학원 초기에 강의 중심의 수업은 대화의 여지를 거의 허용하지 않았다. 게다가 많은 분반 토론 수업은 격렬한 논쟁과 경쟁적 말다툼으로 끝나기 일쑤였다. 솔직함과 진실한 공유를 위한 공간이 부족한 상황에서 동기들은 마치 서로를 익숙한 낯선 사람들처럼 대하면서 함께 여정을 걷고 있는 재능 있는 영혼들을 알아채지 못한 채 시간을 보냈다.

대학원은 나에게 이렇게 가르쳤다. 야생의 동물들처럼 "영혼은 강인하고, 회복력이 있으며, 어려운 환경에서도 살아남을 만큼 영리하다. 하지만 그 강인함에도 불구하고 영혼은 내성적이며" 사람들이 "설교하고 가르치며, 주장하고 논쟁하며, 단언하고 선포하며, 충고하고 조언하는" 공간에서는 자신을 드러내기를 꺼린다는 것을.[19]

지위, 지적 능력 그리고 자아가 독창적 사고, 호기심, 존중 어린 관계보다 우선시되는 이런 황무지에서 자신의 영혼을 드러낼 용기를 가진 사람은 거의 없다. 그래서 많은 동기가 빽빽한 덤불 속으로 숨어들고, 영혼을 보호하기 위해 이론적으로 완벽한 논문을 제출하는 것이 자신을 열어 보이고 상처받을 위험을 감수하는 것보다 안전하다고 여겼다. 나 역시 덤불에서 덤불로 신중히 몸을 옮기며, 흠 없는 성적표를 찾아 이 메마른 신학교의 땅을 헤매었다.

졸업 요건을 충족하려는 여정 속에서 신학교로 나를 이끌었던 깊은 질문들은 점차 사라졌고, 알고자 하는 열망은 무뎌졌으며, 호기심마저 시들어 갔다. 유랑자의 삶은 나를 지치게 했다. 내가 지적 방랑자로 전락하기 직전, 국제적으로 저명한 방문 교수의 세계 종교 수업에 등록했다.

첫날, 은퇴 후에 복귀한 교수는 칠판 앞에 겸손하게 서서 입을 다물고 있다가 두꺼운 영국식 억양으로 말을 하기 시작했다. "이 수업의 이름은 '아프리카 교회들'입니다". 처음에는 주제에 흥미를 느꼈고, 앞으로의 수업을 기대했다. 주마다 그는 아프리카의 기독교 운동에 대해 강의했지만, 18세기를 벗어나는 일은 없었다. 가끔 학생들의 질문이 허용되기도 했으나, 대화는 짧게 끝나 버렸다. 학기가 중반에 접어들 무렵, 내 영혼은 메말라 갔다. 더는 방황할 수 없었고, 졸업장을 받기도 전에 잊어버릴 것이 뻔한 장소와 이름, 연대를 계속 받아 적을 수는 없었다. 그래서 나는 대담한 결정을 내렸다. 그것은 학부 때 화학 수업에서 받았던 D-를 다시 받을지도 모르는 위험한 선택이었다. 더 이상 방황하지 않기로 한 나는 나만의 길을 걷기로 했다.

그 학기 여러 저녁, 나는 프린스턴의 파이어스톤 도서관으로 향했다. 몇 시간이 지나도록 원문 자료를 뒤적였고, 부가 분석을 위해 2차 문헌을 찾아 읽었다. 낮에는 동기들과 함께 고대 아프리카 교회에 대한 강의를 들었지만, 내 영혼은 어두운 서재에서 읽었던 역사적 기록들 속을 떠돌았다. 상상 속에서 나는 젊은이들과 함께 서 있었다. 그들은 구호를 외치고, 최루가스를 마시며, 짠 눈물을 삼켰다. 종강일에 나는 지난 12주 동안 15세기부터 18세기까지의 아프리카 교회에 대해 강의했던 교수에게 감사 인사를 전했다. 동기들은 교실을 빠져나가며 12~15페이지 분량의 기말 논문을 강단 앞에 쌓아 두었다. 그 위에 올린 나의 27페이지짜리, 각주가 빼곡히 달린 논문은 마치 전화번호부처럼 두꺼웠다. 대문자로 굵게 인쇄된 내 논문의 제목은 마치 시위의 팻말 같았다.

> 자유를 위해 우리는 우리의 삶을 바칠 것이다.
> 1976년 소웨토 학생 봉기와 미국 민권운동 당시의
> 학생 비폭력 조정 위원회 시위의 구조적 유사성 분석

맞다. 제대로 읽은 것이다. 나는 아프리카 교회(1400년에서 1700년)를 주제로 한 수업에서 교회에 대한 언급은 거의 없이 20세기 중반 두 학생운동에 관한 27페이지짜리 논문을 썼다.

며칠 동안 나는 낙제에 가까운 성적표를 받을 준비를 했다. 하지만 그런 일은 일어나지 않았다. 대신에 현명한 노교수에게서 짧은 메모를 받았다. 메모에는 중간 학기쯤에 내가 달라진 모습을 발견

했다고 쓰여 있었다. 당시에도 그는 내가 왜 변했는지 궁금했다고 했다. 학기 내내 그와 단 한 번도 대화한 적이 없었기에, 그가 나의 변화를 눈치챘다는 사실에 놀랐다. 놀랍게도 메모 하단에는 'B⁺'가 적혀 있었다. 그는 내 논문이 학기 중에 읽은 것 중 최고 수준에 속한다고 평가했지만, 수업 주제와 전혀 연관성이 없기에 양심상 'A'를 줄 수는 없었다고 밝혔다. 그러나 그의 말에 따르면, 열정적인 문체와 세심한 역사적 연구를 통해 내가 왜 학기 중반에 활기를 되찾았는지 엿볼 수 있었다고 한다. 그는 나의 눈빛이 살아나는 것을 보고, 내 진실이 헛되이 사라지지 않도록 했다. 벌점으로 내 지적 열정을 꺾지 않기로 한 것이다. 그 어렵게 받은 B⁺와 짧은 메모는 내 학문적 궤적을 영원히 바꾸어 놓았다. 기말 논문 마지막 페이지에 적힌 단 몇 문장의 신중히 선택된 단어들로 그는 내 지적 창의력을 억압하던 사슬을 끊어 주었다.

   이 사건 이후로 나는 교수와 학생 사이의 무언의 약속에 대해 곰곰이 생각해 보았다. 그 학기, 나는 수업 내용보다 백발의 역사학자를 더 자세히 관찰했다. 첫날부터 그는 일종의 일관되고 예측 가능한 분위기를 만들어 냈다. 매주 그는 수업 시작 7분 전에 조용히 도착했다. 초침이 정각을 가리키면 강의를 시작했고, 수업은 정확히 정각에 끝났다. 그는 세심하게 연구된 강의를 단조로운 톤으로 읽어 내려갔다. 각 강의에는 역사적 유물, 원문 자료의 인용, 학제적 사고를 가진 학자들의 2차 분석이 통합되어 있었다. 하지만 매 강의마다 단 몇 분간 그의 목소리에 미묘한 변화가 생겼다. 나는 그 순간을 감지하며 자세히 들여다보았다. 그때 그는 대본에서 벗어나 우리가 다루던 장소들을 직접 여행했던 개인적인 경험을 이야기하곤 했다. 학기 중반쯤, 동기들 대부분이 멍한 상태로 앉아 있는 동안, 나는 그의 강의가 대본을 벗어나는 순간을 기다렸다. 그의 패턴을 눈치챈 후, 나는 단 한 번도 그가 진실을 공유하는 순간을 놓치지 않았다.

내 방랑의 시간 속에서 그의 대본 밖 열정이 담긴 말들은 내 영혼에 생기를 불어넣는 물과 같았다. 배움에 대한 호기심이 되살아나면서 밤마다 파이어스톤 도서관을 찾는 일이 점점 더 빈번해졌다. 교수와 한 번도 대화를 나누지 않았지만, 어쩌면 그는 내가 그의 열정적인 이야기를 통해 힘을 얻고 있다는 것을 알아챘을지도 모른다. 8주 동안, 우리는 서로 침묵 속에서 바라보는 파트너로서 무언의 춤을 추었다. 그의 리듬―연구, 분석, 열정적인 연설―을 신중히 관찰하면서 나는 그를 따라 27페이지에 이르는 논문을 썼다. 목마른 제자의 예리함으로 매주 그의 영혼이 빛나는 순간을 기다렸고, 지혜로운 현자의 예리한 눈으로 그는 내 수줍은 영혼이 덤불 속에서 서서히 나오고 있음을 알아보았다. 그리고 그는 내 생각, 신념, 직관을 진지하게 받아 주었다. 우리는 서로의 존재 속에서 소속감과 의미를 찾았고, 통제와 자존감을 회복했다. 낯설지만 자유로운 상태에서 우리의 창의성을 꽃피웠다. 그렇게 우리는 침묵 속에서 메마른 땅을 함께 걸었다. 서로를 사랑의 눈으로 바라보면서 어려운 질문에 맞서고, 주변의 인정받지 못한 이들 속에서 진실한 소리를 듣기 위해 귀를 기울이면서.

de Arcus
dolor sit amet, consect
nonummy nibh euism
dolore magna aliquam erat vo
ad minim veniam, quis nostrud
ullamcorper suscipit lobortis
commodo consequat
Duis dolore te
Lorem ipsum
cons ectetuer
sed diam nonumm
euismod tincidunt ut laore
dolore magna aliquam erat
Ut wisi enim ad minim
dolore te feugait nulla facilisi.
blandit praesent luptatum zzril delenit augue duis
eros et accumsan et iusto odio dignissim qui
vel illum dolore eu feugiat nulla facilisis at
vulputate velit esse molestie
Duis autem vel eum iriure dolor
lobortis nisl ut aliquip ex ea
quis nostrud exerci tation
volutpat. Ut wisi
tincidunt ut
adipiscing
twisi enim ad minim veniam, quis nostrud exerci
tation ullamcorper suscipit lobortis nisl ut aliquip ex
commodo consequat. Duis autem vel eum iriure

사랑의 목소리 듣기
무지해 보이는 것에 대한 두려움

보이지 않는다는 것은 분노, 절망, 불안정, 외로움을 느끼는 것.

있는 그대로를 사랑스럽게 바라보는 것은

불편함, 어색함, 인정받음, 온전함, 보이는 존재,

완전한 인간이 되는 느낌을 경험하는 것

빛나는 눈을 가진 야행성 동물이 동굴 입구에서 나타난다. 나와 내 약혼자 바로 앞에서 금속으로 된 짐승이 경고의 울음소리를 내뱉는다. 문이 열리고 우리는 앞으로 나아간다. 그 짐승은 우리를 통째로 삼켜 버린다. 몇 초도 지나지 않아 우리는 뉴욕시 거리 아래의 어둠 속 동굴로 빨려 들어간다.

수십 명의 사람이 그 짐승의 뱃속에 우리와 함께한다. 낯선 얼굴들. 수백 가지 빛깔의 인간들. 거지와 전문직 종사자들이 지하로 휩쓸려서 목적지도 모른 채 나아간다. 그 순간, 이 예상치 못한 동행자들은 함께 굴러간다.

회전하는 바퀴에서 나는 날카로운 비명 소리와 불협화음을 이루는 대화와 묵직한 침묵이 공기 중에 뒤섞인다. 페인트 묻은 청바지와 딱딱한 작업화를 신은 뚱뚱한 이탈리아 남자가 또 다른 통통한 동행자와 악수를 한다. 그들 바로 옆에 자신만의 세상에 자리한 한 아시아 남자가 상대방에게 자신의 모국어로 이야기한다. 초보자는 그 현자의 입에서 떨어지는 모든 단어에 집중한다. 그들 왼쪽에는 알록달록한 스웨터를 입은 여자가 자리하고 있다. 그녀의 눈은 공허하게 천장을 응시하고 있다.

갑작스러운 멈춤. 문이 열리고 닫힌다. 50번가. 금속 짐승에게 긁힌 유리창 너머로 총검을 손에 든 위장복을 입은 병사가 서 있다. 저녁 교통의 일정한 흐름에도 아랑곳하지 않고 그의 눈은 습기 찬 동굴을 살피며 의심스러운 움직임과 방치된 가방을 찾아 바삐 움직인다. 어쩌겠는가. 공포의 안개는 아직도 도시의 공기를 두껍게 휘감고 있다. 빌딩이 무너진 지 겨우 68일이 지났을 뿐이다. 엄숙한 어둠. 불편한 정적. 짐승은 맥박처럼 주기적으로 움직인다.

우리의 왼쪽, 이제는 친구들이 자리를 떠서 혼자가 된 중년의 금발 여인이 눈에 들어온다. 그녀의 부드러운 캐시미어 코트는 가슴에 단단히 껴안은 질감 있는 가죽 가방과 대조를 이룬다. 반쯤 감긴 그녀의 눈이 불안하게 깜박인다. 완전히 잠들지 않은 그녀는 이 지하세계의 낯섦을 차단하고, 눈꺼풀 뒤 어둠 속에서 위안을 찾으려고 애쓴다. 샤넬 향수의 은은한 향기는 우리 앞 두 자리를 차지하고 느긋하게 앉아 있는 누추한 옷차림의 붉은 얼굴의 남자에게서 나는 자극적인 냄새와 코 속에서 충돌한다. 누구도 그를 신경 쓰지 않는 것 같지만, 그의 눈은 복도를 두리번거리고 있다. 한편, 알록달록한 스웨터를 입은 여자의 시선은 여전히 천장에 고정되어 있다.

경고음. 갑작스러운 멈춤. 열리고 닫히는 문. 사람들이 들어오고 나간다. 96번가.

우리는 자유를 찾아 이 지하철도에서 북쪽으로 치닫는다. 그리고 다른 종류의 소리가 들려온다.

"저는 쉰일곱 살입니다. 방금 68일 동안 머물렀던 세인트 루크 병원에서 나왔습니다. 9월 11일에 기차역 밖에서 칼에 찔렸습니다. 지금 회복 중이지만, 도움이 필요합니다. 음식, 돈, 무엇이든요". 이 금속으로 된 짐승의 뱃속에서 도움을 구하는 노숙자는 드물지 않다. 몇 분 전만 해도 한 여성이 낡은 컵을 들고 복도를 따라 기부를 요청하며 걸어갔다. 그녀는 우리 앞자리의 붉은 얼굴의 남자 옆에 앉았다. 그의 목소리는 뭔가 다르다.

> 걷는 사람들을 본다는 것은 무엇을 의미하는가,
>
> 죽음의 색으로 감싸인 채
>
> 그들의 혀로부터
>
> 그토록 어려운 음절들이 흘러나오는 것을 듣는다는 것은?[1]

그가 다가오자 나는 뒷주머니로 손을 뻗었다. 여전히 학생 예산으로 생활 중인 나는 주머니에 있는 30달러도 채 안 되는 돈을 생각하며 지갑을 뒤적였다. 그리고 아무것도 보지 않은 채 손가락에 먼저 닿은 지폐를 꺼냈다. 내가 지갑을 뒤지는 동안 주변의 신경질적이던 대화 소리가 고요로 바뀌었다. 붉은 얼굴의 남자와 낡은 컵을 든 여자는 자세를 바로 세웠고, 스웨터를 입은 여자의 눈길은 천장에서 내려왔다. 그리고 내 약혼자는 내 빈손을 잡으며 물었다.

"정말 이걸 할 거야?"

눈을 떨군 채 나는 앉은 자리에서 지폐를 든 손을 들어 올렸다. 그러나 회복 중인 그 남자는 내가 고개를 들어 그의 눈을 보기 전까지 지폐를 받지 않았다. 그의 눈이 내 시선을 붙잡으며 그는 말했다. "고맙습니다". 그 침묵은 무겁고도 가르침으로 가득했다.

그는 문 옆 대각선 자리에 무너지듯 앉아 반쯤 먹다 갈색으로 변한 바나나를 꺼냈다. 한 입 베어 물기 전에 그의 눈이 다시 나를 찾았다. "고맙습니다". 나는 고개를 끄덕였다.

시간은 마치 달팽이처럼 느리게 흘렀다. 116번가 역의 하늘색과 흰색 타일이 긁힌 유리창 너머로 스쳐 지나갔다. 약혼자와 나는 자리에서 일어나 금속문 쪽으로 걸어갔다. 우리는 통로를 건넜다. 바나나를 들지 않은 그의 손이 내 손목을 붙잡았다. 나는 서 있는 채로 그의 붉고 눈물이 가득한 눈을 내려다보았다.

그는 희미한 속삭임으로 말했다. "하나님이 당신을 축복하시길……. 고맙습니다". 나는 말할 수 없었다. 대신에 고개를 다시 한번 끄덕이며 내 삶을 바꾼 강의를 받아들였다.

갑작스러운 정지. 열리는 문. 빠른 퇴장. 그리고 흐르는 눈물. 수업 종료.

지상으로 올라오자마자 나는 약혼자의 할렘 집으로 달려가서 아마도 나의 지하철 교수subway professor는 절대 읽지 않을 학기 말 논문을 쓰기 시작했다. 눈물로 얼룩진 종이 위에, 나는 짐승의 뱃속에서 보낸 여정과 그 극적인 가르침의 등장을 기록했다. 프린스턴의 푸른 덩굴나무 아래에서 들었던 그 어떤 강의와 달리, 이 야간 수업은 예배의 흐름과 형식처럼 느꼈다. 그의 서두는 모든 이의 주의를 불러일으켰다. 그의 고통에 대한 진솔한 고백은 무관심한 귀를 열게 했다. 그의 고백 속 고요한 성찰에서 어려운 질문들과 마주했다. 희생이 필요했다. 나는 지폐를 쥔 손을 들어 올렸다. 신성에 가까운 그 순간, 고개를 숙였다. 그러나 가르침의 성소에서 그는 나에게 고개를 들고 눈으로 공감하며 들으라고 요청했다. 우리의 '길고 사랑스러운 시선'은 고요 속에서 이어졌고, 수많은 "고맙습니다"의 기도로 끝났다. 십여 년이 지난 지금, 나는 이 장을 축복 기도로, 곧 삶을 향한 찬송가로 기록한다.

좋은 예배가 그렇듯, 그날 저녁의 가르침은 오래도록 남아 있고, 시간에 구애받지 않는 질문들은 여전히 이어진다. 누가 나의 이웃인가? 낯선 사람이 나를 관계로 초대할 때, 나는 너무 두렵거나 무지해서 그것을 알아채지 못하는가? 낯선 이를 인간 대 인간으로 연결될 가치가 있는 존재로 여기지 않는다면, 나는 이웃이 될 자격이 있는가?

불편한 침묵의 순간에 나는 지혜를 받아들일 만큼 겸손한가, 아니면 그 공간을 공허한 말들로 채워 버리는가? 익숙해 보이는 공간에서든, 나를 잘 알거나 전혀 모르는 사람들 사이에서든 신비로운 존재의 탐구를 받아들일 준비가 되어 있는가?

그날 지하철에서의 만남이 나를 가렸던 장막을 들어 올렸다. 12년이 넘게 지난 그날 밤, 나는 처음으로 '보이지 않음의 심리학'에 대해 글을 쓰기 시작했다. 예상치 못했던 교수와의 만남은 다음과 같은 사실을 일깨워 주었다. 공유된 취약함, 진솔한 말, 친밀한 연결은 가면을 벗을 때 비로소 가능하다. 그 후의 연구와 공동체 대화 속의 경험들은 나에게 깨달음을 주었다. 무지해 보이는 것에 대한 두려움은 우리의 내면의 진실을 불성실함으로 감추는 가면을 만들어 내며, 이는 진정한 관계를 방해한다. 그리고 이 불성실함의 가면 뒤에는 최소한 세 가지의 불안이 숨어 있다.

1. 나는 자격이 없다.
2. 나는 준비가 부족하다.
3. 나는 충분히 준비되지 않았다.

이들은 진정한 소통을 방해할 수 있다. 특히 이 세 가지 불안을 합하면, 이는 자기 자신과 타인을 분리시키는 단단한 가면으로 굳게 된다.

이 책의 다음 부분에서 '두려움 없는 대화'에서 사용된 세 가지 전략을 소개하며, 무지에 대한 두려움이 만들어 낸 가면을 조금씩 깨뜨리는 방법을 탐구한다. 이 전략들은 학문 간의 경계를 아우르는 이론, 상호작용적 교육법, 비판적 성찰을 바탕으로 만들어졌다. 각 전략은 가면을 형성하는 세 가지 불안을 하나씩 제거하기 위해 설계되었다.

1. 가까워지기: 자격이 없다는 느낌을 완화한다.
2. 공감하며 듣기: 준비 부족에 대한 불안을 없앤다.
3. 겸손하게 묻기: 준비되지 않았다는 목소리를 잠재운다.

가면을 벗는 힘의 예시를 들기 위해 이 장에서 앞서 이야기한 사건으로 돌아가서 개인적 서사와 '두려움 없는 대화'의 대화 속에서 나타난 친밀한 연결의 순간들을 다시 꺼내 본다. 그리고 마지막으로 사랑하는 독자 여러분께 스스로의 불안과 자신 및 타인을 알지 못하는 것에 대한 두려움과 맞서 보기를 초대한다. 우리 함께 한 조각씩 가면을 벗고, 아래에 깃든 사랑의 소리를 들어 보자.

덜 인간적이고, 학점 이상인 존재:
가치, 거리 그리고 자격 없음의 불안

◆

학기 중 어느 날, 우체국으로 향하는 한낮의 산책은 마치 어두운 뒷골목을 걷는 것만큼 두려움을 불러일으켰다. 대학원생 우편함 앞에서 열쇠를 흔들며 서 있는 동안에 아무리 날씨가 따뜻해도 내 혈액은 얼어붙고, 심장은 빠르게 뛰었으며, 등줄기를 따라 차가운 땀이 흘렀다. 시계 방향으로 열쇠를 돌려 자물쇠를 열 때마다 숨이 가빠졌다.

우편함 안에는 채점된 리포트가 들어 있었다. 내가 페이지 위에 쓴 단어들은 익숙했지만, 교수들이 파란색이나 빨간색 펜으로 남긴 코멘트는 내 영혼을 오싹하게 만들었다.

그렇게 심장이 뛰고, 피가 식던 학생의 시절 나는 무의식적으로 내 가치를 교수의 주관적인 평가와 동일시했다. 그래서 B^-를 받으면 하루가 엉망이 되었다. 내면 깊은 곳에서 나는 자신이 충분하지 않다고 느꼈기 때문이다. 나는 자격이 없다고 여겼다. 그런 불충분함을 억지 웃음과 고개를 끄덕이는 것으로 감추었지만, 자기 의심이라는 기생충은 천천히 나의 자존감을 갉아먹고 있었다. 그러던 어느 날, 한 동료가 그 기생충을 죽이는 방법을 알려 주었다.

대학원 3년차 때였다. 화가 잔뜩 난 자메이카 출신의 한 동기가 점심시간에 불만을 털어놓을 곳을 찾아 식당으로 뛰어 들어왔다.

그녀는 내 앞자리에 앉아 분노를 쏟아 냈다. 무례한 조교와의 충돌에 격분한 그녀의 두꺼운 파투아의 억양*은 정오의 공기를 갈랐나. 그녀는 교실을 뛰쳐나와 식당으로 오기 직전, 그 조교에게 했던 마지막 말을 나와 공유했다. 그 말은 결코 잊히지 않았다. "나는 제3세계 출신일지 몰라도, 내 머리는 삼류가 아닙니다. 당신은 나를 그런 식으로 대하면 안 됩니다". 그녀의 말은 자신의 가치와 존재에 대한 선언이었다. 그 말의 지혜를 곱씹을수록 내면 깊은 곳에서 자기 의심이 사라지고 잃었던 자존감이 돌아오는 것을 느낄 수 있었다. 시간이 지나면서, 내 안에서 메아리가 울렸다. "내 머리는 B급이 아니다. 나는 B급의 사람이 아니다".

그녀의 분노에서 얻은 가장 큰 교훈은 이것이다. 교수도, 학생도 서로를 온전히 인간으로 존중하지 않고 있었다. 두 사람은 상대방을 대상화했고, 누구의 말도 제대로 듣지 않았다. 교수와 학생의 관계는 단순히 거래적 교환으로 전락해 버렸던 것이다.

학생 시절, 나는 내 생각을 소중히 여겼지만, 다른 이의 주관적인 평가에 정체성을 지나치게 의존했다. 그 결과, 때로는 교수들을 사람으로서 존중하기보다는 단순히 점수를 매기는 존재로 평가절하했고, 또 어떤 경우에는 그들이 내 미래를 쥐고 있는 반신반인처럼 과대평가했다. 점수를 매기는 기계로 격하되든, 미래를 좌우하는 반신반인으로 과대평가되든 교수들은 더 이상 온전히 인간으로 보

● 자메이카를 비롯한 일부 카리브해 지역에서 사용되는 '파투아' 또는 '피진(Pidgin)' 언어의 억양을 의미한다. 파투아는 자메이카를 포함한 일부 영어를 사용하지 않는 지역에서, 영어와 다른 언어들이 섞여 만들어진 크레올 언어의 일종이다.

이지 않았다. 그들과 나는 다른 존재처럼 느꼈다. 그날 파투아 억양을 쓰던 동기는 어떤 교사들 역시 비슷한 편견, 투영, 대상화에 빠져서 다르게 생각하거나 쓰거나 반응하는 학생들을 자격이 없다고 간주하는 경우가 있다는 사실을 깨닫게 해 주었다.

'자격 없음'이란 '특정 목적을 충족하기 위해 필요한 자질이나 기준에 부합하지 못함'을 의미한다. 너무나 많은 학교가 자질을 머리로만 측정하지만, 학문적 환경에서만 이런 잘못된 평가가 일어나는 것은 아니다. 공동체 안에서도 인식된 차이는 자기 자신과 타인 사이에 깊은 골을 만든다. 범죄 기록이 없는 헌신적인(Uth Turn) 멘토들 중 일부는 자신을 갱단 구성원들에게 조언을 제공하기에는 적절하지 않다고 여겼다. 멘토들은 자신들이 갱단 문화에 대해 경험이 없다고 생각했다. 미디어에서는 나는 고령의 활동가들이 '흑인의 생명도 소중하다Black Lives Matter' 운동을 하는 밀레니얼 세대가 무례하고, 그들의 정의에 대한 투쟁의 유산을 이어받을 자격이 없다고 여기는 모습을 보았다. '두려움 없는 대화'의 공동체 대화에서는 선의의 백인들이 인종 문제에 대해 자신이 자격이 없다고 느끼며, 흑인 동료들 앞에서 침묵을 선택하는 경우를 목격했다.

누군가가 자격이 없다고 투영하거나 혹은 필요한 자질을 갖추지 못했다고 내면화할 때, 상대방이 자신의 말을 어떻게 받아들일지 모른다는 두려움은 서로 간에 거리를 만든다.

고등학교 때 목공 선생님이 하신 말씀이 떠오른다. "무지하다는 것은 사실을 알지 못한다는 것을 의미한다". 상대방이 우리의 무지를 어떻게 받아들일지 모른다는 두려움은 내면적으로 자신이 자격이 없다는 생각으로 이어지고 관계 형성을 방해한다. 앞에서 제시한 사례들을 생각해 보라. 학생은 자신이 충분히 똑똑하지 않다고 낙인찍힐까 봐 두려워하며 교수의 평가를 과대평가한다. 조교는 자신이 충분히 통제하지 못한다고 두려워하면서 자메이카 출신 학생을 과소평가한다. 고령의 활동가들은 자신이 충분히 관련성이 없다고 느껴서 젊은 활동가들의 노력을 평가절하한다. Uth Turn의 멘토들은 갱단 문화에 대한 자신의 이해가 부족하다고 느껴서 갱단 구성원들에게 지혜를 나누지 않는다. '두려움 없는 대화'의 선의의 백인들은 자신이 인종적으로 충분히 의식적이지 않다고 느껴서 자신의 이야기를 과소평가하고 침묵한다. 이 모든 사례의 표면 아래에는 '충분하지 않다'는 가정이 숨어 있다. 우리가 무지해 보일까, 또는 사실을 모른다는 것을 드러낼까 두려워할 때, 우리는 타인과 자신을 평가하며, 이는 공동체 형성을 방해한다. '두려움 없는 대화'는 자격 없음이라는 기생충 같은 감정과 그것이 만드는 거리감을 극복하기 위해 '가까워지기'를 이용한다.

◆ 누가 나의 이웃인가: 가까워지기와 자격 없음의 장벽 줄이기

가혹 행위는 불법이라고 들었다. 하지만 과거 어느 시절, 흑인들은 '그 걸음'을 한눈에 알아볼 수 있었다고 한다. 한쪽 다리를 조심스럽게 끌며 계단을 신중하게 내려오는, 평소와는 다른 이 걸음걸이는 가혹 행위로 인해 매를 맞은 이들에게는 익숙한 모습이었다. 이야기에 따르면, 반복적으로 맞은 부위의 연조직이 단단해지고 딱지가 생기면서 과민해진 신경 말단을 보호한다고 한다. 우리가 쓰는 가면도 이와 비슷한 기능을 한다. 어떤 날카로운 충격은 우리 감정의 날것과 영혼의 연약한 부분을 보호하기 위해 가면을 쓰게 만든다. 흥미롭게도 가혹 행위를 겪은 사람들끼리 '그 걸음'을 알아보는 것처럼, 한때 자신의 영혼을 감춘 적이 있는 낯선 이들은 멀리서도 가면을 알아볼 수 있다. 나의 지하철 교수도 그랬다.

기차 문이 닫히는 소리가 배경에 흐르던 그 순간, 나는 그의 목소리에 담겨 있는 진정성과 가면이 없는 취약함을 즉각적으로 알아차렸다. 그가 문턱을 넘어 내 3피트의 공간으로 들어와서 내가 눈을 들어 그를 보지 않으면 지폐를 받지 않겠다고 했을 때, 그는 내 안에서 익숙한 무언가를 본 것 같았다. 그가 며칠 전에 내가 우편함 열쇠를 흔들며 채점된 리포트를 꺼낼 때 느꼈던 공포를 알 리는 없었다. 하지만 아마도 그는 자기 자신을 평가절하하고 타인을 과대평가하는 마음의 고통을 알고 있었을 것이다. 몇 분 동안 이어진 그 짧은 눈 맞춤 속에서, 나는 자격 없음에 대한 감정을 내려놓았고, 한 낯선 이는 가장 예상치 못한 이웃이 되어 내 삶을 바꾸어 놓았다.

낯선 이가 어떻게 이웃이 되는가? 사회학자 제임스 A. 벨라-맥코넬James A. Vela-McConnell은 이 질문에 깊이 고민했고, 점점 더 세계화되는 사회에서 공동체의 친밀한 유대가 어떻게 형성되는지를 연구하기로 결심했다. 그의 생각은 적절히 제목을 붙인 저서 『누가 나의 이웃인가?: 현대 세계에서의 사회적 친화성Who Is My Neighbor?: Social Affinity in a Modern World』에 잘 담겨 있다. 그는 고전적인 사회 결속 이론과 현대의 사회심리학 이론을 결합해서 개인과 집단이 어떻게 사회적 친화성을 공유하는 이들에게 자연스럽게 끌리는지를 탐구했다. 벨라-맥코넬은 우리의 관계가 서로 다른 정도의 친화성에 의해 형성된다고 주장한다.

표면적으로 친화성은 '유사성을 나타낸다'인데, 이는 공통점, 유사성 혹은 연관성을 공유하는 이들과의 연결에서 드러난다. 조금 더 깊이 들어가면, 친화성은 '호감을 의미한다'고 설명하며, 이는 가까움, 애정, 유대감에서 나타난다. 가장 깊은 수준에서는 친화성이 '친족 관계를 암시한다'고 하며, 강한 유대는 깊은 연결감이나 흔들림 없는 연합을 반영한다고 한다.[2] 그러나 사랑하는 독자여, 질문은 여전히 남아 있다. 사회적 친화성의 기반이 끊임없이 흔들리는 단층선 위에 있을 때, 우리는 낯선 이들과 어떻게 유사성, 호감, 친족 관계를 찾을 수 있을까?

벨라-맥코넬은 표면적인 친화성 아래에는 이웃과의 연결을 깨뜨리고 낯선 이들에 대한 도덕적 의무를 무너뜨리는 두 개의 이동하는 판이 있다고 주장한다. 바로 근접성과 거리감이다. 점점 더 세계화되는 사회에서 근접성과 거리감은 개인과 집단 간의 애착과 단절 사이의 긴장을 만들어서 관계를 복잡하게 한다. 그는 현대사회에서 관계와 단절의 밀고 당김을 이렇게 묘사한다. "낯선 이의 역설".

"우리는 전 세계의 점점 더 많은 사람과 접촉하면서도 주변 사람들과는 더욱 단절감을 느낀다. 기술이 전 세계에서 벌어지는 사건들을 알게 해 주면서도 우리는 점점 더 많은 관심과 동정의 요구에 압도된다. 세상이 우리의 거실로 가상으로 들어왔지만 개인적인 유대는 여전히 부족하다. 우리는 '낯선 이의 역설'에 갇혀 있다. 우리

는 전 세계 인구와 심지어 우리의 이웃들과 가까이 있음과 동시에 멀리 있다".[3]

이 역설을 더 명확히 이해하기 위해 벨라-맥코넬은 사람들이 근접성과 거리감을 느끼는 세 가지 방식을 중심으로 자신의 연구를 구조화했다. 그것은 공간적 근접성, 시간적 근접성, 사회적 근접성이다. 이 세 가지 변수는 사회적 친화성, 인간성을 평가하는 방식, 낯선 사람들의 요구에 응답할 우리의 자격에 영향을 미친다. 사랑하는 독자여, 이 세 가지 변수를 반추하면서 공간, 시간, 유사성이 당신의 관계에 어떤 영향을 미치는지 스스로 되돌아보기를 바란다.

▍공간적 근접성

공간적 근접성은 "두 명 이상의 개인이나 집단 간의 실제적인 지리적 거리를 의미한다".[4] 사람들은 열정적인 연인처럼 가까울 수도 있고, 멀리 떨어진 낯선 땅의 이방인처럼 멀 수도 있다. 이 물리적 거리는 개인적인 접촉, 사회적 친화성, 인간적 공감에 큰 영향을 미친다. 1991년, 나는 사막의 폭풍 작전의 첫 전투를 다룬 뉴스 보도를 보면서 십대의 마음으로 고뇌했다. 어두운 밤을 배경으로 야간 투시 카메라가 하늘을 가르며 날아가는 네온 그린 레이저처럼 보이는 공중 폭격을 생중계했다. 전쟁이 미국에서 멀리 떨어진 지역에서 일어나고, 내가 바그다드에 아는 사람이 아무도 없었기에 처음에는 그 네온 그린 레이저가 비디오 게임이나 불꽃놀이처럼 보였다.

그러나 화면 앞에 앉아 있을수록 그 레이저 같은 폭탄이 떨어진 곳에서 잘려 나간 팔다리와 불타 버린 몸들을 떠올리게 되었다. 낯선 이들과의 공간적 거리가 멀어질수록 우리의 공감 능력은 줄어드는 것일까?

▌시간적 근접성

두 번째 변수인 시간적 근접성은 "두 명 이상의 개인이나 집단을 분리하는 시간의 양을 의미한다". 이 변수는 우리에게 조상들과의 거리와 아직 태어나지 않은 이들과의 가까움을 생각해 보게 한다. 시간적 근접성은 개인과 집단의 결정이 단기적인 결과뿐만 아니라 장기적인 영향을 미친다는 사실을 강조한다. "우리는 오늘의 행동이 우리 자신의 미래와 아직 태어나지 않은 이들의 미래에 어떤 긍정적이거나 부정적인 결과를 가져올지 알고 있는가?"[5] 세대 간 의사 결정의 본질을 이야기할 때, 나는 할아버지께서 늘 하셨던 말씀을 떠올린다. "우리는 우리가 심지 않은 나무 그늘 아래에 앉고, 우리가 파지 않은 우물에서 물을 마신다". 할아버지의 오래된 지혜에서 나는 이런 깨달음을 얻었다. 나는 조상이 했던 기도의 결실이며, 지난날의 고된 노동의 혜택을 누리고 있다는 것이다. 이 진실로부터 수많은 질문이 떠오른다. 우리가 오늘 내리는 결정으로 우리는 만날 수도 없는 우리 후손들을 위해 어떤 씨앗을 심고, 어떤 우물을 파고 있는가? 우리의 단기적인 성공과 경제적 상승을 위한 선택이 조상의 희생을 기리는 것인가, 아니면 미래 세대에 긴 그림자를 드리우는 것인가?

우리는 이 지구를 앞으로의 세대가 이웃과 멀어지게 만들 상태로 남기고 있는 것은 아닌가?

▎사회적 근접성

　마지막 변수인 사회적 근접성은 "개인이나 집단 간의 유사성 혹은 차이의 정도"를 의미한다.[6] 벨라-맥코넬에 따르면, 이 변수는 최소한 두 가지 속성에서 드러난다. 첫 번째는 부여된 속성 ascribed attributes으로, 성별, 인종, 민족성과 같이 우리가 태어나면서부터 가지고 있는 특성을 말한다. 두 번째는 획득된 속성 achieved attributes으로, 교육, 직업, 사회적 지위처럼 우리의 노력으로 얻게 된 특성이다.[7] 많은 사람에게 인종, 성별, 교육과 같은 부여된 속성과 획득된 속성은 이웃, 친구, 가족으로 받아들일 사람을 결정하는 중요한 요소로 작용한다. 이는 곧 누가 '우리'로 간주되고, 누가 '그들'로 분류될지에 대한 경계를 긋는다. 반대로, 이러한 속성을 공유하지 못한 이들은 종종 '낯선 이'로 전락하며, '그들'의 범주에 포함된다. 공통의 부여된 속성과 획득된 속성이 부족할 때, 너무나 많은 '우리'가 '그들'과 연결될 자격이 없다고 느끼게 된다.

　2005년, 이러한 속성, 사회적 근접성, 이분법적 범주화는 허리케인 카트리나가 뉴올리언스를 집어삼키면서 한계에 부딪혔다. 폭풍이 밀려오기 몇 시간 전, 나는 프린스턴 캠퍼스에서 '희망의 신학과 심리학' 박사 시험 준비를 하고 있었다. 그러나 절망이 헤드라인을 뒤덮던 그 순간, 나는 진정으로 희망에 대해 글을 쓸 수가 없었다. 뉴스 보도를 통해 폭풍 이후의 참상을 접하면서 가슴이 무너지는 듯한 감정이 나를 압도했다. 그러다 한 가지 깨달음이 떠올랐다. 만약 내가 허름한 슈퍼돔에 갇혀 있거나, 삼촌처럼 낡은 지붕 위에서 흰 깃발을 흔들고 있었다면, 프린스턴 교육이나 중산층의 사회적 지위를 가지고 있더라도 많은 이의 눈에는 단지 또 하나의 '갈색 얼굴을 한 난민'으로 보였을 것이다. 그렇다면, 어떻게 예상치 못한 동반자들이 '우리와 그들'이라는 이분법적 구도를 넘어 부여된 속성과 획득된 속성의 중요성이 줄어든 공감적 연결을 형성할 수 있을까?

거리가 멀어지고 개인과 집단이 공간적·시간적·사회적으로 덜 가까워질수록 의미 있는 교류의 기회도 줄어든다. 여러 면에서 지하철 교수와 나는 완전히 다른 세계에서 온 사람이었다. 하지만 겉보기에는 전혀 다른 세상에서 살던 우리가 우연히 적절한 공간과 시간에서 만나 초현실적인 사회적 연결을 만들어 냈다.

우리는 분명히 다른 공간적 현실에서 왔다. 나는 프린스턴의 궁전 같은 캠퍼스, 담쟁이덩굴로 덮인 건물들 속에서 하루를 보냈고, 그날 밤 그는 생존을 위해 기본적인 필요를 찾아 도시의 복도를 떠돌았다. 하지만 우리의 길은 일요일 저녁 지하철에서 교차했다.

우리의 시간적 현실도 달랐다. 그는 나보다 30년 이상 나이가 많았다. 삶이라는 여정에서 훨씬 더 많은 거리를 걸어왔다. 하지만 우리의 과거와 미래는 현재의 순간에 서로 겹쳐졌다. 우리는 비슷한 피부색을 공유했지만, 사회적 현실은 확연히 달랐다. 나는 신체적 고통 없이 가장 잘 차려입고 일요일 저녁에 사랑하는 사람 옆에 앉아 있었으며, 내 유일한 고민은 최고 수준의 대학원 프로그램에서 평균 이상의 성과를 내는 것이었다. 반면에 그는 갓 생긴 상처를 안고 허름한 옷차림으로 혼자 걸으면서 기본적인 생필품을 필요로 하고 있었다. 그럼에도 불구하고 나의 상승 곡선은 그의 하강 곡선과 어딘가에서 만났고, 우리가 눈을 맞추던 그 순간에 서로 어울리지 않는 우리의 속성은 공통점을 찾았다. 여기서 중요한 것은 바로 눈이다…….

◆ 낯선 참여자들 사이의 가까움을 늘리기 위한 '실재에 대한 길고 사랑스러운 응시'

1989년, 예수회 사제인 월터 J. 버그하르트Walter J. Burghardt는 교회와 더 넓은 사회에서 관상적 행위가 위협받고 있다고 외치는 다섯 페이지짜리 글을 발표했다. 그는 관상적 행위의 쇠퇴가 공리주의적 사고를 촉진하고 관계를 거래적인 것으로 만든다고 주장했다. 관상이 결여된 이런 분위기에서는 유용성이 행복을 자극하고, 이익이 쾌락을 가져오며, 사람이나 사물은 구체적으로 쓸모가 있을 때만 가치가 있다고 여긴다. 그러나 버그하르트는 행복, 쾌락, 가치는 인간성을 말살하거나 대상화하지 않고도 쉽게 접근할 수 있다고 주장했다.8 가르멜 수도회의 수도사인 윌리엄 맥나마라William McNarmara의 지혜를 빌려, 버그하르트는 '실재에 대한 길고 사랑스러운 응시Long Loving Look at the Real'라고 불리는 관상적 실천법을 제안했다. 이 실천은 현실에 대한 인식을 고양시키고, 개인을 신성과의 교감 속에 놓이게 한다.

'두려움 없는 대화'는 이 '길고 사랑스러운 응시'에서 영감을 받아, 자격 없음의 감정을 억제하고 거래적 관계를 줄이며, 예상치 못한 동반자들 사이의 가까움을 늘리는 한 동료의 관상적 실험을 채택했다.⁹ 이 실험의 과정을 설명하기 전에 '실재' '길고' '사랑스러운 응시'라는 단어를 하나씩 살펴보자. 이 단어들은 각각 공간적 근접성, 시간적 근접성, 사회적 근접성과 연결된다.

버그하르트에 따르면, 관상은 반드시 실재에 집중해야 한다. "실재는 하늘 위의 어떤 멀고 추상적이고 손에 닿지 않는 신으로 축소될 수 없다. 실재는 살아 숨 쉬는 사람들이다".¹⁰ 그러나 많은 사람에게 실재는 종종 공간적 근접성에 의해 좌우된다. 물리적 거리는 연민을 둔감하게 하고, 공감을 무디게 하며, 내 영향력의 범위를 넘어선 타인을 위한 사회적 행동을 가로막는다.

실재와 대면한다는 것은 단순히 거리라는 추상적 개념을 넘어 모든 생명이 근접성과 관계없이 서로 연결되어 있음을 성찰하는 데 도전하는 일이다. 이 관점에서 모든 생명은 "하나의 운명의 옷감 안에 묶여 있다. 한 사람에게 직접 영향을 미치는 것은 모두에게 간접적으로 영향을 미친다".¹¹ 따라서 상호 연결된 이 지구촌에서 바그다드 저편에서 폭탄에 맞는 무고한 이들의 고통은 내 자식의 눈물만큼이나 나를 아프게 해야 한다. '말은 쉽지만, 행동은 어렵다'. 그렇게 생각할 것이다. 잠시 기다려 보라…….

그러나 기다리는 것은 많은 이에게 쉽지 않다. 그래서 버그하르트는 실재를 응시할 때 길고 천천히 보아야 한다고 강조했다. 이는 단순히 시간을 오래 잡으라는 뜻이 아니라, "놀라울 만큼 여유롭고, 신기하리만큼 조급하지 않은" 태도를 의미한다.¹² 실재를 조급하지 않게 바라보는 것은 결코 정체되지 않고 상코파$^{Sankofa-based}$●의 정신을 따르는 것이다. 고대 아칸족의 전설에서 상코파 새는 현재, 과거, 미래를 연결하는 상징이다. 다음 그림에서 볼 수 있듯이, 상코파 새의 몸은 앞을 향하고 있지만, 목은 뒤로 돌려 입에 물고 있는 깨지지 않은 알을 바라보고 있다. 이 상징은 과거의 지혜를 붙잡아 미래를 준비하면서도 현재를 향해 나아가는 민족의 모습을 보여 준다. 시간적 근접성에서 벗어난 공간에서는 몇 분을 몇 시간처럼 느끼고, 과거의 기억이 현명한 조언을 주며, 낯선 이들과의 만남이 앞으로 올 세대에게 지혜의 씨앗이 될 수 있다. 그러나 우리는 어떻게 삶의 경주 속에서 초침을 늦출 수 있을까? 사랑스러운 응시를 하라.

그리고 "마음뿐만 아니라 온몸으로 실재에 반응하라. 눈과 귀, 냄

▲ 상코파(Sankofa)

● Sankofa-based는 아프리카, 특히 가나의 아칸족(Akan people)의 철학에서 유래된 개념인 Sankofa(산코파)에 기반한 사고나 접근 방식을 의미한다. 이 단어는 아칸어 속담에서 왔으며, 문자 그대로는 다음과 같은 뜻을 가진다.
"Sankofa"="돌아가서 가져오다"
(san: 돌아가다, ko: 가다, fa: 가져오다)
공동체나 개인의 과거 경험과 전통을 되짚어 보고, 그 속에서 배움을 얻어 현재의 정체성과 미래의 비전을 세우는 방식을 말한다.

새를 맡고, 만지고, 맛보는 모든 감각을 동원하라".[13] 사랑스러운 응시는 이웃과 낯선 이들 그리고 예상치 못한 동반자들의 "흠집과 상처와 흔적"에 매료된다.[14] 분석하거나 논쟁하거나 묘사하거나 정의하려는 충동을 억누르면 이 연민 어린 응시는 차이점을 부각시키는 부여된 속성과 획득된 속성을 넘어선다. 나는 이 침묵 속에서 공간과 시간을 초월하는 '길고 사랑스러운 응시' 속에서 예상치 못한 동반자들이 무지해 보일지 모른다는 두려움을 내려놓고 낯선 이들 앞에서 온 마음을 진심으로 열어 놓는 장면을 목격해 왔다.

◆ '있는 그대로를 오래 사랑스럽게 바라보기'라는 실험

'두려움 없는 대화'에 참여한 사람들이 '있는 그대로를 오래 사랑스럽게 바라보기'라는 제목의 실험에 초대되었다. 이 모임에 있는 사람들 대부분은 서로 익숙한 낯선 사람들이다 보니, 제목만으로도 자연스럽게 호기심과 약간의 긴장감을 불러일으킨다. 그래서 우리는 차분하게 설명을 덧붙였다. "이 실험은 갱단의 두목들, 기업의 임원들, 자기 삶의 소명을 고민하는 학생들과 이미 여러 번 진행된 적이 있습니다. 그 과정에서 많은 사람이 두려움을 딛고 참여하여 놀라운 변화를 경험했죠".

웅성거리던 대화가 점차 잦아들면 모인 이들에게 짝을 지어 서로 마주 보고 앉도록 안내한다. 두 사람 사이를 방해할 만한 테이블이나 노트북 같은 물건은 모두 치운 상태다. 짧게 서로를 소개하고, 한 사람은 A, 다른 한 사람은 B로 정한다.

버그하르트의 글과 실험 제목의 의미를 차근차근 풀어 가며 설명을 이어 간다. '오래' '사랑스럽게 바라보기' 그리고 '있는 그대로'라는 단어 속에 담긴 깊은 의미를 하나씩 이야기한 후에 A가 B를 90초 동안 있는 그대로 바라보는 실험을 해 보자고 제안한다. 당연히 여기서 다시 웅성거림이 터져 나온다. 우리는 그럴 때마다 부드럽게 덧붙인다. "눈은 거울이자 영혼으로 가는 창입니다. 다른 사람의 눈을 충분히 깊게 들여다보면 자신을 새롭게 발견할지도 모릅니다". 얼굴을 마주 보는 일이 부담스러운 사람들도 있다. 그런 경우에는 방 한편에 놓인 리빙 뮤지엄 사진을 대신 바라보는 대안을 제시한다. 하지만 앞으로 나아가기로 한 이들에게는 조금 더 세부적인 안내를 건넨다. "이건 안전한 실험입니다. 그러니 시선은 어깨 위에만 머물러 주세요. 그리고 낯설게 느낄 수 있는 이 순간에 웃음이 터질 수도 있습니다. 하지만 웃음은 더 깊은 공간으로 우리를 데려가는 통로가 되기도 합니다". 마지막으로 A가 B에게 조심스레 묻도록 한다. "당신을 있는 그대로 사랑스럽게 바라보아도 될까요?" B가 허락하면 방 안은 조용해지고, 우리는 카운트다운을 시작한다. "셋, 둘, 하나". 그리고 시간이 흐르기 시작한다.

 방 안에 모인 사람들의 가슴 속에서 깊은 한숨이 터져 나온다. 우리는 B에게 A의 "있는 그대로를 오래 사랑스럽게 바라보기"를 받아 준 것에 대해 감사를 전한다. 이런 감사의 몸짓이 끝나면 이번엔 B가 A에게 자신을 사랑스럽게 바라봐도 좋겠냐고 요청한다. 허락이 떨어지면 다시 방 안은 고요에 잠기고, 카운트다운이 시작된다. 시간이 흐르고 초침이 마지막 순간에 도달하면 또 한 번 한숨이 터져 나오고, 마지막 감사의 몸짓으로 실험은 마무리된다. 이후 짧은 성찰의 시간 동안 짝에게 세 가지 질문을 던진다. "당신은 누구를 보았나요? 당신은 누구의 말을 듣지 못했나요? 희망은 어디에 있나요?"

첫 번째 질문인 "당신은 누구를 보았나요?"에 대한 답변으로 떠오르는 장면이 있다. 멤피스에 있는 세인트 메리 성공회 교회에서 열린 대화 중에 한 이색적인 짝이 이렇게 이야기했다. "당신의 눈에서 제 어머니를 보았습니다". 사실 낯선 사람의 눈 속에서 이미 세상을 떠난 가족의 모습을 보는 경험은 이 실험에서 자주 나타나는 현상이다.

두 번째 질문은 반전을 끌어낸다. 다양한 인종의 리더가 모여 진행된 이중 언어 대화에서 그런 일이 있었다. 백인 남성이 동료들 앞에서 무지해 보일까 봐 두려워하면서도 조심스럽게 내면의 목소리를 나눴다. 그가 처음 보는 흑인 남자의 눈을 사랑스럽게 바라보며 들었던 것이었다. "나는 분노나 두려움이 아니라, 수용을 들었습니다". 이 고백은 곧 고정관념을 뒤집는 대화로 이어졌다.[15]

마지막 질문인 "희망은 어디에 있나요?"와 관련해서는 개인적인 경험이 떠오른다. 짝이 맞지 않는 인원이 있어서 내가 한 참여자와 짝을 이루었다. 대화를 마친 뒤에 나는 내 짝과 이런 이야기를 나눴다. "처음 몇 초 동안 나는 당신의 오른쪽 눈에 집중했어요. 하지만 뭔가 연결을 막는 장벽 같은 느낌이 들었죠. 그래서 왼쪽 눈으로 시선을 옮겼더니 바로 따뜻한 교감을 느낄 수 있었습니다". 내 말을 들은 그녀는 놀란 듯 고개를 기울이며 입을 다물지 못했다. 그러더니 조심스레 고백했다. "저는 난시 때문에 오른쪽 눈에만 렌즈를 끼고 있어요. 왼쪽 눈은 시력 교정이 필요 없어서요. 아무도 제 눈을 그렇게 오래, 사랑스럽게 바라본 적이 없었어요. 그 차이를 알아챈 사람도 없었고요". 그 순간, 렌즈를 낀 오른쪽 눈이 마치 희망으로 환해지는 듯 보였다.

실험이 마무리될 때, 우리는 '있는 그대로를 오래 사랑스럽게 바라보기'에 대하여 몸으로 느낀 반응과 앞서 논의한 윌리엄 제임스의 '무시당하는 이론cut-dead theory'에서 나왔던 반응을 대조하며 이야기를 이어 간다. 마지막 단계는 이렇게 시작된다.

"눈앞에 있는 사람을 사랑스럽게 바라보는 것이 어땠나요?" 질문을 던지자마자 주저 없이 나온 답변들은 "불편했다." "어색했다." 같은 단어들이다. 하지만 잠시 뒤, 참여자들은 "인정받는 느낌이었다." "온전했다." "평화로웠다." "보이는 존재가 되었다." "완전히 인간이 된 느낌이었다." "존중받았다."라는 답변을 한다. 그리고 "거룩한 존재의 임재 안에 있었다."는 말들을 나누기 시작한다. 어느 자리에서건 우리는 강조한다. "낯선 이를 사랑스럽게 바라볼 때 느끼는 초반의 불편함은 인정과 온전함의 더 깊은 단계로 들어가기 위해 필요한 과정입니다".[16] 이 진실이 영혼 깊숙이 스며들 무렵, 우리는 윌리엄 제임스가 묘사했던 '사회 속에서 완전히 무시당한 채 존재하는'[17] 경험에서 비롯된 생명력을 빼앗는 반응들과 대조되는 목록을 함께 살펴본다.

> 보이지 않는다는 것은 분노, 절망, 불안정, 외로움을 느끼는 것.
> 있는 그대로를 사랑스럽게 바라보는 것은 불편함, 어색함,
> 인정받음, 온전함, 보이는 존재,

완전한 인간이 되는 느낌을 경험하는 것.

그리고 마지막으로 내가 지하철에서 마주한 '지하철 교수'와의 눈맞춤에서 배운 교훈을 전한다. "있는 그대로를 사랑스럽게 바라보는 그 몇 초 동안 당신은 신성을 엿보고, 무시당하는 아픔을 치유하며, 낯선 이 자리에서 이웃을 발견할 수 있습니다".

지난 4년간 우리가 함께해 온 모든 공동체에서, '실재에 대한 길고 사랑스러운 응시Long Loving Look at the Real'를 통해 얻은 깨달음은 그 공동체에 큰 변화를 가져왔다. 낯선 이의 눈에 비친 거울 같은 시선 속에서 자신을 마주하고 나면, 상대방을 대상화하거나, 폄하하거나, 비인간화하는 일이 몹시 어렵다. 놀랍게도 이러한 경험은 가까움을 더 깊게 만든다. 어색함은 줄어들고, 예상치 못했던 사람들이 더 가까이 모인다. 초침은 느리게 움직이고, 영혼의 지각을 흔드는 어려운 질문을 나눌 수 있도록 성스러운 땅이 일궈진다.

귀를 열고 땅을 고르다:
지적 겸손, 공감적 경청
그리고 준비되지 않았다는 불안함

◆

정년 보장을 목표로 하는 교수직의 인터뷰는 고문에 가깝다. 그중에서도 특히 고약한 단계가 하나 있다. 이 단계는 여러 이름으로 불리지만, 캔들러 신학대학원에서는 이를 '기자회견'이라 부른다. 이 형식은 후보자가 강단에 서서 다양한 분야의 교수로부터 깊고 날카로운 질문 세례를 받는 것을 말한다. 나 역시 이 기자회견을 치렀다. 강단에 서서 사방에서 날아오는 질문을 받으면서 하나도 놓치지 않고 메모하고 신중하게 답하기 위해 머리를 굴렸다. 마지막 순간이 다가왔을 때 한 교수가 질문을 던졌는데, 나는 도무지 답을 알 수 없었다. 부끄러움 속에서 고개를 숙이고는 이렇게 더듬거렸다. "대답을 지어 낼 수도 있겠지만······. 솔직히 모르겠습니다". 그 순간, 모든 것이 끝난 듯한 절망감이 엄습했다.

바닥을 응시한 채 나는 강단에서 무거운 발걸음으로 걸어나왔다. 왜 내 무지를 그렇게 솔직히 인정했을까 하는 생각으로 머릿속이 복잡했다. 그 고백으로 거의 몸이 굳어 버릴 듯했지만, 교수들이 점심 이후의 일정으로 향하기 전에 나를 맞이하려고 달려오는 모습을 보며 어떻게 대답해야 할지 머리가 쉴 새 없이 돌아갔다. 수치심에 젖은 채 납덩이처럼 무거운 다리로 고개를 떨구고 서 있던 나는 무슨 말을 해야 할지 전혀 감이 오지 않았다. 그때 존경받는 구약학자 캐럴 뉴섬Carol Newsom 교수가 손을 내밀었다. 고개를 들어 그녀를 바라보며 아무 말 없이 그녀가 말을 꺼내기를 기다렸다. 그녀는 나를 더 가까이 끌어당기며 획기적인 통찰을 전해 주었다. "그레그, 당신의 마지막 대답은 완벽한 마무리였어요. '솔직히 잘 모르겠습니다.'라는 말은 지적 겸손을 줍니다". 과장된 표현을 잘하지 않는 그녀는 동료들 사이를 지나 조용히 방을 나섰다.

그 이후로 나는 왜 "모른다."라고 고백한 것이 그토록 깊은 부끄러움과 침묵 그리고 무력감을 불러일으켰는지 자주 되새겨 보았다. 기자회견 자체가 두려운 자리인 것은 사실이지만, 내가 자격이 없다고 느꼈던 것은 아니다. 결국 나는 이 자리까지 올라온 최종 후보였고, 기도와 노력, 학문적 성취, 임상 경험, 목회 활동들이 이 인터뷰 자리로 인도했다고 믿고 있었다. 멘토의 조언에 따라 나에게 던져진 질문들을 모두 적고, 가능한 한 성실히 답변하려고 애썼다. 그런데도 마지막 질문에 답하지 못했다는 사실이 나를 완전히 마비시켰다. 준비되지 않았고, 이 과업을 해낼 자질이 부족하다는 생각이 나를 짓눌렀다.

헨리 나우웬은 많은 사람이 "우리는 우리가 만들어 내는 것"이라는 믿음 속에 길들여 있다고 말한다.[18] 의사는 병을 치료하고, 운동선수는 경기에 나서며, 교수는—특히 유능한 교수라면—모든 질문에 답할 수 있어야 한다는 것이다. 이런 생산성을 성공의 기준으로 삼는 사회 시스템에서는 치료하지 못하는 의사, 경기에 나갈 수 없는 운동선수, 질문에 답하지 못하는 교수는 의심을 받을 수밖에 없다. 이 모든 생산성과 답변에 대한 강박은 우리의 정체성 깊숙한 곳을 건드린다.[19] 그래서 준비되지 않았다는 느낌이 들 때, 우리는 부끄러움과 무거운 발걸음, 고개 숙인 시선을 마주하게 된다. 그러나 뉴섬과 나우웬은 다른 길을 제안한다. 두 사람은 모든 것을 알겠다는 집착에서 벗어나서 자신과 타인, 신성을 더 깊이 이해할 수 있는 지적 겸손과 공감적 경청의 길로 나아가라고 말한다.

듣는다는 것은 단순히 소리를 '듣는 것'과는 다르다. 소리를 듣는다는 것이 단순히 '소리를 인식하는 능력'이라면, 듣는다는 것은 '소리에 주의를 기울이는 것'을 의미한다. 따라서 듣기는 의도와 주의가 필요하다.

내 동료이자 목회 상담 전문가인 카렌 샤입Karen Scheib은 그녀의 책 『목회 상담: 우리의 이야기를 말하기Pastoral Care: Telling the Stories of Our Lives』에서 듣는다는 것이 결코 간단한 일이 아니라고 설명한다. "우리의 귀를 자극하는 온갖 소리와 우리의 주의를 끌려는 무수한 목소리들, 머릿속에서 쉼 없이 떠드는 소음까지 생각하면"[20] 듣는다는 것은 결코 쉬운 일이 아니다. 샤입은 주의를 기울여 듣는 법을 배우기 위한 전략들을 다섯 번째 장에 제시한다. 그녀는 듣기를 하나의 경건한 행위로 여긴다. 왜냐하면 그것은 다른 이의 이야기가 가진 거룩한 장소로 들어가는 길이 될 수 있기 때문이다. 하지만 이러한 신성한 진리의 땅에 다가가는 것을 방해하는 몇 가지 장애물이 있다. 내가 기억하는 몇 가지를 이야기해 보겠다.

1. 불안은 깊이 듣는 것을 방해한다. 우리는 종종 답을 내놓고 결과

를 만들어 내야 한다는 강박 속에서 산다. 이로 인해 우리는 주의를 기울여 듣지 못하고, 불편함을 해소하기 위해 서둘러 말을 꺼내게 된다.21 가장 고통스러운 기자회견은 초조한 후보들이 제대로 듣지 않고 질문을 회피할 때 벌어진다.

2. 우리가 맡은 역할은 다른 사람이 자신의 이야기를 나누는 방식에 영향을 미친다. 목사들은 결혼을 앞둔 커플의 고민을 들으며 그들의 이야기를 진지하게 듣는 막중한 책임을 잘 안다. 그러나 동시에 그 커플의 결혼식 피로연에서 환영받지 못하는 상황도 익숙할 것이다. 샴페인이 터지는 자리에서 연인들은 자신들의 영혼이 자유롭게 말하기 시작할 때 목사가 그 자리에 있는 것을 원하지 않을 수 있다.

3. 마지막 장애물은 우리의 이야기 그 자체다. 우리는 자기 이야기의 틀을 통해 다른 사람의 말을 듣기 때문에 특히 우리와 다른 사람들과 함께 있을 때 오해할 가능성이 항상 존재한다.22 내게 지하철에서 만난 '지하철 교수'가 그랬다. 그는 기본적인 필요를 요청했지만, 나는 그가 돈을 원하는 것이라고 잘못 이해했다. 하지만 그가 내 돈을 받기를 거부했을 때, 나는 그의 기본적인 필요가 금전적 요구가 아니라 존재를 인정받는 것임을 비로소 알아챘다.

이러한 장애를 극복하기 위해 샤입은 독자들에게 사실적 경청

factual listening과 공감적 경청empathic listening을 구분하는 법을 가르친다. 사실적 경청은 그녀가 "패러다임적 앎paradigmatic knowing"이라고 부르는 것의 부산물로, 이는 세상을 이해하기 위해 우리의 오감을 통해 얻은 논리적 추론의 한 형태다. 이러한 앎은 경험적 발견, 과학적 방법 그리고 잘 구성된 논증을 통해 드러난다. 사실적 경청은 문제를 정확히 평가하고 적절한 해결책을 도출하기 위해 충분한 지식을 바탕으로 잘 구성된 논증을 만들어 낼 것을 요구한다.[23] 사실적 경청은 교수나 학생에게만 해당하는 것이 아니다. "길을 물어볼 때, 뉴스 방송을 들을 때, 의사의 진단을 들을 때, 우리는 정보를 듣기 위해 경청하며, 세부 사항을 명확히 하기 위해 질문을 던질 수도 있다".[24]

사실적 경청은 사회를 살아가는 데 필수적이다. 하지만 인간의 경험은 과학적이면서도 예술적이다. 삶에서 가장 어려운 질문들과 가장 의미 있는 진실들은 단순히 공식적인 평가나 체계적인 논증만으로는 이끌어 낼 수 없는 경우가 많다. 특정한 종류의 지혜를 얻기 위해서는 때로는 더 가까이 다가가서 공감적으로 경청해야 하는 순간이 찾아온다.

공감적 경청은 조언을 주거나, 상대의 문제를 해결하거나, 진단을 내리는 것을 궁극적인 목적으로 하지 않는다.[25] 이러한 경청 방식은 공감의 인지적·정서적 이해에서 비롯된다. 인지적으로 공감은 "타인의 경험 속의 여러 차원을 상상하며 그 경험을 이해하려는 노력"을 요구한다.[26] 정서적으로는 '타인의 입장이 되어' 우리의 감정을 상상력으로 연결시키고, 상대방이 느끼는 것을 함께 느껴 보려는 도전을 요구한다.27 이 두 가지 차원이 조화를 이루면, 공감은 "상대방의 경험과 우리의 경험을 연결시키는 감정적 공명"을 제공한다.28 샤입은 공감적 경청이 연결과 독립성을 동등하게 요구한다고 가르친다. 이 점에서 경청자는 상대방의 이야기에 몰입하면서도 자신의 감정과 생각 그리고 이야기하는 사람과의 차이점을 인정하는 도전에 맞닥뜨리게 된다. 이처럼 깊이 몰입하되 과도하게 동일시하지 않는 역설적 균형은 경청자가 상대방을 지나치게 동정하거나 자신의 욕구를 강요하는 지배적 태도를 피하도록 보호해 준다.

공감적 경청은 말로 다 전하지 못한 것을 들을 수 있음을 화자에게 확인시켜 줌으로써 듣는 이의 준비되지 않았다는 불안을 해소한다. '지하철 교수'의 초대를 받은 당시, 나는 돈 외에는 줄 수 있는 것이 없다는 느낌에 사로잡혔다. 하지만 이제는 안다. 내가 그의 눈을 사랑스럽게 바라보면서 그의 끊임없는 감사의 말을 받아들이는 순간, 바로 그 순간이 내가 어떤 말을 건넸어도 전할 수 없었을 만큼 큰 의미를 지니고 있었다는 것을. 마찬가지로 기자회견 직후, 뉴섬 교수는 나의 "모르겠다."라는 말만으로 온전히 표현할 수 없었던 부분에 공감했다고 말했다. 이 두 사례에서 공감적 경청은 몇 마디의 말만 오갔을 뿐이었다. 그러나 더 큰 영향을 준 것은 그 과정에서 떠오른 깊은 질문들이었다.

'두려움 없는 대화'에서는 이 두 가지의 듣기 방식이 대화의 많은 순간을 구성한다고 본다. 사실적 경청이 삶의 여러 복잡한 문제를 해결하는 데 반드시 필요하다면, 공감적 경청은 답이 없는 상태에서 타인의 고통 속으로 들어가는 초대를 받아들이기 위해 필요하다. 이를 위해 우리는 듣기의 지형을 변화시키는 실험을 고안했다. 그 실험은 어울리지 않을 것 같은 사람들이 서로 공감하면서 삶에서 마주하는 다섯 가지 어려운 질문을 탐구하게 한다.

◆ 신뢰의 원으로 껍질을 뚫다: 다섯 가지 어려운 질문에 대한 탐구

어릴 적, 나이 든 어른들은 종종 내게 이렇게 말했다. "넌 이미 이곳에 한 번 와 본 아이야". 이 말은 아홉 살의 현자 사하임 허시 Saheim Hersey에게도 그대로 적용될 것이다. 내가 최근에 진행한 '영혼 돌봄, 세상 돌봄 Care of Souls, Care of World'이라는 수업에서 사하임의 어머니는 수업 과제를 위해 이 지혜로운 아들을 인터뷰하기로 했다. 그리고 "영혼이란 무엇인가?"라는 엄청난 질문을 던졌다. 사하임은 잠시 생각하더니 의자 끝으로 몸을 기울였다. 그리고 깊은 침묵 끝에 마치 오래된 시대의 현자가 대답하듯 말했다. "영혼은 지구의 내부와 같아요. 지구에는 네 개의 층이 있죠. 맨틀, 지각, 외핵, 그리고 내핵. 영혼은 내핵과 같아요. 몸에서 가장 아름답고 강력한 부분이죠".

나는 그가 옳다고 믿는다. 영혼은 내핵처럼 삶과 배움, 언어로는 온전히 표현할 수 없는 경험이라는 여러 층의 아래에 깊이 묻혀 있다. 이 중심부는 우리가 존경과 경외를 가지고 다가간다면 언제든 복잡한 문제들을 헤쳐 나갈 길을 가르쳐 줄 준비가 된 내면의 교사이다. 하지만 영혼의 지혜를 발굴하려면 엄청난 주의와 섬세함이 필요하다.

영혼의 지혜를 발견하는 과정이 마치 고고학적 발굴처럼 정밀해야 한다는 점을 깨달은 '두려움 없는 대화'는 오래된 퀘이커 교도의 관행에서 영감을 받은 실험을 도입했다. 이 실험은 공감적 경청을 키우고, 두려움을 뿌리 뽑으며, 영혼의 핵심에서 친밀한 진리를 끌어내는 방법이다. 파커 J. 파머는 그의 저서 『숨겨진 온전함: 나뉘지 않은 삶을 향한 여정A Hidden Wholeness: The Journey toward an Undivided Life』에서 '신뢰의 원circles of trust'이라는 공동체의 대화 방식을 소개한다. 파머는 1970년대 중반, 필라델피아 근처의 퀘이커 생활·학습 공동체인 펜들 힐Pendle Hill에서 이 방식을 발견했다. 신뢰의 원은 영혼의 내면적 목소리를 불러내어 지혜를 제공하도록 초대하는 의도적인 공간이다. 파머는 이를 이렇게 설명한다. "신뢰의 원은 우리를 공간 안에 머물게 하며, 그곳에서 우리는 다른 사람들의 격려와 도전에 둘러싸인 상태로 스스로의 판단을 자신만의 방식과 속도로 내릴 수 있습니다".[29]

'두려움 없는 대화'는 파커 J. 파머와 펜들 힐의 퀘이커 공동체에서 영감을 받아 다섯 가지 원칙을 도입했다. 이 원칙들은 우리가 어려운 질문을 던지고, 공감적으로 경청하며, 내면의 교사를 초대해서 대화를 이끌어 갈 수 있도록 돕는다.

1. 내면의 교사는 우리 모두 안에 존재한다. 학생이 준비되면 내면의 교사가 가르친다. 사회화, 고난, 획일화 속에서 우리는 종종 영혼의 목소리를 불신하거나 무시하고 심지어 억누르기도 한다. 그 결과, 우리는 불안감이라는 층 아래 숨어 있는 진리와 단절되곤 한다. 하지만 가끔씩 영혼의 핵심은 지각변동처럼 우리의 존

재에 깨달음의 진동을 보내면서 그 깊은 곳에 여전히 머물러 있음을 상기시킨다. 비록 우리가 영혼의 이야기에 연결되지 못하고 그 목소리를 알아듣기 어려워할지라도, 내면의 교사는 늘 우리의 초대를 기다리고 있다. 이 목소리는 교리나 이념, 집단의 신념 체계, 제도 혹은 지도자보다 훨씬 더 신뢰할 만한 지혜를 제공한다.30 내면의 교사가 등장할 때, 그 진리는 화자와 청자 모두를 관통한다. 이 목소리는 순수하고 손상되지 않으며, 신성하기 때문이다. 진실된 소리는 화자가 준비되고 조건이 갖추어졌을 때 나타난다.

2. 내면의 교사는 존중받을 때 말한다. 그러나 침해받을 때는 침묵한다. 파머는 신뢰로 묶이지 않은 원에서는 영혼이 드러나기 어렵다고 말한다. 어떤 원은 "얇게 가려져 있는 자기 도취와 독선적인 경건함의 연습"31일 뿐이고, 어떤 원은 특정 결과를 강요하거나 조작하도록 설계되어 있다.32 내면의 교사를 존중한다는 것은 다른 의도 없이 그저 영혼을 환영하기 위해 있는 그대로 참여하는 것이다. 영혼이 안전하다고 느껴서 두려움 없이 자신을 드러낼 수 있는 공간을 만들면, 내면의 교사는 삶의 가장 복잡한 개인적·사회적 문제를 해결하는 방법을 가르쳐 준다. 파머의 신뢰의 원과 '두려움 없는 대화'의 다섯 가지의 어려운 질문 실험에서, 우리는 결과에 얽매이지 않은 영혼이 인종, 계급, 정체성 정치와 같은 문제를 풀어 내는 것을 목격해 왔다.33

3. 중심에서 말하는 화자는 대화의 지반을 흔든다. 대부분의 일상적인 대화는 논리적 추론을 통해 세상을 탐색하기 위한 틀로 작동한다. 이런 대화는 지성뿐만 아니라 무의식적으로 자신을 증명하려는 자아의 욕망에서 비롯되기도 한다. 하지만 중심에서 말하는 것은 이런 증명의 필요를 내려놓고 예측할 수 없는 내면의 교사로부터 창의적인 통찰을 받을 수 있도록 열린다. 중심에서의 발화는 일상적인 잡담과는 다른 톤을 지니며, 이를 해석하기 위해서는 함께하는 동료의 지원이 필요하다.

4. 동료의 지원은 공감적 경청과 내면의 교사의 목소리를 분별하는 데 필수적이다. 파머는 이렇게 말한다. "우리 핵심으로 가는 길은 너무 깊이 숨어 있어 홀로 갈 수 없다. 길을 찾으려면 미묘하고 때로는 오해를 불러일으키는 단서를 대화 속에서 분별할 필요가 있다".[34] 이러한 동료는 많을 필요는 없지만, 수용적이고 공감적으로 듣는 자세를 갖추어야 한다. 이런 경청은 화자를 존중하며, 대화의 속도를 늦추어 진실된 말이 흡수될 수 있도록 잠시 침묵의 여백을 허용한다. 또한 이러한 경청은 비판이나 해설, 혹은 단순한 해결책이 아닌 솔직하고 열린 질문들로 화자의 이야기에 응답한다.[35]

5. 영혼이 낯선 이들 앞에서 말할 수 있도록 숙련된 리더십이 필요하다. 어울리지 않을 것 같은 사람들이 모이기 전에 숙련된 리더는 자신만의 신뢰받는 원 속에서 삶의 어려운 질문과 맞서야 한

다. '두려움 없는 대화'의 축약된 신뢰의 원에서는 리더가 취약성을 드러내는 모범을 보임으로써 참여자들의 영혼이 말하도록 초대한다. 이러한 과정에서 리더는 자신의 과거의 실패, 두려움, 그리고 부족함을 희망과 신뢰를 구축하는 도구로 사용하면서 삶의 어려운 질문과 마주하는 과정을 이끈다.

이런 형태의 대화 진행은 예술과 과학이 절묘하게 결합된 작업이다. 마치 외줄을 타는 것처럼, 영혼이 말할 수 있는 공간을 만드는 일은 섬세한 균형감각과 과감한 위험 수용을 필요로 한다. 진행자는 아주 가느다란 선 위를 걷는 듯하다. 너무 적게 공유하면 숨기고 두려워하는 모습을 보여서 진실된 이야기 intimate truth를 나누는 분위기를 막는다. 반대로 너무 많이 공유하면 자기 중심적 과시로 변질되어서 영혼의 진정한 소리를 덮어 버릴 위험이 있다. 명확히 하자면 숙련된 진행자로서의 도전적이고 보람 있는 역할은 책으로 가르칠 수 있는 것이 아니다. 그래서 '두려움 없는 대화'는 대면형의 진행자 준비 프로그램을 설계했다.

이 가이드라인은 '두려움 없는 대화'의 신뢰의 원 condensed version of the circles of trust을 한 시간이라는 축약된 형식으로 구현하는 데 기초가 된다. 내면의 교사를 인정하고 존중하며 초대하는 것은 영혼에 친화적인 환경을 만드는 기반이 된다. 이런 환경 속에서 어울리지 않을 것 같은 사람들이 자신의 중심에서 진실된 이야기를 나눈다. 마치 건축물의 기둥처럼, 동행자들은 공감적이고 수용적인 자세로 내면의 교사의 지혜를 분별하기 위해 마음과 생각을 준비한다. 그리고 숙련된 진행자는 취약함을 솔직히 드러내며 '두려움 없는 대화'의 다섯 가지의 어려운 질문을 구조화한다. 하지만 이러한 깊은 대화의 구조는 '겸손한 질문$^{humble\ inquiry}$'이라는 실천이 빠질 경우에 쉽게 무너질 수 있다. 겸손한 질문은 우리가 건축해 나가는 모든 것의 중심에 놓여야 한다.

깊이를 탐구하며:
겸손한 질문, 신비 그리고 준비되지 않았다는 불안

◆

깊은 바다, 깊은 우주, 깊은 지구. 이 세 단어 앞에 '깊은'이라는 수식어를 붙이는 것만으로도 신비로운 미지의 세계가 떠오른다. 해양학자들에 따르면, 수 세기 동안에 연구가 이루어졌음에도 과학자들이 탐사한 깊은 바다는 전체의 0.1%에 불과하다.[36] 천문학자들은 허블 우주망원경의 데이터를 바탕으로 약 2조 개의 은하가 존재한다고 계산했지만, 깊은 우주에 있는 90% 이상의 은하는 아직 연구되지 않았다.[37] 지구과학자들은 여전히 깊은 지구의 비밀을 풀기 위해 압력을 생성하는 기술과 음속을 측정하는 새로운 기법을 개발하며, 지표 아래 약 4,000마일(약 6,500km) 깊이에서 4,700℃에 달하는 지구의 핵을 연구하려고 하고 있다.[38] 깊은 대화 역시 이와 마찬가지로 신비를 깨우고 겸손한 질문을 유발할 수 있다.

내가 강의를 시작한 초창기 시절, 나는 신비에 대한 존중이나 질문에 대한 신뢰를 제대로 배우지 못했다. 준비가 부족하다는 인상을 줄까 봐 불안했던 나는 전화번호부만큼 두꺼운 강의계획서를 만들고, 길고 복잡한 강의를 작성해 전달하면서 탐구적 대화를 위한 기회를 지나치게 많이 놓쳤다. 학생들 앞에서 무지해 보일까 봐 두려운 나머지 과도하게 준비했고, 강의실에 존재하는 지혜의 풍부함을 제대로 활용하지 못했다. 이 과도한 준비는 탐구의 가능성을 가로막았다. 나는 학생들의 질문을 포용하지 않고 답을 먼저 제시했기 때문이다. 돌이켜보면, 내가 준비한 과잉 정보는 겸손한 질문과 깊은 대화를 통해 나타났을지도 모를 미지의 형성 가능성을 가려 버렸다.

그러던 어느 날 오후, 에모리 대학교 캐넌 채플 지하 강의실에서 나는 신비 앞에 고개를 숙이는 법을 배웠다. 손에는 여덟 페이지에 달하는 강의 자료를 들고, 칼 융의 심층심리학과 하워드 서먼의 신비 신학이 교차하는 지점을 설명하던 중이었다. 이론가들의 고립과 내적 갈등 사이를 읽으면서 강의 중에 묵시적으로 드러난 긴장을 직감한 1학년 학생 조르제트 레지스터Georgette Ledgister가 손을 들었다. 그녀는 학문적 경계에 대한 질문을 던졌다. "엘리슨 박사님, '문제'로 여겨지는 기분은 어떻습니까?"

그 순간, 내 목에 걸린 덩어리가 뱃속으로 깊게 내려앉았다. 그리고 내 안에서 깊은 한숨이 터져 나왔다. 그녀의 질문은 내가 아직 완전히 탐구하지 못한 신비로운 공간에 자리 잡았다.

그 순간, 나는 몇 주 동안의 세심한 연구로도 그녀의 질문에 대비할 수 없다는 것을 깨달았다. 오직 내 삶만이 답을 준비할 수 있었다. 그러자 마음속에서 이런 대답이 떠올랐다. "이 질문은 참으로 와닿습니다만, 저도 아직 답을 말로 풀어 본 적은 없네요. 함께 고민하며 성령께서 우리를 어디로 이끄시는지 알아볼까요?" 그 후 30분 동안, 조르제트와 그녀의 동급생들 그리고 나는 질문과 답변의 연속적인 순환 속으로 들어갔다. 겸손하게 던진 질문들이 매번 이어질 때마다 학생과 교수 모두가 내면의 미지의 세계로 더 깊이 내려갔다.

조르제트는 '겸손한 질문humble inquiry'으로 분류될 만한 질문을 통해 나와 동료들을 자기 발견의 공간으로 초대했다. 에드거 H. 샤인의 저서 『겸손한 질문: 물음의 온유한 기술Humble Inquiry: The Gentle Art of Asking』에서 그는 이런 질문을 "답을 모르는 질문을 던져서 누군가의 이야기를 끌어내는 정교한 예술"이라고 정의한다.[39] MIT 슬론 경영대학원에서 수십 년간 컨설팅과 강의를 해 온 샤인은 적절한 방식으로 적절한 질문을 던지는 기술이 관계를 형성하고 문제를 해결하며, 막힌 대화를 앞으로 나아가게 할 수 있다고 말한다.[40] 하지만 샤인은 질문을 통해 관계를 형성하는 것이 '말하기'가 우세한 사회에서는 반문화적인 행동이라고 인정한다.

'말하기'는 상대방이 이미 알고 있는 것을 모른다고 암시하기 때문에 관계 형성을 가로막는다. 신임 교수로서 나는 생산적인 모습을 보여야 한다는 불안감에서 과도하게 준비했고, 결국 방대한 정보를 철저히 각본화된 강의로 전달하면서 질문할 여지를 거의 주지 않았다. 하지만 이런 방식은 학생들의 지성을 모욕할 수 있다는 점을 간과했다. 말하기가 문화적 규범이 된 환경에서 모른다는 것은 무지의 표현으로 보일 수 있다. 따라서 질문을 던진다는 것은 교수든, 학생이든 혹은 어울릴 것 같지 않은 파트너들이든 위험을 감수하고 취약함을 드러내야 하는 행위다.

샤인의 말에 따르면, 질문은 상대방을 존중하고, 위계질서를 뒤집으며, 관계를 형성할 잠재력을 지닌다. 질문은 상대방이 가치 있는 무언가를 알고 있다는 암시를 담고 있으며, 나는 그걸 배우기 위해 기꺼이 취약함을 감수하며 귀를 기울이겠다는 태도를 보여 준다.[41] 다른 사람이 질문할 가치가 있는 중요한 지식을 지니고 있다고 인정하는 것은 상대방에게 더 높은 지위를 부여하는 행위다. 학생이 교수에게, 아이가 부모에게 혹은 직원이 상사에게 질문할 때는 별로 중요하지 않아 보일 수도 있다. 하지만 역할이 반전되고 질문자가 더 높은 지위를 가진 사람으로 인식될 때, 이는 상당한 겸손을 요구한다. 이러한 겸손한 질문과 응답의 상호작용은 관계적 유대를 만들어 낸다. 질문자와 질문을 받는 자 모두가 서로 나누고 배우는 데 함께 투자하고 있음을 깨닫기 때문이다. 하지만 모든 질문이 똑같은 힘을 가지는 것은 아니다.

겸손한 질문, 신뢰의 원 그리고 '두려움 없는 대화'의 작업은 모두 정직하고 열린 질문을 던지는 데 뿌리를 두고 있다. 파커 J. 파머는 이렇게 말한다. "정직한 질문이란 내가 답을 알고 있다고 스스로에게 말할 수 없는 질문이다. '내가 생각한 답이 맞았으면 좋겠어.'라는 생각을 할 수 없는 질문이 바로 정직한 질문이다".[42] 열린 질문은 상대방에 대한 호기심과 진지한 관심을 전달한다. 이는 단순히 언어뿐만 아니라, 몸짓, 목소리 톤, 타이밍 등을 통해 표현된다.[43] 이러한 질문은 화자를 특정한 답변으로 유도하거나 강요하지 않고, 내면의 교사가 스스로의 이야기를 하도록 탐구와 공유의 공간을 제공한다. 파머의 책 『가르칠 용기: 성찰과 갱신을 위한 안내서The Courage to Teach: Guide for Reflection and Renewal』에 등장하는 몇 가지 질문 사례를 살펴보자.

폐쇄형 질문: "치료사를 찾아볼 생각은 해 봤나요?"

이 질문은 질문의 형식을 빌린 충고에 가깝다.

정직한 질문: "이전 경험에서 지금 유용하다고 느끼는 무언가를 배운 게 있나요?"

이 질문은 '정답'을 상상할 수 없으므로 화자의 영혼이 진실을 말하도록 초대한다.

열린 질문: "방금 말씀하신 경험에 대해 어떻게 느끼셨나요?"

이 질문 역시 정직한 질문과 마찬가지로, 진실한 공유를 위한 문을 연다.

요약하자면 정직하고 열린 질문은 듣고자 하는 마음을 전달하며, 화자가 더 많은 이야기를 나누도록 초대한다. 반면에 폐쇄형 질문은 문제를 해결하려고 하거나 단답형의 사실 기반의 대답을 요구함으로써 대화를 닫아 버린다. 정직하고 열린 질문을 던지려면 선입견을 최소화하고, 대화를 시작할 때 마음을 비우며, 대화가 진행될수록 경청을 극대화하는 훈련이 필요하다.[45] 폐쇄형 질문의 함정을 피하려면 충고하거나 문제를 해결하려는 유혹을 거부해야 한다.

사람들이 가장 깊은 질문들을 성찰할 용기를 낼 때, 그들은 문제를 해결받거나 구원받으려는 것이 아니다. "그들은 자신이 보이고 들리길 원하며, 자신의 진실이 인정되고 존중받기를 바란다". 하지만 영혼의 깊은 순간에서 청자가 준비되지 않았거나 부족하다는 불안은 화자를 '고치려는' 충동을 유발하기 쉽다. 그러므로 공감적으로 듣는 사람과 정직하고 열린 질문을 던지는 사람은 이 유혹에 저항해야 한다. "인간의 영혼은 고쳐지는 것을 원하지 않는다. 단지 보이고 들리길 원할 뿐이다".[46] 따라서 우리는 문제를 서둘러서 해결하려는 태도를 내려놓고, 보는 것과 듣는 과정이라는 중요한 단계를 지나쳐서는 안 된다. 분명 모든 이가 영혼의 세계로 향하는 길고 사랑스러운 여정을 준비된 상태로 시작할 수 있는 것은 아니다. 그럼에도 불구하고 이 여정을 기꺼이 떠나고자 하는 이들을 위해 우리는 함께 걸을 수 있는 과정을 마련하고 있다.

산골짜기 깊은 틈으로:
어려운 질문을 묻는 여정

◆

'두려움 없는 대화'의 과정은 감정적으로 고된 여정이다. 주차장이나 출입구에서 진행자들은 마치 셰르파*처럼 산 아래에서부터 조건 없는 환대를 베푼다. 산에 오를 준비를 하면서 예상치 못한 동행자들은 자신의 재능이 적힌 이름표를 받아 든다. 천천히 베이스캠프를 향해 오르는 동안, 그들은 리빙 뮤지엄에서 세 가지 질문을 마주하며 자신이 오르기로 결심한 낯선 지형에 익숙해지기 시작한다. 베이스캠프에 도착하면 진행자들과 동행자들은 "오르면서 함께 끌어올리자."라는 서약을 맺는다. 험난한 등반이 시작되면서, 예상치 못한 동행자들은 윌리엄 제임스의 '무시당하는 이론cut-dead theory'에서 단서를 찾으며, 과거에 자신이 보이지 않는 존재로 느꼈던 순간들을 붙들면서 발판을 마련한다. 길이 더 가파르게 치솟고 공기가 희박해질수록 등반자들은 자신의 불안과 두려움과 마주해야 한다. 이 순간에 그들은 함께하는 동행자들의 가치를 깨닫는다. 가까운 거리에서 서로를 바라보면서 있는 그대로를 오래 사랑스럽게 바라보는 시간을 갖는다. 하지만 내면의 교사는 반드시 등반 중에 나타나는 것은 아니다. 때로는 산을 오르다 보면 정상에 도달하기 위

* 네팔 동부에 살고 있는 티베트의 한 산악 부족. 히말라야의 역사와 함께 진화해 온 산악인들.

해 깊은 영혼의 틈crevasse 속으로 내려가야 할 때가 있다. 영혼의 틈을 내려가는 동안에 '두려움 없는 대화'는 진행자들과 참여자들에게 '신뢰의 원circles of trust'에 모여 겸손하게 질문하며, 삶의 다섯 가지의 어려운 질문들과 마주하라고 초대한다.

공감적 경청의 전략과 신뢰의 원 구성, 겸손한 질문의 기술을 활용해, '두려움 없는 대화'는 내면의 교사를 환영하고 다섯 가지 어려운 질문을 던지는 다음과 같은 과정을 만들었다. 이 과정은 내가 미국과 그 너머의 여러 공동체에서 수십 번 리더들과 나누었던 것이기도 하다. 사랑하는 독자여, 이제 이 여정을 함께 시작해 보자.

우리는 이 실험을 '삶에서 마주할 다섯 가지의 가장 어려운 질문'이라고 부른다. 몇 해 전, 나는 초등학교 2학년 반 진로의 날에 초청받아 강연을 한 적이 있다. 내 직업이 교수이며, 평생 학습자로 살아가고 있다는 이야기를 들려주며 말했다. "저는 30년 넘게 학교에 다니고 있어요". 그러자 활기 넘치는 학생이 이렇게 말했다.

"와, 정말 바보 같아요!" 그 말은 사실이었다. 나는 애틀랜타 공립학교, 에모리 대학교, 프린스턴 신학교에서 이 나라에서 가장 날카로운 지성을 가진 사람들과 함께 배울 수 있는 특권을 누렸다. 나는 뛰어난 스승들의 가르침을 들었고, 수천 권의 책이 쌓인 도서관에서 공부했다. 그러나 대부분의 시간 동안에 나는 답을 찾는 데 집착했다. 그것이야말로 정말 어리석은 방식이라는 것을 곧 깨달았다.

그 30년 동안 나는 할머니, 할아버지와도 많은 시간을 보냈다. 일요일이면, 나는 할머니와 커다란 모자를 쓴 교회 여성 사이에 앉아 있었다. 예배가 끝난 뒤에는 현관에 앉아 레모네이드를 마시면서 할아버지와 그의 친구들이 강한 술을 곁들여 이야기를 나누는 모습을 지켜보았다. 시간이 지나면서 나는 조심스럽게 듣고 질문하는 것이 발견으로 가는 길임을 배웠다. 답은 그 여정의 일부에 불과했다. 깊은 틈으로 내려가기 위해 나는 질문과 함께 살며 그 질문을 사랑해야 했다.

라이나 마리아 릴케Rainer Maria Rilke는 그의 제자에게 이렇게 간청한다. "네 마음에 여전히 해결되지 않은 모든 것을 인내심을 갖고 대하라. 질문 자체를 사랑하려고 노력하라. 그것들은 마치 잠겨 있는 방과 외국어로 쓰인 책과도 같다. 지금은 답을 찾으려고 하지 마라. 답은 네가 그것을 살아 낼 준비가 되기 전에는 줄 수 없다. 지금은 질문과 함께 살아가야 할 때이다. 어쩌면 어느 먼 날, 답과 함께 살고 있는 네 자신을 발견하게 될 것이다".47

릴케의 이 말은 마치 도서관 책장 속에서 나를 부르는 책들처럼, 또는 현관에 앉아 인생의 이야기를 들려주시던 조부모님처럼 쉽게 얻을 수 있는 답과 단순한 해결책에 서둘러 뛰어들지 말라고 우리에게 말한다. 대신에 그는 제자에게 인내심을 가지고 삶의 풀리지 않는 신비 속에서 살아가는 가치에 대해 깨달으라고 말한다.

잠시 후, 나는 영혼이 우리를 가르칠 수 있도록 초대하는 과정을 소개할 것이다. 그러나 당신은 질문과 함께 살고, 그것을 사랑할 인내심이 있는가? 이것이 우리의 과제다. 오늘 저녁, 나는 신성한 학문의 전당에서, 사랑하는 가족과 교회의 뒷자리에 앉아 있거나 현관에서 나눈 대화 속에서 마주한 다섯 가지의 어려운 질문들을 소개하려고 한다. 이것이 완전한 목록은 아니지만, 질문들은 점점 어려워질 것이다. 당신이 나와 그리고 당신의 원 안의 동료들과 함께

이 질문들을 살아가고 사랑하기를 초대한다.

우리는 당신에게 다섯 명씩 작은 원을 이루어 앉도록 초대했다. 당신과 이웃 사이에 방해물이 없다는 것을 주목하라. 만약 종이나 펜이 있다면 그것들을 의자 아래에 두길 바란다. 이 질문들을 마주할 때, 당신과 이웃 사이에 아무것도 가로막지 않기를 원한다. 당신의 동료를 지원하겠다는 서약을 기억하면서 이 질문들이 지나치게 부담스럽다면 언제든 자리를 떠도 좋다. 누구도 당신을 판단하지 않을 것이다.

이 실험은 공감적 경청, 겸손한 질문 그리고 오래된 퀘이커 전통에서 유래했다. 당신의 그룹에는 다섯 명이 있고, 내가 던질 질문도 다섯 가지다. 각자 한 가지 질문에 답변하도록 권한다. 나는 진행자로서 내가 이 질문들과 마주했던 경험을 간략한 이야기로 풀어내면서 질문을 소개할 것이다. 내 이야기를 들으면서 당신의 내면의 교사가 속삭이는 소리를 주의 깊게 들어 보라. 그 소리가 당신을 중심으로 이끌며 자신의 진실을 나누라고 부드럽게 재촉하는가? 질문이 소개된 후에 답을 하고 싶은 느낌이 든다면 중심에서 우러난 진실을 3분간 나누라. 이 연습은 공감적 경청의 실천이라는 점을 기억하라. 한 사람이 자신의 중심에서 질문에 답할 때 나머지 네 명의 동료는 침묵 속에서 진심 어린 관심으로 듣는다. 네 명의 청자는 두려움 없이 자신의 진실을 말하는 화자와 함께 깊은 곳으로 걸어 들어가면서 내면의 교사의 목소리를 분별하는 막중한 책임을 진다.

3분의 진실 나눔이 끝나면 나는 방 안의 모든 이에게 30초간의 침묵 속 성찰에 들어가자고 요청할 것이다. 이 짧고도 성찰적인 침묵은 화자를 존중하며, 대화의 속도를 조율해서 말로 표현된 진실

이 흡수될 수 있도록 돕는다.[48]

 화자가 나눈 진실이 청자의 영혼에 깊이 스며드는 동안, 나는 네 명의 청자에게 들려온 지혜를 분별하고, 자신의 내면에서 정직하고 열린 질문이 자연스레 떠오르기를 인내하며 기다려 보라고 초대한다. 이어서 정직하고 열린 질문이 무엇인지 간략히 설명한다. 30초의 침묵이 끝나면 나는 네 명의 공감적 청자에게 자신이 발견한 정직하고 열린 질문을 화자에게 던져 보라고 요청한다. 이때 이렇게 강조한다. "절대로 말하거나, 충고하거나, 문제를 해결하려고 하지 마십시오. 대신에 겸손한 질문들을 화자가 여정을 떠나는 데 필요한 이정표로 여기세요".

 이 연습은 반영적 경청의 훈련이다. 따라서 겸손한 질문을 화자에게 던질 때, 화자는 답을 해야 한다는 충동을 참아야 한다. 나는 이렇게 이야기한다. "아니요, 우리는 질문을 살아가고, 질문을 사랑해야 합니다". 질문이 끝나면 화자의 진솔한 나눔에 감사를 전하고 다음 질문으로 넘어간다.

 여기서 과정을 간단히 정리해 보자. 다섯 가지의 질문 각각에 대해 우리는 다음 단계를 반복한다.

  1. 진행자가 질문을 간략히 소개한다.
  2. 화자가 그 질문에 대해 3분 동안 답한다.
  3. 3분이 끝나면 방 안은 30초간 성찰의 침묵에 들어간다.
  4. 이 기다림의 순간 동안에 청자들은 나눈 지혜를 흡수하며, 화자를 위한 이정표 역할을 할 수 있는 정직하고 열린 질문을 자신의

내면에서 찾는다.
5. 30초의 침묵이 지나면 네 명의 청자는 자신들의 질문을 나누고, 화자는 이 겸손한 질문들을 자신의 여정을 위한 선물로 받아들인다.
6. 마지막으로 우리는 화자와 이를 경청한 청자들에게 감사를 전하고 다음 질문으로 넘어간다.

모든 준비가 끝났으니 나는 다섯 가지의 어려운 질문을 시작하기 전에 한 가지 예비 질문을 던진다. "두려운가요? 두려워하지 마세요. 여러분의 영혼은 이 순간을 오랫동안 기다려 왔습니다".

질문 1: 나는 누구인가?

"나는 누구인가?" 이 질문은 겉보기에는 쉬워 보인다. 하지만 질문을 던지는 순간에 뒤따라오는 또 다른 질문들이 있다. "나는 누가 아닌가?" "커튼을 닫고 불을 끄면 나는 어떤 모습인가?" "내가 너무 오랫동안 가면을 써서 내가 누구인지, 혹은 '그들'이 말하는 내가 되어야 한다는 모습과 구분하지 못하게 된 것은 아닌가?" "내가 나를 안다면 나를 무엇이라고 불러야 할까?" 이 질문은 내가 매년 1학년 학생들에게 던지는 질문이다. 세상이 우리를 온갖 이름으로 부르기 때문이다. 한 학생의 대답이 떠오른다. "제가 커밍아웃을 했을 때, 가족은 저를 집에서 쫓아냈습니다. 그들은 저를 '부끄러운 존재'라고 불렀어요. 교회는 저를 내쫓으며 '죄인'이라고 불렀고, 친구들은 제 곁을 떠나며 온갖 험한 이름을 붙였습니다. 하지만 오늘, 신학교에서의 첫날, 저는 스스로를 '자유로운 존재'라고 부른 것입니다! 당신은 스스로를 무엇이라고 부르나요? 당신은 누구인가요? 당신은 누가 아닌가요?"

사랑하는 독자여, 잠시 멈춰 자신과 '두려움 없는 대화'를 나눠 보라.

3분 동안……. 30초 동안……. 겸손한 질문을 던지고……. 감사로 마무리해 보라.

질문 2: 나는 왜 여기에 있는가?

"왜 당신이 여기에 있는가?"가 아니다. "왜 당신이 이 책상에, 이 커피숍에, 도서관에서 이 책을 읽고 있는가?"가 아니다. 아니다. "왜 당신이 여기에 있는가?"

어떤 찰나의 선택이 당신을 여기에 있게 했고, 다른 곳이 아니라 바로 이곳으로 이끌었다. 그 순간을 떠올려 보라. 당신이 군중을 따라갈 수도 있었지만, 다른 길로 방향을 바꾸었던 그 순간을. 그리하여 지금 당신은 여기에 있고, 그들은 저기에 있다. 당신은 어떻게 여기에 오게 되었는가? 누군가가 당신이 여기에 있을 수 있도록 희생했다. 누군가가 긴 시간을 일하고, 밤새 기도하며 당신이 여기에 올 수 있도록 했다. 그렇다면 이제 당신이 여기에 있다는 사실로 무엇을 할 것인가? 할아버지는 종종 이렇게 말씀하셨다. "우리는 우리가 심지 않은 나무 그늘 아래에 앉아 있고, 우리가 파지 않은 우물에서 물을 마시고 있지". 그렇다면 당신은 여기에 있는 동안에 나무를 심고 우물을 파고 있는가? 아니면 그냥 그저 여기에 있을 뿐인가? 당신은 왜 여기에 있는가?

내면의 교사가 바로 이 시간, 이 페이지로 당신을 이끈 데에는 이유가 있다.

이 질문과 함께 살아가고, 그 질문을 사랑하라.

3분 동안……. 30초 동안……. 겸손한 질문을 던지고……. 감사로 마무리하라.

▌질문 3: 내 재능은 무엇인가?

너무 많은 사람이 다른 이들이 정의한 재능으로 자신의 진짜 선물을 가리고 살아간다. 그리고 어떤 이들은 자신에게 아무런 재능이 없다고 믿는다. 내 오랜 친구이자 진행자인 플로이드 우드Floyd Wood가 한 번은 플로리다에서 200명의 흑인과 유색인종 청소년들로 가득 찬 방에서 이 질문을 던진 적이 있다. 한 원 안에서 조용하고 내성적인 한 소년이 대답했다. "저에겐 재능이 없어요". 그러자 그 맞은편에 앉아 있던 건장한 미식축구 선수가 그 말을 가만히 듣고만 있지 않았다. 그는 질문을 던졌다.

"너는 무엇을 가르칠 만큼 잘할 수 있니?" 마른 체구의 수줍은 소년은 작게 중얼거렸다. "테니스요". "그럼 나를 가르칠 만큼 잘할 수 있어?" "그럴 수 있어요". 그가 작은 목소리로 대답했다. "그럼 너의 재능은 가르치는 거야". 그 순간, 감정의 댐이 무너지고 눈물이 쏟아졌……. 그리고 또 쏟아졌……. 끝없이 흘렀다. 5분 동안, 이 두 청년은 방 한가운데에서 서로를 껴안고 울었다. 그날이 바로, 마른 체구의 소년이 처음으로 자신에게 재능이 있다는 것을 깨달은 순간이었다. 그렇다면 당신의 재능은 무엇인가? 이것은 가치 있는 질문이다. 마음속에 여전히 해결되지 않은 것들에 대해 인내심을 가지라. 내면의 교사가 당신을 인도하도록 하라.

3분 동안……. 30초 동안……. 겸손한 질문을 던지고……. 감사로 마무리하라.

질문은 점점 더 어려워진다.

질문 4: 문제로 여겨진다는 것은 어떤 기분인가?

이 질문을 처음 던진 사람은 내가 아니다. 듀보이스^{W. E. B. Du Bois}는 그의 1903년 고전 『흑인의 영혼^{The Souls of Black Folk}』에서 이 가슴 아픈 질문을 남겼다. "문제로 여겨지는 것은 어떤 기분인가?" "세상의 기준으로 여겨지고, 모든 희망을 짊어진 채 세상에 홀로 남겨지는 것은 어떤 기분인가?" "세상의 바닥으로 여겨지고, 결코 큰 사람이 되지 못할 거라며 세상에 홀로 남겨지는 것은 어떤 기분인가?"

나는 이 질문을 바하마의 해쳇 베이^{Hatchet Bay} 청소년들에게 던졌다. 해쳇 베이는 외진 곳에 위치한 과거에 닭 농장이 있던 마을이다. 농장은 문을 닫았지만, 마을 주민들은 여전히 농장의 더러움과 냄새로 상징화되곤 했다. 학교에서 이 청소년들은 이런 말을 듣곤 했다. "너희는 아무것도 될 수 없어……. 너희 엄마처럼, 아빠처럼, 삼촌처럼 될 거야……. 왜냐하면 너희는 해쳇 베이 출신이니까". 그러나 내가 이 질문을 던졌을 때, 한 초롱초롱한 눈빛의 소년이 이렇게 답했다. "우리 엄마는 늦게까지 일하세요. 그래서 늦게 동생들에게 밥을 먹이고, 숙제를 도와주고, 밤에 재워요. 저는 문제가 아니에요. 저는 문제를 해결하는 사람이에요". 자신이 문제라는 꼬리표를 받아들이고 나면, 비록 그들의 문제가 당신의 것과 다를지라도 타인을 향한 공감의 능력이 생긴다.

당신은 문제로 여겨진 적이 있는가? 그것은 어떤 기분이었는가?

당신은 은퇴한 부유한 백인 남성일 수도 있고, 새로운 길을 개척하는 젊은 히스패닉 여성일 수도 있다. 그런 기분을 느껴 본 적이 있는가? 나는 당신의 고통을 알지 못한다. 그러나 당신의 내면의 교사는 그것을 느낀다. 신뢰의 원을 찾아 당신의 진실을 나눠 보라. 거기에는 공감과 연민이 기다리고 있다.

3분 동안……. 30초 동안……. 겸손한 질문을 던지고……. 감사로 마무리하라.

질문은 점점 더 어려워진다. "나는 누구인가?"라는 질문이 정체성에 대한 물음이라면, "나는 왜 여기에 있는가?"는 목적에 대한 질문이다. "내 재능은 무엇인가?"는 소명에 관한 질문이고, "문제로 여겨진다는 것은 어떤 기분인가?"는 회복력에 관한 질문이다.

그리고 마지막 질문은 유산에 관한 것이다.

질문 5: 내가 어떻게 해야 선한 죽음을 맞이할 수 있을까?

이 질문은 우주적 신학자인 하워드 워싱턴 서면Howard Washington Thurman에게서 비롯되었다. "선한 죽음이란 무엇인가?" 갱단의 두목이라면, 선한 죽음이란 당신의 얼굴이 새겨져 있는 티셔츠일까? 기업의 임원이라면, 선한 죽음이란 밤에 한 번도 안아 준 적 없는 자녀들의 계좌에 수많은 돈을 남기는 것일까? 우리는 얼마나 죽음을 두려워하는가. 그러나 선한 죽음은 선한 삶 위에 세워진다. 어느 날 나는 내 아이들을 데리고 학생 운동가들의 모임에 참석했다. 아이들은 헤드폰을 쓰고 유튜브를 보며 시간을 보냈고, 나는 전략 회의에 참여했다. 회의가 끝난 후에 학생들은 시위 현장으로 돌아갔다. 차로 걸어가는 길에 내 일곱 살 아들이 겸손한 질문을 던지기 시작했다. "왜 사람들이 시위를 하는 거예요?" 그의 마음속에 자리 잡은 사회적 불안을 희석할 수 없었던 나는 이렇게 설명했다.

"어떤 경찰들이 담배를 팔다가 잡힌 흑인을 죽였어. 하지만 그 경찰들은 감옥에 가지 않았단다". 밤하늘 아래, 갈색 피부의 아들은 침묵에 잠겼다. 그리고 그 고요를 깨고 들려온 말. "아빠, 제가 다음인가요?" 내 영혼을 뒤져서 그에게 충분한 답을 찾으려고 노력하며 말했다. "아들아, 너희 엄마와 나는 너를 지키기 위해 열심히 일하고, 기도하고 있어". "아빠, 저는 아빠가 위대해지지 않았으면 좋겠어요……. 위대한 사람들은 죽임을 당하니까요……. 저는 아빠가 그냥 제 아빠였으면 좋겠어요". 내 아이들을 위해 나는 선한 삶을 살고, 좋은 죽음을 맞고 싶다. 그렇다면, 당신은 어떻게 해야 선한 죽음을 맞이할 수 있는가?

깊음이 깊음에게 말하도록 하라. 아래의 사랑이 위로 솟아오르게 하라.

3분 동안……. 30초 동안……. 겸손한 질문을 던지고……. 감사로 마무리하라.

이웃에게 사랑을 나누라.

다섯 가지의 어려운 질문을 진행할 때마다, 처음 만난 사람들이 눈물을 나누고 서로를 껴안는다. 짧은 순간 동안에 예상치 못했던 동반자들이 이웃의 사랑을 경험한다. 그러나 깊은 틈을 올라온 뒤의 희열 속에서 나는 이 새롭게 형성된 이웃들에게 이 다섯 가지의 질문을 던져 보라고 도전한다.

"우리는 누구인가?"

"우리는 왜 여기에 있는가?"

"우리의 재능은 무엇인가?"

"문제로 여겨진다는 것은 어떤 기분인가?"

"우리는 어떻게 해야 선한 죽음을 맞이할 수 있을까?"

이 어려운 질문들은 개인적으로도, 공동체적으로도 끊임없이 내 영혼의 깊은 곳을 맴돈다. 이 질문들은 나와 '두려움 없는 대화'를 정체성, 목적, 소명, 회복력 그리고 유산에 대해 깊이 고민하게 한다. 또한 무지해 보일지도 모른다는 불안과 두려움을 내려놓고 모름의 여정을 기꺼이 받아들이도록 한다. 이 질문들은 나와 우리에게 상기시켜 준다. 겸손히 귀 기울일 준비가 되어 있다면 내면의 스승들은 가장 예상치 못한 장소에서 모습을 드러낸다는 것을. 지하철에서, 지하 강의실에서, 돌로 간 옥수수로 만든 죽을 나누는 자리에서, 플로리다의 남성적 에너지로 가득한 방에서, 그리고 갈색 피부의 소년이 있는 시위 현장 가까이에서.

내면의 스승이 머무는 세 발짝 거리 안에서 세상은 변화한다.

마지막 말:
기도

◆

"내가 하늘에 올라가도 주님은 거기 계시고,

내가 땅속 깊은 곳에 눕는다 해도 주님은 또한 거기 계십니다".49

나는 감사드립니다. 10여 년 전,

당신은 우리와 함께 땅속 깊은 곳에 계셨음을.

당신은 그곳에 계셨습니다…….

교수가 그의 진실을 자유롭게 말했던 지하철의 깊은 곳에서.

당신은 그곳에 계셨습니다…….

시선이 천장에서 내려오고,

내 약혼자가 질문하며,

내가 계산서를 들어 올리던 그 순간에.

당신은 그곳에 계셨습니다…….

내가 고개를 들어 눈을 마주했을 때,

그가 내 눈동자를 사랑스럽게 바라보던 그 순간에.

당신은 그곳에 계셨습니다…….

고요 속에서,

공간이 좁아지고,

시간이 멈추며,

낯선 이들이 가족이 되어 가는 그 순간에.

당신은 그곳에 계셨습니다…….

우리와 가까이에서,

내면의 교사들을 초대하시며,

우리에게 인도와 위로를 주시고,

공감적으로 듣고,

겸손히 질문하도록 하셨습니다.

움직이게 하소서, 사랑하는 하나님,

깊음이 깊음에게 말할 수 있도록.

우리의 집에서,

우리의 공동체에서,

우리의 나라에서,

우리의 세계에서,

삶의 가장 어려운 질문들과 마주하게 하소서.

"우리는 누구인가?"

"우리는 왜 여기에 있는가?"

"우리의 재능은 무엇인가?"

"문제로 여겨진다는 것은 어떤 기분인가?"

"우리는 어떻게 해야 선한 죽음을 맞이할 수 있을까?"

깊은 곳에서 진실이 떠오르는 그 기다림의 순간에,

은혜로우신 눈물의 하나님,

우리에게 당신의 축복을 내려 주소서.

당신은 단 하나의 눈물을,

감사의 긴 여정 속에서

땅속 깊은 곳까지 스며들게 하시고,

갈증을 해소하는 생명의 물로 변화시키시는 분입니다.

지하철 교수들, 내면의 교사들 그리고 당신의 성령께서 주시는

지혜로운 가르침에

우리는 감사드리며,

이 모든 것을

당신의 이름으로 구합니다.

아멘.

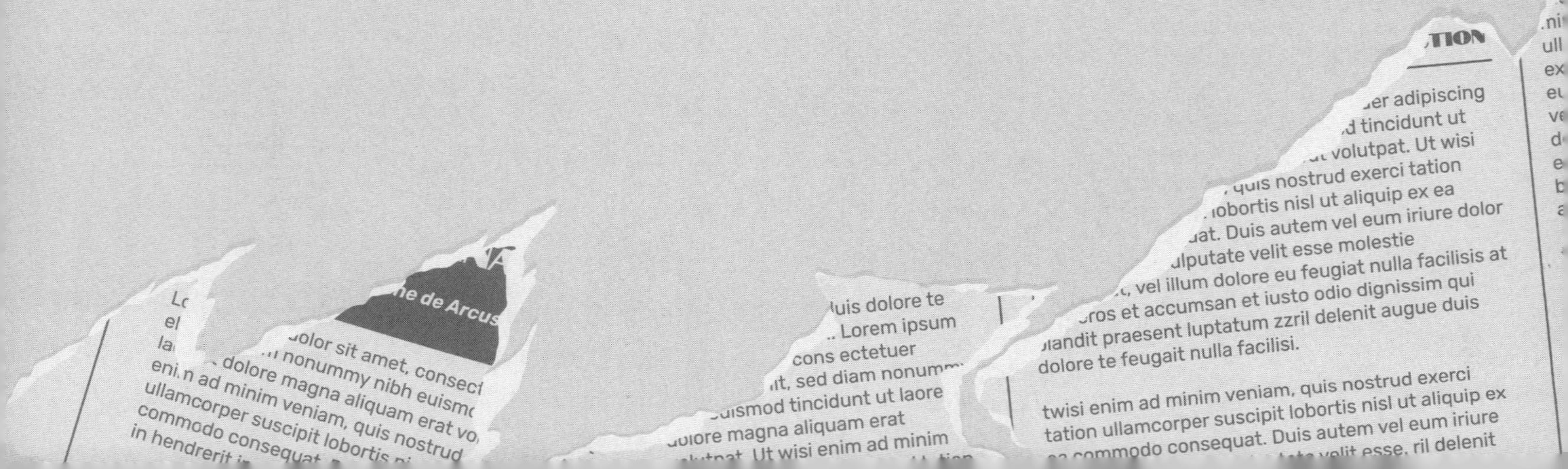

제6장

선한 죽음을 위하여
억압적 시스템에 대한 두려움

우리가 조건 없는 환대를 실천하고,

어려운 질문들과 마주하며,

빅 스리를 중단시키고,

두려움 없이 살아가기로 한다면.

그것을 3피트씩, 천천히 나아가며 이루어가자.

그리고 나는 그곳에 서 있었다. 벽에 등을 기댄 채 고개를 이리저리 돌려 가며 식당을 훑었다. '빅 스리Big Three'를 찾기 위해서였다. 작고 친구도 없는 나는 단지 살아남는 것만이 사흘째 되는 날의 유일한 목표였다. 배는 고팠지만, 가슴속에 자리 잡은 두려움이 나를 점심 도시락통의 뚜껑조차 열지 못하게 했다. 배고픔은 내 걱정거리 중 가장 하찮은 것이었다. 빅 스리의 모습이 보였기 때문이다. 그들은 내 반 친구들 위로 거대하게 드리우며, 신입생들 사이를 거침없이 헤치고 다녔다. 그리고 그들의 눈은 나를 향하고 있었다. 이번 셋째 날은 달랐다. 내 소중한 물건을 절대로 내주지 않겠다고 마음먹고, 나는 주먹을 꽉 쥔 채 깊게 숨을 들이쉬었다.

다섯 살 때, 나는 지갑도 없었고 지폐도 없었다. 나의 유치원 화폐는 닐라 웨이퍼Nilla wafers였다. 이 동그랗고 황금빛 갈색이 나는 과자는 엄마의 '바나나 푸딩' 위의 솜털 같은 머랭 쿠키처럼 떠 있곤 했다. 바나나 푸딩이 사라진 며칠 후, 아빠와 나는 나무 프레임의 오래된 TV 앞에서 농구 경기를 보며 엄마의 머랭 위에 올리기엔 모양이 부족했던 웨이퍼●들을 나눠 먹었다. 할머니도 닐라 웨이퍼를 좋아하셨다. 더운 여름날, 우리는 이 달콤한 과자를 얼음처럼 차가운 우유에 찍어 먹곤 했다. 우유에 살짝 담그면 딱딱했던 과자의 겉면은 입 안에서 녹아내리며 우리의 미각에 달콤한 안식처를 제공했

● 얇은 원형의 모양으로 구워낸 빵이나 쿠키를 뜻하는 단어로 가톨릭의 성체성사에서 사용하는 제병도 웨이퍼의 일종이다.

다. 닐라 웨이퍼는 단순한 과자를 넘어 집을 떠올리게 하는 소중한 기억의 일부였다. 하지만 유치원 첫 이틀 동안, 괴롭히는 아이 셋에게 소중한 화폐도, 평온도 빼앗겼다.

셋째 날, 빅 스리가 다가오는 것을 보며 나는 지휘자의 막대를 기다리는 관악기처럼 깊이 숨을 들이마시고 맞설 준비를 했다. 그러나 불협화음이 시작되기 직전에 한 온화한 거인이 내 몸과 빅 스리 사이를 막아섰다. 그가 말했다. "얘는 내 사촌이야. 너희 이제 더는 이 아이 과자 못 가져가". 가장 덩치 큰 아이가 나를 한 번 더 쳐다보더니 아무 말 없이 돌아섰고, 나머지 두 명도 그를 따라 군중 속으로 사라졌다.

그 온화한 거인은 손을 내밀며 자신을 소개했다. "브랜든 윌리엄스Brandon Williams야". 그 순간부터 브랜든은 내 인생의 기준점이 되었다. 그는 사교적이고 유쾌했으며, 나는 그의 모습을 본받아 우정을 쌓아 갔다. 고등학교에 이르러 우리는 같은 농구 코트를 공유했고, 내 점프슛은 그의 뛰어난 시야와 조화를 이루었다. 십대 시절 우리는 어깨를 나란히 했지만, 내 눈에 브랜든은 여전히 거인이었다. 그리고 그는 나에게 거인이 쓰러질 때, 땅이 흔들린다는 것을 가르쳐 주었다.

사람들은 그것을 올해의 경기라고 불렀다. 거의 2천 명이 프레데릭 더글라스 고등학교의 낡은 나무 관중석에 빼빼이 모여 라이벌 학교인 벤저민 E. 메이스와의 홈경기를 지켜보았다. 체육관에는 긴장이 팽팽했고, 팬들은 득점 때마다 환호성을 질렀다. 갑자기 관중석에서 소란이 일어났고, 경기가 잠시 중단된 채 경찰이 학생 몇 명을 체육관 밖으로 데리고 나갔다. 멀리서 보니 그중 한 명이 브랜든을 닮아 보였다. 경기는 다시 진행되었다. 누가 이겼는지는 기억나지 않는다. 그러나 그날 밤 늦게 받은 전화는 결코 잊지 못할 것이다.

브랜든은 결국 체육관 밖으로 끌려 나간 무리 속에 있었다. 경기 중에 시작된 실랑이는 마지막 버저가 울린 뒤 동네 핫윙^{hot-wing} 가게에서 다시 불붙었다. 12년 전 나를 위해 그랬던 것처럼, 브랜든은 이번에도 서로 대립하는 무리 사이에 자신의 몸을 내놓았다. 그러나 이번에는 거대한 상대들이 등을 돌리지 않았다. 예기치 못한 주먹에 맞아 쓰러진 브랜든의 몸은 이내 총알에 뚫리고 말았다.

그 이후로 몇 달 동안, 내가 한때 소중히 여겼던 닐라 웨이퍼에서는 금속의 씁쓸한 맛이 배어 나왔다. 온화한 거인의 비극적인 죽음에 묶여 버린 내 삶은 무미건조한 회색빛으로 물들었고, 더 이상 희망의 멜로디가 내 가슴을 울리지 않았다. 친구들 중 많은 이가 나와 마찬가지로 금속의 맛을 느끼며 슬픔의 노래를 알게 되었다.

우리의 쇠사슬은

수호자의 손아귀에 있으며

라벨이 붙은 캐비닛 속

쿠키 옆 두 번째 선반에 놓여 있다…….

때로는 덜컹거리는 소리가 난다.

오직 쿠키만 신경 쓰고

그것을 아삭거리는 당신은 그 소리를 듣지 못한다.

당신은 놀라운 음악을 듣지 못한다…….
'죽기 전에 당신을 위한 죽음의 노래'.
만약 그 소리를 들을 수 있다면
당신 또한 음악을 만들었을 것이다.[1]

오랜 시간 동안, 내 가슴 속에는 음악이 아닌 침묵만이 자리 잡았다. 시간이 흐르고 나서야 나는 침묵을 뚫고 브랜든의 이야기를 용기를 내어 전할 수 있었다. 이는 잘 살아 낸 그의 삶에 대한 헌사였다. 눈물을 머금고 나는 익숙한 낯선 사람들 앞에서 우리의 우정을 이야기했다. 그의 삶은 정의롭고 희생적이었으며, 그리스도를 닮아 있었다. 그러나 학생들과 세계 곳곳의 예기치 못한 동료들 앞에서 그의 용기에 대해 여러 번 이야기했음에도 불구하고, 그의 이야기를 글로 쓰는 것은 늘 준비되지 않은 상태였다.

이 장의 첫 페이지를 쓰기 시작한 것은 12월 중순이었다. 그러나 그 이후 매일 책상으로 돌아와도 글은 이어지지 않았다. 3주 넘게 나는 글이 막힌 채 마음속 음악 없는 침묵의 영역을 다시 떠올릴 뿐이었다.

그 3주간의 침묵 속에서 나는 브랜든과 그의 평화를 위한 개입 전략을 은유적으로 바라보기 시작했다. 빈 페이지 앞에서 나는 언어를 조작하고, 행동을 규정하며, 무엇이 바람직하고, 수용 가능하며, 정상적인지에 대한 기준을 형성하는 거대한 억압적 시스템들을 떠올렸다. 그리고 나는 외형적으로 거대하며, 냉담하고, 비인간적인 기계처럼 보이는 이 시스템에 대해 생각했다. 흰 여백을 바라보면서 나는 도움을 갈구하고 생존을 위해 싸울 준비가 되어 있는 사람들과 공동체의 억눌린 분노와 눈물 없는 울음을 느꼈다. 그들의 눈 속에서 나는 내 뼛속까지 느끼는 실존적인 피로감을 보았다. 그 지친 영혼 속에서 나는 정치적·교육적·경제적 혹은 가족의 형태를 막론하고 권력을 오용하는 시스템은 희망을 위협함으로써 벽에 몰린 이들을 불안정하게 만들 수 있다는 것을 깨달았다. 그리고 나는 희망을 위협하는 이 거대한 시스템들을 '빅 스리'로 보게 되었다. **절망**, **무관심**, 그리고 **수치심**. 이 세 가지 위협 중 하나라도 사람들의 마음에 스며든다면 불의한 시스템에 저항하는 것은 훨씬 더 어려운 도전이 된다.

은유적으로 사고하면서 나는 브랜든의 삶을 새롭게 바라보게 되었다. 그는 빅 스리를 막기 위해 자신을 거대한 탑과 작은 이들 사이에 놓았다. 그의 중재는 즉각적으로 내 삶에 희망을 불어넣었지만 그러한 개입이 그를 위험의 중심에 놓았다는 점은 결코 과소평가할 수 없다.

스무 날이 넘는 조용한 성찰의 시간 동안, 내 영혼은 이 은유와 그것이 나의 소명, 희망에 대한 나의 이론, '두려움 없는 대화'가 사회 변화를 접근하는 방식에 계속해서 어떻게 영향을 미치는지에 대해 씨름했다. 글을 쓰는 동안의 정체기 속에서 통찰력을 깊게 하기 위해서 성경과 하워드 서먼, 마틴 루터, 루터 스미스, 그리고 도널드 캡스의 저작에서 지혜를 구했다. 이 위대한 스승들과의 동행, 침묵 속에서 나는 내 호흡의 리드미컬한 소리를 들을 수 있었다.

나는 설탕이 든 과자가 결코 채울 수 없는 깊은 허기를 만족시키는 호흡의 선율을 들을 수 있었다. 그 선율은 단순했다. "하나님의 나라는 너희 안에 있다".³ 진정한 구절 속에서 나는 어떤 수호자도, 심지어 죽음의 덜컹거리는 쇠사슬조차도 가슴 깊은 곳에서 울려 퍼지는 희망의 소리를 막을 수 없음을 깨달았다.

그리스도는 살아 있는 상징으로서, 브랜든의 생명력 넘치는 영혼은 내 깊은 영혼에 깊은 울림을 주었다. 소명, 희망 그리고 사회적 변화의 완벽한 조화를 이루는 그의 삶과 죽음은 동일하게 중요했다. 그것은 바로 '하나의 호흡'으로 이어져 있기 때문이다. 브랜든은 많은 이에게 영감을 주었고, 용기 있고 충만한 삶을 살았다. 비록 그의 죽음은 비극적이었지만, 그것 또한 대담하고 강렬한 영향을 미쳤다. 선한 삶은 결국 선한 죽음을 낳는다. 1994년 겨울의 운명적인 밤 이후, 브랜든의 삶과 죽음이라는 '하나의 호흡'은 내가 유한한 숨결을 사용해 '두려움 없는 대화'를 통해 억압적 시스템을 전략적으로 막아야 한다는 결심을 새롭게 하게 했다.

역사는 선한 삶과 선한 죽음이 악의적인 개인적·제도적 골리앗의 목조름을 끊어 낼 수 있음을 보여 준다. 이 마지막 장에서 우리는 브랜든의 삶과 죽음을 지배하는 은유를 통해 저항의 소명, 희망의 이론 그리고 '두려움 없는 대화'가 억압적 시스템에 저항하기 위해 사용하는 전략들을 탐구하고자 한다. 그러나 그전에 사랑하는 독자를 위한 몇 마디를 남기고자 한다.

이 장을 쓰는 동안 나는 내 마음의 그림자 속에서 길고 신성한 침묵에 직면했다. 그 빛나는 어둠 속을 헤쳐 나가며 믿음직한 동료들은 나에게 비전, 신앙 그리고 유한한 삶에 대한 날카로운 질문들을 던졌다.[4] 그 질문들은 내 영혼의 어두운 동굴을 인도하는 불기둥과 같았다. 이 궁극적 현실에 직면하는 아름다운 투쟁 속에서 얼마나 많은 것을 배웠는지 깨달으면서 이 장에서는 여러분도 스스로와 '두려움 없는 대화'를 나눌 기회를 가질 수 있도록 하고자 한다.

다음 페이지에서 펼쳐질 이야기와 탐구할 이론들이 여러분에게 거울과 같은 역할을 하기를 바란다. 여러분 자신의 거대한 골리앗들을 떠올리고, 빅 스리에 맞서며, 여러분을 위해 개입했던 온화한 거인들을 되돌아보는 시간을 가지길 바란다. 그리고 이 신성한 침묵을 배움과 감사의 공간으로 환영하기를 권한다. 이 계정들은 또한 여러분이 자신의 소명을 재평가하고, 희망을 되찾으며, 새로운 열정으로 봉사할 계기가 되길 바란다. 이러한 이유로 나 자신이 믿음직한 동료들의 자리에 서서 여러분의 발견을 자극할 날카로운 질문들을 제안한다. 이 성찰의 침묵 속 여정에서 여러분이 소명의 완벽한 음조와 희망의 깊은 울림을 듣기를 기도한다. 바로 이 내면의 음악이 우리의 정의에 대한 피로를 잠재우고, 이 세상에서 억압적 시스템을 막아 내며, 우리 또한 선한 죽음을 맞이할 수 있도록 이끌 것이다.

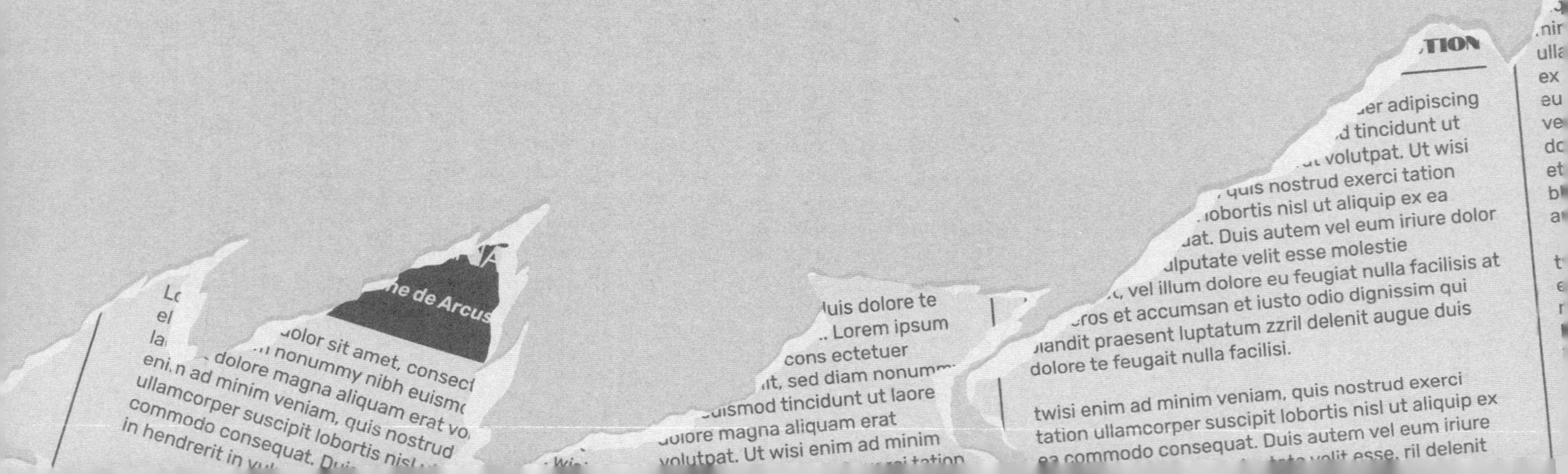

활동가의 초상:
소명에 대한 의문, 왜곡된 자기

◆

화산은 스스로 원하는 순간에 폭발한다. 그 용암은 길을 내며 지나간다. 파괴의 흔적 속에서 새로운 삶은 다시 시작되어야 한다.

대학원을 졸업한 후, 나는 불안정한 지점 위에 내 소명의 천막을 세웠다. 표면적으로 나는 젊고 자신감 넘치며 세련된 옷을 입은 종신 재직 트랙 교수로, 가르침, 설교 그리고 옹호를 통해 사람들을 돌볼 능력을 갖춘 사람처럼 보였다. 그러나 내면에서는 작은 의심들이 끊임없이 터져 나와 내 소명의 전망에 균열을 만들어 냈다.

무대 뒤에서만 활동하는 공적 지식인이 무슨 의미가 있을까?
강단 없이 어떻게 예언자적인 설교자가 될 수 있을까?
드물게 시위 현장에 나가는 내가 스스로를 활동가라고 부를 수 있을까?

분출되는 증기, 재의 냄새, 내면에서 울려 퍼지는 천둥 같은 진동은 충분히 경고가 되어야 했다.

그러나 나는 1년 하고 하루 뒤에 일어난 소명의 폭발에 전혀 대비하지 못했다. 그것은 마이클 브라운의 비극적인 죽음이 있은 후였다. 내가 사는 애틀랜타에서 멀리 떨어진 미주리주 퍼거슨에서는 여전히 사회적 불안이 계속되고 있었다. 2015년 8월 첫 주, 수많은 옛 친구, 동료, 멘토가 '쇼미주*'로 몰려들었다. 멀리서 나는 마이클 브라운을 추모하고, 경찰의 폭력에 항의하며, 미국이 체계적 인종차별의 역사를 직면하도록 요구하는 패널, 연구회, 집회에 대해 읽었다. 소셜미디어와 전국 뉴스 채널을 통해 가까운 친구들이 시위에 참여하고, '흑인의 생명도 소중하다 Black Lives Matter' 운동을 이끄는 대담한 젊은이들과 함께 서 있는 모습을 추적했다.

그 월요일 오후, 나는 300명의 시위대가 크라이스트 처치 대성당에서 미주리주의 토마스 이글턴 연방법원으로 행진하는 모습을 디지털로 따라가며 내면 깊숙이 불타오르는 감정을 느꼈다. 오후 1시 30분경, 시위대 중 약 4분의 1이 법원을 둘러싼 바리케이드를 넘어서면서 내 마음속의 용암이 끓어올랐다. 무장하지 않은 시위대는 경찰 장비와 방탄 조끼를 입은 거대한 존재들과 마주하며 서로 팔을 엮어 인간 사슬을 만들어 갈등에 대비했다. 구금될 것을 예상했지만, 내가 예상하지 못했던 것은 페이스북 뉴스피드에 흘러나온 '그 사진'을 보는 순간 내 영혼을 태우며 내 소명의식을 뒤흔든 뜨거운 용암이었다.

'그 사진' 속에는 내 스승, 오래된 친구 그리고 나의 여동생이 방탄복을 입은 경찰들 앞에서 팔을 맞잡고 서 있었다. 페이스북의 댓글들이 그 사진에 '좋아요'를 누르고 각자의 의견을 쏟아내는 동안, 내 눈에는 눈물이 맺혔고, 화면에서는 용암이 솟아오르는 듯했다.

* 미국 미주리주의 별칭.

죄책감, 위선, 소명에 대한 불안감으로 마음이 타올라서 나는 노트북을 닫았다. 몰아치는 질문들이 학자로서, 목회자로서, 그리고 활동가로서의 나의 자기 인식을 송두리째 흔들었다.

"나는 어디에 있는가?"
"왜 나는 여기에 있는가?"
"왜 나는 거기에 있지 않은가?"
"나는 누구인가?"

그 사진을 몇 시간이고, 몇 날이고 바라보면서 마음속의 폐허를 떠돌았을 때 단 하나의 질문만이 남았다.

"나는 무엇이 아닌가?"

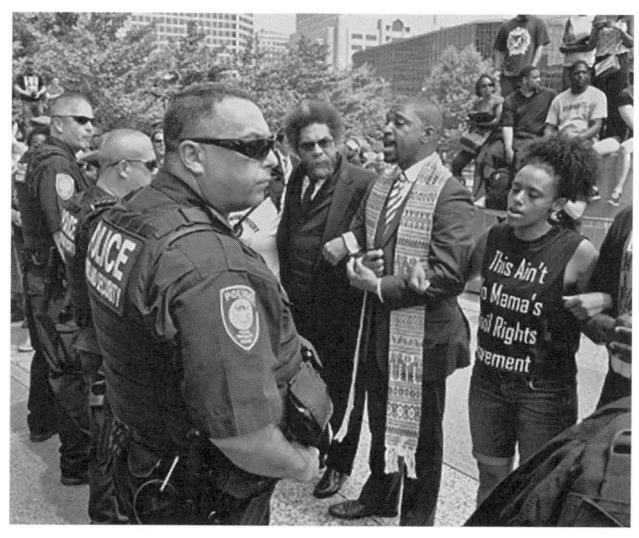

한편으로 '그 사진'은 나의 교육적 형성, 목회적 소명, 활동가로서의 정체성에 대해 수천 마디를 말해 주는 듯했다. 그러나 또 다른 한편으로 그것은 나를 공적 지식인으로서, 예언자적인 목회자로서, 최전선의 활동가로서 이해했던 나의 자기 인식을 무너뜨렸다. "나는 누구인가?"와 "나는 무엇이 아닌가?"라는 질문의 교차점에 선 나는 이 소명적 위기로 인해 몇 달간 비판적 성찰과 치료적 개입의 시간을 보내야 했다. 불타 버린 소명의 잔해를 뒤적이며 나는 희망의 흔적과 삶의 교훈을 찾으려고 애썼다.

당신도 그런 경험이 있는가? 어떤 결정이, 혹은 더 정확히 말해서 어떤 결정이 당신을 대신해서 내려져서 당신의 목적의식과 소명의식을 흔들어 놓았는가? 당신이 이루어 온 모든 것이 잿더미로 남았을 때, 당신은 어떻게 의미를 찾아가는가?

그러니……. 이제 무엇을 해야 하는가?

나 자신과의 '두려움 없는 대화'는 필수적이었다. 그래서 나는 성찰적 침묵의 공간으로 들어가서 '그 사진'을 은유적으로 해체하는 과정을 시작했다. 산산이 깨진 이미지는 내 자신으로 돌아가는 로드맵이자 소명을 되찾기 위한 나침반이 되었다. 먼저 나는 '그 사진' 속에서 주인공으로 여겨지는 세 사람—내 스승, 오래된 친구 그리고 내 여동생을 살펴보았다. 그리고 나는 거대한 존재들에 대한 깨달음을 얻게 되었다.

◆ 스승

사진의 중앙에는 검은색 정장과 넥타이를 단정히 차려입은 내 스승 코넬 웨스트Cornel West가 서 있었다. 그는 사회 비평가로서 철학적 깊이와 언론 앞에서의 재치 있는 입담 그리고 억압받는 이들의 편에 서는 사랑의 윤리로 전국적으로 알려진 인물이다. 나는 2004년 프린스턴 대학교에서 그가 공동으로 가르쳤던 박사 세미나 '아프리카계 미국 지성사 입문' 수업에서 처음 그를 만났다. 수업에서는 경제적 불평등, 교육적 격차 그리고 백인 우월주의에 맞서서 목소리를 냈던 모든 공적 지식인에 대해 논의했다. '그 사진' 속에서 웨스트는 사진작가 너머를 응시하며 마치 나에게 묻는 듯했다. "아프리카계 미국 지식인들의 계보 속에서 너는 어디에 속해 있는가?"

공적 지식인으로서의 나를 고민하며 답을 떠올렸다.

나는 코넬 웨스트가 아니다. 나는 W. E. B. 듀보이스, 부커 T. 워싱턴, 애나 줄리아 쿠퍼, 토니 모리슨, 제임스 볼드윈이 아니다. 나는 아니다. 나는 아니다. 나는 아니다.

◆ 목회자 친구

스승 곁에는 물가에 심어 흔들림 없이 선 나무처럼 든든한 내 목회자 친구인 스타스키 윌슨 목사가 서 있었다. 스타스키 목사와 나는 그의 신학교 마지막 해에 세인트루이스 외곽의 조용한 마을에서 처음 만났다. 그때부터 그는 인종, 교육 격차, 계급으로 나뉘지 않는 공동체를 향한 예언적 비전을 명확히 제시했다. 나는 그가 디코네스 재단Deaconess Foundation의 CEO로 임명되거나, 미주리주의 주지사로부터 퍼거슨 위원회의 공동 의장으로 임명되거나, 세인트존 유나이티드 교회의 담임 목사로 선택되기 훨씬 전에 그의 꿈을 엿볼 수 있었다. 그러던 2014년 8월 9일, 마이클 브라운이 그가 목회하던 교회에서 14마일(약 22.5km) 떨어진 곳에서 총격을 당했다. 퍼거슨의 분노가 과거 셀마 몽고메리 행진*을 떠오르게 하던 시기에 스타스키 목사와 같은 소수의 예언적 지도자들이 나타나기 시작했다. 스타스키 목사는 낮에는 자선가로서 자신의 자원을 활용하고, 신앙 공동체의 일부 구성원들과 협력해서 피난처를 제공했다. 밤이 되면 그는 혹독한 환경 속에서 젊은 활동가들 뒤에 서서 그들이 "왜 진압복을 입었습니까? 여기에는 폭동이 보이지 않습니다!"라고 외쳤다. 나는 날마다 '그 사진'을 바라보았고, 사랑하는 친구의 눈 속에서 예언적 설교 전통의 최고를 보았다. 그럼에도 불구하고 나는 스스로 묻지 않을 수 없었다.

"나는 누구인가?" 나는 스타스키 윌슨이 아니다. 나는 마틴 루터 킹, 아담 클레이튼 파월, 트레이시 블랙몬, 테레사 프라이 브라운, 가드너 C. 테일러가 아니다.

나는 아니다. 나는 아니다. 나는 아니다.

◆ 활동가 여동생

무장한 경찰들 앞에 서 있는 내 여동생의 모습을 보는 것이 더 충격적이었는지, 아니면 그녀의 민소매 셔츠에 적힌 선언적 문구 "이건 당신 엄마의 시민권 운동이 아니다"를 받아들이는 것이 더 충격적이었는지는 아직도 알 수 없다. 라히엘 테스파마리암 Rahiel

* 1965년에 벌어진 미국 인권 운동의 정치적, 감정적 최고조기를 형성한 피의 일요일(Bloody Sunday)을 포함한 세 개의 행진을 가리킨다.

Tesfamariam은 혈연적인 의미의 여동생은 아니지만, 처음 만난 지 몇 시간 만에 우리는 서로가 가족임을 느꼈다. 내가 프린스턴 신학교에서 박사과정을 밟고 있을 때, 라히엘은 예일 신학대학원에서 대학원생이자 정의를 위한 국제 대사로서 날개를 펼치고 있었다. 항상 명확하고 설득력 있는 글을 쓰며 독자의 마음을 움직이고 영혼을 울리는 그녀의 능력을 알고 있었기에 졸업 후에 라히엘이 신앙과 문화를 주제로 한 온라인 잡지를 창간하고, 나중에 워싱턴 포스트의 칼럼니스트가 된 것은 놀랄 일이 아니었다. 캘리포니아와 워싱턴 D.C.에서 조직가로 활동했던 경험 덕분에 라히엘은 기존의 '존중받는 정치'에 얽매이지 않는 새로운 세대의 활동가들의 목소리를 대변하는 중심 인물로 떠올랐다. 안젤라 데이비스, 아사타 샤쿠르, 스토클리 카마이클, 다넬 무어 그리고 블랙 라이브스 매터 운동의 수많은 이들과 마찬가지로, 내 여동생은 흔들림 없이 단호히 서 있었다. 하지만 나는 라히엘 테스파마리암도 아니고, 앞에 언급된 정치적 활동가들도 아니다. 나는 아니다. 나는 아니다.

◆ 거대한 존재들

'그 사진'은 내가 이상적으로 그리던 학자, 목회자, 활동가의 모습에 부합하지 않다는 사실 때문에 나를 괴롭혔다. 그러던 어느 날, 나는 사진 속 거대한 존재들을 알아차렸고, 그 은유는 더 깊어졌다. 스승, 친구, 여동생 앞에 서 있던 방탄복을 입은 경찰 모두가 검은색 선글라스를 쓰고 있었다. 두 가지 생각이 떠올랐다.

1. 가려져 있는 눈은 영혼에 접근할 수 없게 만든다. 국가가 지급한 유니폼, 중무장 그리고 냉담한 표정과 함께 이 얇고 불투명한 유리 장벽은 경찰들과의 인간적인 연결을 차단했다. 그것은 또한 보호와 봉사를 맹세했던 이들을 거대한 군사 기계처럼 보이게 만들었다.

> 어떻게 하면 시스템을 비인격화하고 사람을 더 큰 기계의 일부로 비인간화하는, 희망을 약화시키는 경향에 저항할 수 있을까?
> 더 큰 시스템과 연관된 특정 개인을 본다면 우리가 무엇을 얻을 수 있을까?

2. 선글라스는 왜곡된 거울처럼 반영을 비춘다. 경찰들과 마주했을 때, 그 불투명한 렌즈를 바라보면 작아진 자신의 모습이 비친다. 우리가 거대한 존재들 앞에 설 때, 우리의 반영된 모습은 왜소하게 보이고, 변화를 만들어 낼 능력이 미미해 보일 수 있다. 이로 인해 우리는 무의식적으로 '나는 충분하지 않다'는 부정적인 소명에 매달릴지도 모른다.

> 드러누움 시위, 연좌 농성, 행진의 영향을 간과하지 않으면서도 우리는 행동주의를 더 확장된 개념으로 생각할 수 있을까? 그림 속의 행동주의의 틀에 꼭 맞지 않는 저항의 소명을 살면서 우리는 작음에 대한 왜곡을 어떻게 막아 낼 수 있을까?

'그 사진'의 상징성은 나를 내 소명의 중심으로 이끄는 내면의 미로와 같았다. 내 안에서는 스승, 목회자, 활동가가 나란히 서 있었지만, 이 세 가지 역할의 재능을 융합할 기회는 거의 없었다. 강의가 때로는 설교처럼 들리고, 설교가 학문적이고 교수처럼 들리며, 나의 옹호는 신앙에서 비롯되었지만, 이 세 가지를 통합할 수 있는 공간은 드물었다. 가끔 이 세 가지 소명의 정체성이 하나의 목소리를 낼 기회가 찾아오면 한편으로는 내적 해결의 온전한 평화를 느꼈다. 그러나 다른 한편으로는 내 방식이 너무 다르다는 이유로 다른 스승들, 목회자들, 활동가들로부터 외부의 비판적인 시선을 받아 불편함을 느꼈다.

> 만약 사회적 변화를 이루는 것이 궁극적인 목표이고, 소명의 온전함이 목적이라면 내가 비난받는 것을 왜 신경 써야 할까?

아마 당신도 열정과 일을 통합하려는 과정에서 이 같은 내적 분열과 외적 혼란을 느꼈을 것이다. 나는 궁금하다. 우리가 인종, 계급 같은 거대한 존재들 앞에 서서 내적으로 분열되어 있고, 다르게 섬긴다는 이유로 비난받는다면 변화를 어떻게 이끌어 낼 수 있을까? 그 해답을 찾기 위해, 우리는 우리 앞에 서 있는 거대한 존재들의 가려져 있는 눈을 들여다보아야 한다고 생각한다. 어두운 렌즈에 비친 우리의 모습 속에서 우리는 소명에 대한 불안감을 보면서 "나는 아니다."라는 끊임없는 부정이 우리의 변화 능력을 어떻게 약화시키는지 검토할 수 있다.

소속감의 문제와 평면적 존재의 위험:
부정의 소명을 넘어서

◆

몇 달 동안 나는 '그 사진'을 분석하며 부정의 과정을 통해 나의 소명을 정의했다. 나는 코넬 웨스트 같은 형태의 공적 지식인이 아니다. 나는 스타스키 윌슨 목사와 같은 방식으로 예언적 설교 전통을 실천하고 있지 않다. 나는 내 운동가적 여동생 라히엘 테스파마리암처럼 전선에 서거나 정치적으로 노골적인 글을 쓰지도 않는다. "나는 아니다."라는 생각에 사로잡혀서 나는 내 소명에 대한 어떤 확신도 잃어버렸고 질문이 다시 떠올랐다.

> 내가 누구는 아니라는 것이 분명하다면 나는 누구인가? 나의 차이를 부각하지 않으면서 소명을 실천할 방법이 있을까? 왜 나는 다른 사람들이 내 봉사를 어떻게 보는지에 그렇게 신경 쓰는가?

부정의 소명에 사로잡혀서 나는 그 어느 때보다도 '소속감'의 문제로 씨름했다.

소명의 적합성을 분별하는 것은 때로는 극심한 갈등을 동반할 수 있다. 이것은 종교 개혁가 마틴 루터에게도 해당된다. 에릭 에릭슨은 그의 심리 전기 『청년 루터Young man Luther』에서 학자들 사이에서 논쟁의 대상이 되어 온 마틴 루터의 정체성 위기의 시기를 탐구했다.

　에릭슨은 마틴 루터가 23세의 나이에 수도원 합창단에서 사제직을 훈련받던 중에 직업적 분별의 혼란 속에서 간질 발작을 겪었다고 기록한다. 루터는 바닥에 쓰러지며 외쳤다. "나는 아니다! 나는 아니다!" 에릭슨은 이 부정의 선언을 최소 두 가지로 해석할 수 있다고 주장한다. 중세 시대에는 이러한 심신 증상적 폭발이 악마의 소행으로 해석될 수 있었다. 따라서 바닥에 쓰러진 젊은 루터는 "나는……. 빙의되지 않았다!"[5] 라고 외쳤을 가능성이 있다. 또 다른 해석은 직업적인 성격과 관련이 있는데, 거인의 얼굴에서 자신을 비추어 보는 은유와 연결된다.

　루터가 수도원에 들어가기 전에 그의 아버지는 그가 정치나 행정에 진출하길 바라면서 엄격한 학업을 강요했다. 그러나 21세가 되던 해, 루터는 아버지의 허락 없이 법학을 공부하기로 하고, 예정되어 있던 에르푸르트 대학을 갑자기 떠나 수도원에 들어가기로 결심했다. 따라서 합창단에서의 그의 발작은 법조계에서의 '적합성' 부족에 대한 항의였을 수 있다. 아마도 간질로 쓰러지기 전에 젊은 루터는 거대한 가부장의 얼굴에서 자신을 보고 외쳤을 것이다. "나는……. 아버지가 말했던 그런 사람이 아니다!"[6]

　마틴 루터의 관점에서 "나는 아니다."라는 선언은 헌신의 약화가 아니라 소명의 차별화였다. 그는 자신이 아버지의 희망과 꿈의 총합이 아니라고 선언함으로써 세상에 변화를 가져오는 방식에 대한 기대에서 자신을 분리했다. 최근 나의 친구이자 스승인 루터 스미스와의 대화에서 그는 비슷한 의견을 내비쳤으며, 행동주의와 사회적 변화를 위한 소명에 대한 관점을 확장할 필요성을 강조했다.

> 어떤 사람들에게는 특정한 종류의 행동주의만이 가치 있는 것으로 여깁니다.
>
> 저는 이것이 슬픈 일이라고 생각합니다. 이런 사고방식은 흑인 공동체 안에 존재하기도 하지만, 동시에 흑인 공동체에 강요되기도 합니다. 예를 들어, 마틴 루터 킹이나 서굿 마셜 같은 사람들만이 우리의 역사책에 기록될 만한 가치가 있다고 여기죠.
>
> [이런 공적인 인물들만을 바라볼 때] 우리는 흑인이라는 존재가 무엇인지 알게 해 주는 수많은 흑인 지식인을 잃게 됩니다. 우리는 인식을 형성하는 예술가들도 잃게 되고 이름이 신문에 오를 일은 없지만 공동체 안에서 인식과 참여를 고취시키는 이들의 기여 또한 잃게 됩니다. 이는 활동가라는 의미를 단순화시킵니다.7

행동주의를 평면적으로 바라보는 것은 단지 주목받지 못하는 사람들이 공동체의 변화를 위해 기울인 노력을 무시하는 것에 그치지 않는다. 이는 또한 최전선의 시위라는 예상된 틀에 들어맞지 않는, 사회적 변화를 위한 대안적 접근 방식을 그늘에 가린다. 언론 보도, 역사적 해석, 법적 판단 등을 통해 억압적인 시스템은 특정 형태의 시위를 바람직한 것으로 정상화하고, 다른 형태의 저항을 반란적으로 낙인찍음으로써 행동주의를 더욱 평면적으로 만든다. 예를 들어, 주 의사당 계단에서의 침묵 시위는 주 고속도로를 막는 드러누움 시위보다 더 긍정적으로 평가될 가능성이 높다. 이러한 점에서 억압적 시스템의 왜곡된 거울은 행동주의와 사회적 변화를 위한 기준을 지나치게 좁게 만들어서 사회적 행동과 일치하는 다른 소명의 정체성을 담아내지 못한다. 유감스럽게도 너무나 많은 변화를 추구하는 이들이 자신의 작업을 인정받기 위해 바람직한 시위나 반란적인 저항의 틀에 억지로 자신을 끼워 맞추면서 이러한 압박에 굴복한다.

나에게 있어서 적합성과 평면성의 문제는 개인의 소명의 정체성을 넘어선다. 이러한 문제들은 '두려움 없는 대화'가 분류되고 활동하는 방식에도 조직적인 영향을 미친다.

'두려움 없는 대화'가 전미유색인지위향상협회NAACP나 Black Lives Matter의 주된 접근 방식을 채택하지 않았기에 그 활동은 바람직한 항의로 간주될 수 있을까? 혹은 저항적인 반란으로 분류될 수 있을까? 또한 학문적 기관에 속하지 않았기에 '두려움 없는 대화'의 작업은 적절한 지적 깊이를 갖춘 것으로 인정받을 수 있을까?

종교적 교단의 지원이 없고, 전도에 나서지 않기에 신앙에서 비롯된 '두려움 없는 대화'의 활동은 신 중심성을 충족하지 못한다고 평가될까? 봉사의 적합한 방식이라는 제한된 기준은 억압적인 시스템이 소명의 정체성을 질식시키고, 조직의 창의성을 억누르기 위해 사용하는 도구이다.

좋은 소식은 변화의 창조적인 힘이 평면적인 규범과 억압적인 낙인에 결코 얽매이지 않는다는 것이다. 잠시 동안, 피켓 라인을 넘어선 사회적 행동의 형태를 받아들이는 것을 상상해 보자.

병원, 교회, 대기업, 패스트 푸드 체인점, 혹은 가정 내에서의 당신의 작업이 지식을 나누고, 영혼을 교감하며, 다른 이를 옹호할 기회를 어떻게 제공하고 있는가?
우리가 행동주의적 봉사와 사회적 변화를 위한 소명에 대한 관점을 어떻게 재구성할 수 있을까?

'그 사진'. 마틴 루터의 발작, 그리고 루터 스미스의 평면성에 대한 통찰을 되새길수록 나는 내 직사각형 모양의 소명의 말뚝을 내 소명을 증명해 줄 둥근 구멍에 억지로 끼워 맞추려고 얼마나 애썼는지를 깨달았다. 승진과 종신 재직, 동료 평가를 받은 출판물, 설교 기회, 공동체와의 협력과 같은 세속적인 인정에도 불구하고 내 소명의 말뚝은 여전히 모양이 맞지 않는 듯했다. 부정의 소명을 넘어서는 것은 삶의 작업을 학자, 목회자, 활동가와 같은 축소된 이름표나 깔끔한 범주에 맞추려고 하지 않는 것이다. 오히려 소명을 바라보는 더 예술적인 접근이 필요하다.

예술에서 영감을 얻으며 나는 창조적 사고와 신비로운 영혼 그리고 소외된 이들을 돌보는 마음을 무리 없이 통합하는 조각을 만들기 위해 나의 모양이 맞지 않는 소명의 말뚝을 다듬어 줄 장인craftsman의 지혜를 구했다. 넓은 눈으로 스승을 지켜보면서 나는 그가 자신이 봉사해야 할 방식에 대한 환원적인 범주를 능숙히 넘나드는 모습을 관찰했다. 그의 창의적인 지성, 끝없는 영혼의 깊이, 방해받지 않는 옹호의 정신이 눈에 들어왔다. 이 장인을 통해 나는 행동주의의 평면적인 묘사에 들어맞지 않는 나 같은 옹호자들을 위한 앞으로의 길을 점점 더 많이 발견했다. 그는 또한 예상 밖의 협력자들이 자신과 타인 그리고 세상과 진심 어린 대화를 나눌 수 있는 공간을 조각하는 조직적 기술도 보여 주었다. 그리고 가장 중요하게 이 장인이 빅 스리와 벽에 몰린 소외된 사람들 사이에 자신을 위치시키면서 '희망을 방해하는' 방식을 어떻게 활용했는지를 관찰했다. 이제 자신의 소명의 길을 개척하고, 버림받은 이들을 위한 희망을 지녔으며, 궁극적으로 선한 죽음을 맞이했던 또 다른 온화한 거인인 하워드 워싱턴 서먼 목사에게서 지혜를 배워 보자.

온화한 거인과 빅 스리:
체계적 위협 앞에서의 희망의 개입

◆

20세기를 44일 앞둔 날 태어난 하워드 워싱턴 서먼은 플로리다 데이토나의 인종이 분리된 마을에서 자랐다. 경제적으로 어려운 환경 속에서 홀로 자녀를 키운 어머니 밑에서 성장한 그는 외부의 시선으로 보면 계층 이동 가능성이 희박해 보였다. 그러나 노예 출신이었던 그의 할머니 낸시 앰브로스는 "지역사회에서 흑인 청소년들에게 가해진 교육적 한계를 결코 그가 받아들이지 못하게 했다".[8] 가족을 돕고자 하는 필요, 과거로부터 이어 온 희망, 개인적인 성장에 대한 헌신으로 젊은 서먼은 데이토나 공립학교에서 8학년 졸업장을 받은 첫 번째 아프리카계 미국인 청소년이 되었다.[9] 이와 같은 성취를 이루는 동안에도 그는 생선을 파는 가게에서 풀타임으로 일했다는 점을 언급할 필요가 있을까? 그는 99%라는 뛰어난 학점으로 8학년을 마쳤지만, 지식에 대한 그의 갈증은 여전히 해소되지 않았다.[10]

1900년대 초, 플로리다주에는 아프리카계 미국인 청소년을 위한 공립 고등학교가 단 세 곳뿐이었고 이 지역에는 아프리카계 미국인 학생을 받아 주는 몇몇 교회의 후원을 받고 있는 사립 고등학교가 있었다. 서먼의 어머니는 아들의 교육을 계속할 수 있도록 축복했지만, 딸들을 키우는 데 필요한 미약한 수입으로는 그의 꿈을 경제적으로 지원할 수 없었다. 서먼은 자신이 모은 약간의 돈으로 잭슨빌의 플로리다 침례 아카데미에 지원하여 합격했다.

데이토나를 떠나 잭슨빌에서 학업을 이어 갈 시간이 되었을 때, 젊은 하워드 서먼은 기차역으로 가서 표를 샀다. 그러나 그의 몇 가지 소지품이 담긴 낡은 트렁크를 운송할 비용을 감당할 수 없었다. 절망에 빠진 그는 철도역 계단에 주저앉아 고개를 떨군 채 가슴이 터질 듯 울음을 터뜨렸다. 얼마 후, 눈물을 머금은 눈을 들어보니 그의 앞에는 작업복에 청바지 모자를 쓴 키 큰 흑인 남성이 서 있었다. "얘야, 도대체 왜 그렇게 울고 있느냐?" 온화한 거인이 물었다. 청소년 서먼은 자신의 상황을 설명했다. 이야기를 들은 남자는 이렇게 답했다.

"네가 이 지긋지긋한 마을을 벗어나서 공부하려고 하는 거라면 내가 할 수 있는 최소한은 도와주겠다". 잠시 후, 그는 자신의 지갑를 꺼내 어린 하워드의 운송비를 대신 내주었다. "그런 뒤, 그는 한마디도 하지 않은 채 철도길을 따라 사라졌다". 두 사람은 다시는 만나지 못했다.[11] **우리의 희망을 위해 희생하고, 우리의 소명에 가치를 부여한 이들, 하지만 결코 이름조차 알 수 없는 사람들은 누구일까?**

하워드 서먼이 자신의 미래의 스승이 될 모르데카이 와이어트 존슨에게 보낸 가장 오래된 편지에는 고등학교 시절에 겪었던 어려움과 자신의 민족을 위한 봉사의 소명을 향한 갈망이 담겨 있다. 18세의 서먼은 간단한 인사말을 건넨 뒤에 이렇게 편지를 시작했다. "제 영혼의 이야기를 들어주세요". 그는 고등학교 1학년 때 돈이 없었고, 겨울에 입을 옷이 부족했으며, 하루 한 끼만 겨우 먹을 수 있었다고 밝혔다. 생계를 위해 동네에서 옷을 다리고, 토요일에는 13시간 동안 일을 해야 했다. 그럼에도 불구하고 그는 첫해를 평균 96점의 성적으로 마쳤고, 이는 학교에서 가장 높은 점수였다. 고등학교 2학년과 3학년에는 각각 98점과 94점을 기록했다. 그의 글에서 독자는 젊은 서먼이 지식에 대한 갈망이 얼마나 크고 끝이 없는지를 명확히 느낄 수 있다.[12]

서먼의 방대한 자료 중 가장 오래된 이 편지에서 그는 소명의 적합성에 대한 피로감과 봉사를 평면적으로 바라보는 것에 대한 불만을 표현하고 있다. 이 적합성의 문제와 평면성의 위험은 이후 그의 글, 강의, 설교에서 남은 64년 동안 계속해서 반향을 일으켰다. 아직 젊은 서먼이 존슨에게 보낸 편지에서 희망의 고뇌가 담긴 목소리를 들어보자.

> 나는 복음의 목사가 되고 싶습니다. 내 민족의 필요를 느낍니다. 그들의 고통스러운 상황을 보고 나는 '지치고 내던져 놓은' 자들을 돕기 위해 살아 있는 희생물로 나 자신을 제단에 바쳤습니다. (……) 나는 내년에 이곳을 졸업할 예정입니다. 아시다시피 지금 전쟁 중이고, 젊은이들이 매일 전쟁터로 끌려가고 있습니다. 나는 애국적이며 민주주의를 위해 싸울 의지가 있습니다. 하지만 존슨 목사님, 내 민족이 나를 필요로 합니다.[13]

거의 4세기 전 수도원 합창단에서 발작을 일으킨 젊은 마틴 루터처럼, 청소년 시절의 서먼은 다른 제단 앞에서 외치고 있었다. 그는 자신의 민족이 처한 고통을 보고 느끼면서 그들을 위해 자신의 삶을 기꺼이 희생할 준비가 되어 있었지만, 당신도 젊은 서먼의 목소리에서 들리지 않는가? "나는……. 군인이 아니다". 그는 봉사의 삶을 원했지만, 마음과 영혼, 행동으로 기여할 수 있는 범위는 그에게 너무나 제한적이고 좁았다.

배움에 대한 사랑, 영적인 갈망, 해방에 대한 헌신을 통합하는 방법에 대해 조언을 구하면서 소명의 혼란 속에 있던 청소년 서먼은 자신의 편지를 이렇게 마무리했다.

> 제발 저를 위해 기도해 주세요. (거의) 모든 면에서 제가 목회라는 선택에 낙담하고 있습니다. 때로는 아무도 신경 쓰지 않는 것 같다고 생각합니다. 하지만 하나님께 감사한 것은 예수님이 저를 신경 쓰시고, 어머니도 그렇고, 목사님도 그렇다고 믿습니다.14

가난, 교육의 불평등, 만연한 인종차별로 인해 어린 나이에 벽에 몰린 이 젊은이에게서 희망은 사라지지 않았다. 희망을 위협하는 빅 스리―절망, 무관심, 수치심―가 그의 곁에 맴돌았지만, 그는 교실에서 그리고 일터에서 계속해서 앞으로 나아갔다. 그러나 그의 첫 편지가 끝나는 순간에 우리는 18세의 그가 절박하게 외치며 자신의 희망을 지속해 줄 신뢰할 수 있는 공동체, 그의 교육적 포부를 지지하고 소명을 확신시켜 줄 사람들을 찾는 모습을 듣게 된다. 그에게 닥친 수많은 역경을 고려할 때, 그의 다음 걸음에 대한 질문은 끊임없이 이어졌다.

일상적인 결핍에 직면하며, 젊은 서먼은 어디에서 희망을 찾아 고등학교를 졸업반 대표로 마칠 수 있었을까? 모어하우스 칼리지의 도서관에 있는 모든 책을 읽고 졸업반 대표로 졸업한 그의 학창 시절, 그는 어떻게 절망을 이겨 낼 수 있었을까? 그는 어떻게 뉴욕 서부의 KKK가 활개 치던 마을에서 신학교를 마치고, 마음이 열린 진보주의자들과 냉혹한 인종차별주의자들 앞에서 설교하면서 무관심에 맞설 강인함을 얻었을까?[15] 그가 모어하우스 칼리지, 스펠만 칼리지, 하워드 대학교, 보스턴 칼리지 그리고 만민교회의 교수, 학장, 목회자로 일하면서 자신의 급여를 지급한 풍부한 자원으로 둘러싸인 빈곤한 공동체에서 일할 때, 수치심이 그의 영혼에 자리 잡지 못하게 한 힘은 무엇이었을까?

나는 그가 '신뢰할 수 있는 다양한 공동체'에서 희망의 토대를 발견했으리라 확신한다. 아마도 그는 메리 맥레오드 베튠, 모르데카이 와이어트 존슨, 벤자민 메이스 같은 교사와 멘토들의 깊이 있는 말과 훌륭한 본보기를 통해 절망에 맞설 지혜를 얻었을 것이다. 또한 간디, 루퍼스 존스, 해외 여행자들, 어린아이들, 대서양 그리고 오래된 참나무와의 초자연적인 대화가 그를 영적인 영역으로 인도하여 무관심에 맞설 수 있도록 했을 것이다. 확실히 그는 문맹이었던 할머니 낸시 앰브로스에게 성경을 읽어 주면서 자신의 삶 속에 하나님의 임재와 예수의 경계를 허무는 가르침을 환영했을 것이다. 이를 통해 그는 수치심을 억제하고, 자아를 다지고, 우월감에서 자신을 지킬 수 있었을 것이다. 그 시기는 아마도 신의 섭리였을 것이다.

2014년, 웨스트민스터 존 녹스 출판사는 나에게 이 책을 쓰는 임무를 맡겼다. 같은 해에 종신 재직 심사를 받게 된 나는 출판물, 강의, 교회와 세상을 위한 봉사를 평가받기 위해 600페이지에 달하는 서류를 준비하는 어려운 과제를 받아들였다. 20파운드(약 9kg)에 달하는 이 문서보다 더 무거웠던 것은 교수, 목회자, 활동가의 전형적인 틀에 들어맞지 않는다는 부담스러운 멍에였다.

자기 자신, 학문 그리고 봉사에 대해 끊임없이 의문을 품으면서 벽에 몰린 나는 가장 소중한 자산인 희망을 빼앗으려는 거대한 존재가 가까이 다가오는 것을 느꼈다. 점점 쌓이는 압박감에 지쳐 있었지만, 나는 여전히 싸울 준비를 했다. 그러나 내면의 갈등이 폭발하기 직전에 서먼의 작업들이 빅 스리(절망, 무관심, 수치심)와 나 사이에 서 있었다.

지난 3년 동안, 특히 '그 사진'에 맞서 싸우는 고난 속에서 서먼은 '신뢰할 수 있는 동료'로 나와 함께해 주었다. 이 시간 동안, 그의 삶과 작업은 저항의 소명을 이해하는 방식을 바꾸었을 뿐 아니라, 그의 업적은 '두려움 없는 대화'의 핵심인 희망 이론을 정교화하는 데도 도움을 주었다. 이제 나는 서먼의 저작들이 나의 사고와 행동의 진화에 어떻게 기여했는지에 대해 여러분과 나누고자 한다.

예수, 버림받은 사람들 그리고 빅 스리와의 광야 대결:
저항과 비저항의 길을 개척하며

◆

- **예수의 삶과 가르침은 벽에 등을 대고 버티고 서 있는 사람들에게 무엇을 말하는가?**

 이 질문은 서먼에게 결코 추상적인 것이 아니었다. 노예제, 인종 분리라는 어두운 역사를 가진 기독교 국가에서 성장한 그에게 이 질문은 늘 개인적이었다.

 1935년, 인도에서 우정을 목적으로 한 순례 중에 서먼은 자신이 인종차별적 전통의 일부로 여겨지는 기독교 안에서 어떻게 소망의 대리자로서 소명을 정당화할 수 있는지를 스스로 설명해야 하는 도전에 직면했다.

 어느 날, 스리랑카 콜롬보 대학교에서 강의를 마친 후,[16] 한 힌두교 행정가가 그의 영혼을 뒤흔드는 질문을 던졌다. 행정가는 서먼이 우정을 위한 순례를 목적으로 방문했음을 알고 있었지만, 지성적인 아프리카계 미국인이 어떻게 사람들에게 해를 끼친 기독교를 긍정적으로 말할 수 있는지 이해할 수 없었다. 행정가는 거리낌 없이 이렇게 묻는다. "당신은 여기에서 무엇을 하고 있습니까?" 그는 질문을 맥락화하면서 아프리카계 선조들이 기독교를 믿는 노예주들에 의해 강제로 속박되었던 역사를 상기시켰다. 또한 기독교 목사들이 종교와 사도 바울의 성경 구절을 이용해서 노예제를 정당화했던 사례를 언급했다. 심지어 그는 백인만의 기독교 교회가 주일 예배를 중단하고 폭도에 가담한 사건을 보도한 신문 기사를 인용하기도 했다. 이 힌두교 주최자는 서먼에게 어떻게 정치적 분리, 사회적 고립, 경제적 불평등을 강요하는 데 이용된 같은 기독교 전통을 주장할 수 있는지 물었다. 이 모든 부정적인 사실을 나열한 뒤에 행정가는 서먼을 "지구상의 모든 유색인종의 배신자."라고 부르며 거칠게 대화에 초대했다.17 그날 오후, 서먼과 힌두교 행정가는 예수의 종교에 대한 헌신을 주제로 다섯 시간 동안 '두려움 없는 대화'를 나누었다.

이 다섯 시간의 대화가 있은 지 10여 년 후, 서먼은 『예수와 버림받은 자들Jesus and the Disinherited』이라는 작지만 중요한 책을 출판했다. 성경 해석에 대한 서먼의 대담한 사회적 적용이 담긴 이 책은 인종 분리에 대한 종교적 정당화를 뒤집고, 소외된 이들의 가치를 주장하며, 불의에 가담한 구조에 도전한다.18 서먼은 소외된 이들이 하나님께 직접적으로 접근할 수 있음을 증명하기 위해 예수를 그의 시대의 버림받은 이들 중 한 사람으로 위치시킨다. 이러한 해석적 관점은 독자에게 예수가 억압적 시스템에 맞서 싸운 비전통적 접근 방식을 독특한 각도에서 검토할 수 있는 기회를 제공한다.

그러나 한 발짝 뒤로 물러서 보면 이 책은 서먼이 소명적으로 자신을 어떻게 자리매김했는지 그리고 행동주의와 사회적 변화를 넘어 기존의 분류에 맞지 않는 삶을 어떻게 살아갔는지를 엿볼 수 있는 단서를 제공한다. 이제 젊은 예수와 서먼이 어떻게 행동주의와 사회적 변화의 전통적 경계를 넘어선 저항의 길을 발견했는지 더 가까이 들여다보자.

서먼은 젊은 예수의 삶을 그 시대에 버림받은 자들 중 한 사람으로 자리매김하는 세 가지 날카로운 결론을 제시한다.[19] 예수의 삶에서 다음의 세 가지 조건은 그를 자신과 사랑하는 이들을 억압하는 시스템에 어떻게 맞설지 분별할 수밖에 없는 상황으로 몰아넣었다.

1. 예수는 유대인이었다

서먼에 따르면, "예수는 이스라엘이 하나님과 맺은 공동체적 관계를 이해하지 않고는 설명될 수 없다".[20] 나사렛 예수의 유대적 기원은 우연이 아니라 중심적인 요소이며, 기독교 전통과 분리될 수 없다. 예수는 유대인의 정체성을 지닌 채 팔레스타인에서 아버지의 일을 행하셨다.[21]

2. 예수는 가난했다

그의 가족은 경제적으로 너무 어려워서 그의 탄생 당시에 부모는 어린 예수를 위해 희생 제물로 전통적인 어린양이 아닌 비둘기밖에 바칠 수 없었다. 이는 예수가 태어날 때부터 "지구상의 가난한 대다수의 사람"과 연결되어 있음을 암시한다.[22]

3. 예수는 소수 민족의 일원이었으며, 더 크고 지배적인 집단 가운데에 존재했다

예수의 탄생 이전에 팔레스타인은 로마의 지배 아래에 놓여 있었다. 세금은 인상되었고, 점령국을 기리는 신전들이 이스라엘의 거룩한 땅에 세워졌다. 저항의 조짐은 무력으로 짓눌렸다. 따라서 가난한 유대인으로서 예수는 로마 시민권의 보호와 보장을 누리지 못하는 환경에서 자랐다. "만약 로마 병사가 예수를 도랑으로 밀어 넣었다면 그는 가이사에게 항소할 수 없었을 것이다. 그는 단지 도랑 속의 또 다른 유대인일 뿐이었다".23

예수의 기원, 경제적 상황, 사회적 지위에 대한 이러한 주장들을 바탕으로 서먼은 팔레스타인에 살던 젊은 유대인 예수가 "나는 로마와 어떻게 맞설 것인가?"라는 질문에 직면해야 했다고 주장한다. "이 질문은 단순한 학문적 질문이 아니었다. 가장 중요한 질문이었다. 본질적으로 로마는 적이었고, 로마는 완전한 좌절을 상징했으며, 로마는 마음의 평화로 가는 커다란 장벽이었다. 그리고 로마는 어디에나 있었다. 이 시기의 어느 유대인도 실질적인 삶, 자신의 소명, 사회에서의 위치에 대해 고민하기 전에 이 중요한 문제를 마음 깊이 해결해야 했다".24

분리와 백인 우월주의의 무거운 멍에 아래에 놓였던 젊은 하워드처럼, 젊은 예수 또한 "**정치적 · 사회적 · 경제적 삶을 지배하는 통치자들에 대해 어떤 태도를 취해야 하는가?**"라는 질문을 던질 수밖에 없었다.25 서먼은 예수와 당시 팔레스타인의 다른 유대인들이 로마의 억압적인 시스템에 어떻게 대응할지에 대한 제한된 선택지에 직면했다고 설명한다. 저항할 것인가, 아니면 저항하지 않을 것인가.

◆ **비저항**

 서먼의 관점에서 비저항의 길은 두 가지 형태 중 하나를 따른다. 첫 번째 길은 동화同化로 이어진다. 비저항하는 이들은 모방의 패턴을 통해 강자에게 굴복하고, 본래 자신에게 본질적이던 특성들을 가치 없는 것으로 여겨서 포기한다. 이러한 복종은 자기 존중을 약화시키며, 종종 자신의 유산, 관습, 신앙을 외면하도록 요구한다. 서먼은 사두개인들이 이러한 동화의 대표적인 사례라고 주장한다. 그들은 팔레스타인 유대인들 중 고위 제사장이자 가장 경제적으로 안정된 집단으로, 로마와 공공연히 평화를 유지하며 로마와 닮아가려고 했다. 이들은 이스라엘을 사랑했지만, 이러한 동화는 그들의 안전을 보장하고 지위를 유지하는 데 필요했다.[26] **사두개인들처럼, 여러분도 안전과 자기 이익을 위해 억압적인 시스템에 굴복하거나 동화된 적이 있는가? 그렇다면 그로 인한 혜택은 무엇이었으며, 비용은 무엇이었는가?**

 비저항의 또 다른 길은 문화적 고립이다. 거대한 시스템에 적극적으로 맞서는 것이 벅찬 과제임을 인지한 이들은 억압자와의 접촉을 최소화하며 살아간다. 적극적으로 저항하지는 않지만, 거부된 문화에 깊이 뿌리내린 이들은 종종 분노, 증오, 두려움, 원한을 품을 수 있다. 서먼은 예수 시대의 바리새인들이 로마에 적극적으로 저항하지 않았지만, 로마를 향한 강한 경멸을 품고 있다고 언급하며, 이들을 문화적 고립주의자로 분류할 수 있다고 본다.[27] **바리새인들처럼, 여러분도 억압적인 시스템에서 스스로를 고립시키고, 더 이상의 거부와 해를 막기 위해 자신의 목소리를 누그러뜨린 적이 있는가? 그렇다면 그로 인한 혜택은 무엇이었으며, 비용은 무엇이었는가?**

◆ **저항**

"왜 아무것도 하지 않는가? 우리는 무언가 해야만 한다!" 오랜 기간 동안 억압적인 전술에 지친 버림받은 자들이 외친다. "여기서 '무언가'란 말이나 위협, 암시가 아닌 행동, 직접적인 행동을 의미한다".28 그러나 이러한 강력한 행동에 대한 요구는 저항하는 자들에게 최후의 수단으로 떠오른다. 이는 그러한 저항이 비극적인 결말로 이어질 수 있음을 인지하기 때문이다. 이러한 결심이 자리 잡으면 노골적인 저항을 택한 이들은 변화에 맞서 싸우다가 죽는 것이 조용히 복종하며 사는 것보다 낫다고 여긴다.

가장 급진적인 형태에서 노골적인 저항은 행동주의를 비극적으로 단순화하여 무기를 들고 싸우지 않는 사람들이 순응하거나, 공범이거나, 비겁하다는 관점을 취한다.

예수 시대의 열심당원들이 그러한 믿음을 가졌다. 죽음의 결과에 개의치 않고 그들은 박해적인 시스템에 압박을 가하기 위해 작고 조직적인 강력한 행동의 운동을 일으켰다. 이러한 변화에 대한 열정적인 열망을 인지한 예수는 열심당원 중 한 명을 열두 제자에 받아들였지만, 그는 다른 길을 선택했다. **열심당원들처럼, 여러분은 노골적인 저항의 길을 택했지만, 선한 의도에도 불구하고 다른 방식으로 싸우는 잠재적 동맹들을 소외시키지는 않았는가? 그렇다면 그로 인한 혜택은 무엇이었으며, 비용은 무엇이었는가?**

우리는 예수의 청년 시절에 대해 아는 것이 많지 않다. 그러나 그가 로마제국에 맞서 싸우는 방법에 있어서 이 세 가지 자기제한적 경계(동화, 문화적 고립, 노골적 저항)에 대해 고뇌했음을 짐작할 수 있다. 아마도 그는 12세에 성전에서 선생들과의 3일간의 수업과 하늘이 열리는 세례 사건 사이의 어느 시점에서 '소속감의 위기'를 겪었을 것이다. 그가 하늘을 향해 이렇게 외치는 소리가 들리지 않는가? "나는 사두개인이 아니다. 나는 바리새인이 아니다. 나는 열심당원이 아니다. 나는 아니다, 나는 아니다, 나는 아니다!"

젊은 예수는 억압적 시스템이 소외된 사람들을 적대하게 만드는 도구라는 사실을 인식했을 것이다. 또한 버림받은 사람들이 자신의 에너지를 비저항적 또는 저항적이라는 좁은 범주에 맞추려고 애쓸 때의 위험한 결과도 이해했을 것이다. 그가 12세에 성전으로 가는 길에서 부모의 동화적 경향을 받아들이지도, 무관심에 빠지지도 않은 사두개인의 딸을 만났을까? 세례 요한을 만나기 위해 호수로 가는 길에서 수치심을 피하고 아직 고립주의적 불만을 품지 않은 바리새인의 아들과 대화를 나누었을까? 하늘이 열린 것을 목도한 후에 로마제국과 싸우려는 열정을 가진 열심당원 가정의 청년을 만났을까? 저항의 소명을 어떻게 살아 낼지에 대한 질문들이 그의 주의를 끌던 중, 서먼은 예수가 세례 직후 더욱 중요한 질문에 직면했다고 제안한다.

"내가 하나님과의 엄청난 경험에 진실하려면 내 삶으로 무엇을 해야 할 것인가?"[29]

행동주의의 더 풍부한 형태를 조각하기 위해 젊은 목수는 자신과 '두려움 없는 대화'를 나눌 수 있는 완전하고 철저한 고립의 장소를 찾았다. 그곳은 광야였다.

◆ 광야에서의 빅 스리와의 대결

성경은 예수가 광야에서 세 가지 시험에 직면했다고 전한다. 이 시험들을 자세히 들여다보면 이는 희망을 위협하는 빅 스리—절망, 무관심, 수치심—와 평행을 이루며, 예수가 청년 시절에 목격했던 비저항과 저항의 모델을 상징적으로 보여 준다.

광야에 들어선 지 며칠 되지 않아 굶주린 예수에게 악의적인 목소리가 들려온다.

"네가 하나님의 아들이라면 이 돌들에게 명하여 빵이 되게 하라".[30] 굶주린 예수에게 저항을 멈추고 지금 당장 먹으라고 속삭인다. "미래의 식사는 너무 멀다. 지금 먹으라". 기운이 없고 음식을 갈망하는 상태에서 예수는 단식 중에 빵을 먹는 것이 영적 분별에 필요한 희생적 연결을 단절시킨다는 것을 이해한다. 그는 이 첫 번째 시험인 배고픔이 사두개인들이 물질적 안위를 심리적, 영적 온전함보다 우선시하는 욕망과 다르지 않음을 깨달았다. 따라서 그는 악의적인 목소리에 이렇게 답한다. "사람이 빵으로만 살 것이 아니요". 빵은 신체적 생존에 필수적이지만, 마음과 영혼의 갈망을 무시하면 사람은 심리적으로 공허하고, 영적으로 영양실조에 걸리며, 사회적 변화를 위해 싸울 준비가 되지 않는다.

광야 순례의 여정에 더 지친 예수는 높은 절벽 위에 서게 된다. 그 순간, 다시 들려오는 악한 목소리. "네가 하나님의 아들이라면, 여기서 뛰어내리라". 시험자는 세상에 질서나 구조가 없으니, 네가 통제할 수 있는 것은 자신뿐이라고 말한다. "의지할 근본적인 신뢰는 없다. 하지만 특정한 면책 위치를 확보하면 삶의 논리를 조종하고 다룰 수 있다".³¹ 바리새인들이 고립을 통해 스스로를 통제하고 모든 것을 배척하려고 한 것도 이와 유사하지 않았을까? 예수는 육체적 고립이 분노와 수치심 같은 심리적·영적 질병에서 사람을 면역시키지 못한다는 것을 이해했다. 자아를 약화시키고, 자신이 내적으로 결함이 있다고 믿으며 세상을 살아가는 것은 높은 절벽 끝에서 살아가는 것과 같다. 예수는 "주 너의 하나님을 시험하지 마라."라고 대답하며, 그의 저항적 사역이 펼쳐지기 전에 생명을 끌어내릴 수 있는 자기 의심이라는 내적 힘에 도전한다.

40일간의 광야 순례가 끝나갈 무렵, 예수는 다시 높은 곳에 서서 세상의 화려한 왕국들을 내려다보게 된다. 그때 시험자의 마지막 말이 들려온다. "만일 네가 내게 엎드려 경배하면 이 모든 것을 네게 주겠다". 권력의 마지막 시험은 극복하기가 결코 쉽지 않다. 예수는 로마의 억압적 체제로 인해 미래가 막힌 채 절망에 짓눌린 사람들 사이에 둘러싸여 있다. 가난한 유대인, 소수 민족 출신으로서 예수는 자신의 민족의 필요를 느꼈고, '지치고 내던져진' 자들을 위해 자신을 제단에 바칠 준비가 되어 있었다. 왕국을 내려다보며 권력에 대한 유혹과 변화를 향한 조급함이 그의 손끝에 닿아 있다. 예수는 아마도 이렇게 고민했을 것이다. '시험자의 마지막 제안을 받아들여서 팔레스타인의 총독 같은 전략적 위치에 오르면 정치 체제 안에서 내 민족의 삶을 개선할 수 있을까? 아니면 열심당원과 반체제 반란군을 규합해서 로마제국을 무력으로 전복하는 운동을 조직할 수 있을까?' 역사적으로 해박했던 예수는 요셉과 다윗 같은 정치적으로 능숙한 선조들의 의미 있는 왕국 건설을 알고 있었고, 열심당원들의 격렬한 열정 또한 무시할 수 없었다. 정치적 행동과 직접적 저항을 통한 저항이 눈앞에 펼쳐져 있었다. 그러나 이러한 저항의 선택지는 예수의 삶의 방향과는 반대되는 길이었다.

"사탄아, 물러가라!" 광야에서 나오는 길을 개척하며, 예수는 또 다른 저항의 길을 발견한다. 그 길은 내면에서 시작되는 길이었다.

나는 길이다:
적합성과 평면성을 넘어선
다섯 가지의 두려움 + 없는 저항의 대안적 길

◆

◆ **나는 길이다**

광야를 벗어나며, 모래와 바위 그리고 높은 절벽은 젊은 예수에게 새로운 의미를 가지게 되었다. 광야의 광활한 개방성 속에서 빅 스리(절망, 무관심, 수치심) 유혹자들과의 대결은 그가 로마에 맞서는 길이 동화나 고립의 형태를 취하거나 직접적인 행동에 국한되지 않을 것임을 명확히 했다. 그 앞에는 머리에서 마음으로 이어지는 끝없이 펼쳐진 길이 있었다. 따라서 완전한 시민권을 부정당하고, 버림받은 자들이 비인간화되며, 억압에 맞설 수 있는 기회가 극히 제한된 무자비한 사회적 기후 속에서 예수는 전 세계적으로 존경받고 연구되며 모방될 저항의 소명을 시작했다.

예수는 동화주의자가 아니었다. 그는 사회적 변화를 위한 길을 열었고, 이를 통해 예상치 못한 동반자들과 끊임없이 접촉했다.

그는 세리와 죄인들과 식사했고,[32] 부정한 것으로 간주되는 나병 환자들을 만졌다.[33]

사마리아 여인과 물을 마셨으며,[34] 그의 민족이 경멸했던 로마 군인의 도움 요청에 응답했다.[35] 이러한 예기치 못한 동반자들과 함께하며 그는 가르치고 배우며, 치유하고 해방시켰다.

예수는 또한 고립된 삶을 살지도 않았다. 오히려 그는 금기시된 주제들에 대해 진심 어린 대화를 나눴다. 바리새인들이 들을 수 있는 거리의 회당에서 그는 한 사람을 치유했으며, 안식일에 종교법을 어긴 이유를 설명했다.36 그는 간음 중에 붙잡힌 여인과 그녀를 모세의 법에 따라 돌로 치려는 바리새인 무리 사이에 자신의 몸을 두기도 했다. 그리고 그 과정에서 무릎을 꿇고 땅에 글을 쓰며 그녀의 고발자들에게 말했다. "좋다. 그러나 너희 중에 죄 없는 자가 먼저 돌을 던져라!"37

그는 무기를 들지 않았지만, 예수는 반대자들을 직접 대면하며 공간을 끊임없이 변화시켰다. 예배 공간의 신성함을 회복하기 위해 예수는 성전 뜰에서 상인들의 상을 뒤엎고 돈을 바꾸는 자들을 내쫓았다.38 체포되던 날, 비무장 상태였던 예수는 자신이 사랑했던 제자들과 횃불, 등불, 무기를 들고 온 병사들 사이에 자신의 몸을 두었다. 그는 난투를 막기 위해 고발자들 앞에 직접 서서 말했다. "만약 나를 찾는다면, 이 사람들은 가게 하라".39 곧이어 붙잡힌 예수는 본디오 빌라도와 로마 당국의 손길이 닿는 거리에 서게 되었다. 빌라도의 방 밖에서 분노한 무리가 예수의 생명을 요구하는 가운데 빌라도는 그의 왕국에 대해 물었다. 자신의 생명이 위태로운 상황에서 예수는 두려움 없이 대답했다. "내 나라는 이 세상에 속하지 않는다. 만일 그렇다면 내 종들이 내가 유대인 지도자들에게 넘어가지 않도록 싸웠을 것이다. 그러나 내 나라는 이 세상에 속한 것이 아니다".40 예수의 이 말은 단순한 사망 진단서 이상의 의미를 지닌다. 그의 말은 선한 삶의 걸작, 그의 삶 전체를 요약하는 선언이었다.

그의 삶과 죽음은 하나의 "숨결"과도 같아서 소명과 희망 그리고 사회적 변화를 완벽하게 아우르는 상징이었다.[41] 예수가 빌라도 앞에서 고백한 왕국에 대한 증언은 그의 마지막 숨을 거두는 계기가 되었지만, 그의 짧은 생애 속 대안적 저항의 본질은 간결한 한 문장으로 요약될 수 있다. "하늘나라는 우리 안에 있다".[42]

서먼에 따르면, 예수의 저항 공식은 "사람들의 내면의 태도의 급진적 변화를 요구하는 긴급성"에 초점을 맞추고 있다.[43] 통치 권력으로부터 보호받지 못했던 상황에서 예수의 혁명은 마음의 주권을 되찾는 것으로 시작되었다.

예수는 삶의 모든 문제는 마음에서 비롯된다는 사실을 완전히 이해했다. 외부의 힘이 아무리 강력하고 압도적일지라도, 영혼을 이기지 못하면 결국 사람들을 파괴할 수 없다는 것을 알았다. "모욕을 받았다고 모욕으로 되갚는 것—이것이야말로 진정한 악이다. 왜냐하면 이는 영혼 자체의 악이기 때문이다". 예수는 이를 놀라울 정도로 명확하게 꿰뚫어 보았다. 그는 개인의 내면적 삶으로 다시, 그리고 다시 돌아가곤 했다. 점점 더 깊은 통찰과 놀라운 정확성으로 예수는 모든 결정적 문제가 그의 백성의 운명을 결정지을 "내면의 중심"에 초점을 맞춰야 함을 강조했다.[44]

이 관점에서 예수는 외부의 힘이 내면을 지배할 때, 소외된 사람들이 벼랑 끝으로 내몰리고 늘 경계심 속에 살아가야 함을 깨달았다. 예수는 영혼이 지배당하면 자존감이 쇠락하고, 적합성이나 소속감에 대한 의문이 창조적 변화를 제약한다고 보았다. 나아가 내면의 중심이 외부의 힘에 의해 좌우되면 소외된 사람들은 균형을 잃고, 악의적인 외부 세력이 그들의 권력 행사 방식과 위기 대처 방식을 통제하게 됨을 예수는 분명히 알았다.[45] 따라서 로마의 지배 속에서 예수는 내면의 중심을 회복하기 위한 사회적 변화를 추구하는 운동을 시작했다.

억압받는 이들을 위한 생존 전략으로, 예수는 말과 행동을 통해 사회적 열등감을 깨뜨리고, 그의 주위에 있는 모든 사람(나병환자, 간음한 여성, 세리, 심지어 로마 병사들)에게 깊은 소속감을 심어 주었다. "예수가 했던 분석의 핵심은 모든 인간이 생명과 자연을 지탱하고, 삶의 복잡한 과정 전체를 보장하는 생명의 하나님, 즉 하나님의 자녀라는 사실이다".[46] 이 위대한 확신은 개인의 가치를 안정시키고 존엄성을 강화하며, "스스로의 능력, 재능 그리고 가능성을 평가하게 한다".[47] 자신의 존엄성을 재평가하라는 이 도전은 소외된 사람들이 현재의 위기를 바라보는 새로운 관점을 제시하며, 새로운 가능성을 상상하고 변화를 만들어 갈 수 있는 계기를 마련한다.

서면의 유명한 졸업 축사 '진정성의 울림'에서 그는 예수와 귀신 들린 사람 사이의 만남을 묘사한다. 그 사람은 도시 외곽의 묘지에서 쇠사슬을 울리며 살아가는 죽음과도 같은 삶에 갇혀 있었지만, 예수는 그의 내면의 중심을 흔드는 두 가지 존엄의 질문을 던졌다. "'너는 누구냐? 너의 이름은 무엇이냐?' 그러자 잠시 동안 기울어진 그의 마음이 제자리를 찾으며 이렇게 말했다. '그게 문제야! 나도 몰라. 내 안에 군단이 있고, 그들이 내 거리를 휘젓고 다녀. 내가 내 이름을 알 수 있다면 나는 온전해질 텐데'".[48]

예수가 묘지에서 살던 사람의 이름을 물은 것은 그에게 존엄성과 인격을 부여하는 행위였다. 성경은 그 이후에 예수가 그 사람에게서 귀신을 쫓아낸 뒤에 그를 다시 그를 배척했던 사람들 곁으로 돌려보냈다고 기록한다. 그는 더 이상 소외된 존재가 아닌, 하나님의 자녀로서 그를 맞아 준 치유자의 신뢰받는 전령이 되었다. 그리고 그를 파괴하려고 했던 사람들을 사랑하라는 과제를 받았다.

"너희 원수를 사랑하라". 예수의 이 급진적인 가르침은 모든 면에서 혁명적이었다. 증오의 형성을 분석하며, 서먼은 "교제 없는 접촉은 냉담한 이해로 이어지고, 결국 악의적 의도로 작동하게 된다."라고 설명한다. 증오의 악순환을 끊기 위해 예수는 사랑을 제안했다.[49] "그런 사랑으로 나아가는 첫걸음은 상호 가치와 존엄성에 대한 공유된 감각에서 출발한다".[50] 예수는 소외된 사람들이 자신의 복지를 위협할 수 있는 이들과 끊임없이 접촉해야 하는 상황을 이해했으며, 때로는 적들과 어깨를 맞댈 기회가 찾아올 수 있다는 점을 간파했다.[51] 사마리아인, 세리, 로마 병사, 심지어 빌라도조차도 예수와는 이념적·문화적 기반이 달랐지만, 예수는 존엄한 말과 자비로운 행동을 통해 이들과의 상호 발견의 길을 열었다. 예수는 자신의 내면의 중심이 증오로 물드는 것을 단호히 거부하면서 악의적 대항으로 인해 자신의 영혼이 훼손되는 것을 허락하지 않았다.

예수의 이러한 입장은 "고통받고 있던 동료들 중 많은 이에게 깊은 반감을 샀다".[52] 일부에게는 내면의 중심을 통한 저항의 길이 적에게 굴복하는 것처럼 보였을 것이다. 또 다른 이들에게는 그의 대안이 로마라는 거대한 제국에 실질적인 변화를 일으키지 못할 것처럼 여겼을 수도 있다. 그러나 예수의 생애와 그 이후로도 그의 사상과 행동은 방향을 찾는 소외된 자들에게 나침반이자, 행동주의를 넘어선 저항의 모범으로 기능했다. 자신이 나침반이자 모범이 될 것임을 알고 있었던 그는 제자들과 율법학자들 앞에 서서 이렇게 단호히 선언했다. "나는 길이요!"

◆ 나는 신비주의자다

천국 같으면서도 지옥처럼 더웠다. 천장의 선풍기는 섭씨 40도를 넘는 한여름 더위에 무력했지만, 마치 천국의 문 앞에 서 있는 듯한 기분이었다. 누님이자 스승인 마리 선생님이 그녀의 집 도서관을 정리하는 일을 도와 달라고 초대했을 때의 이야기다.[53]

대학들이 마리 선생님의 도서관의 가치를 평가하고 싶어 하자, 그녀는 희귀한 책 목록을 주며 그것들을 찾아 달라고 부탁했다. 바닥에서 천장까지 쌓인 수천 권의 책들 속을 헤치며 나는 토니 모리슨, 그웬돌린 브룩스, 니키 조반니, 마야 안젤루 같은 그녀의 동료 작가들의 친필 서명이 있는 초판본을 발견했다. 땀이 등줄기를 타고 흘러내리는 가운데 나는 발굴을 이어 갔다. 그리고 구름 위를 걷는 듯한 기분으로 랭스턴 휴스 선생님이 녹색 잉크로 쓴 개인 편지를 발견했다. 역사, 종교, 문학, 법률로 분류된 책들을 뒤지다가 푹푹 찌는 다락방 구석에서 서먼의 이름이 쓰인 책 한 권을 발견했다.

서먼은 살아 있는 동안에 수많은 범주를 초월한 인물이었다. 호기심 많은 교사였던 그는 1935년에 인도로 여행을 떠나, 아프리카계 미국인으로는 최초로 간디와 만나 비폭력적 직접 행동의 원리를 논하고, 불가촉천민으로 여긴 사람들의 존엄을 회복할 방법을 모색했다.[54] 13년 후인 1948년, 서먼은 『예수와 소외된 자들』을 출간했다. 몇몇 역사가는 마틴 루터 킹 주니어가 몽고메리 버스 보이콧[55] 동안에 이 책을 늘 가지고 다녔다고 믿으며, 일부 활동가들은 이 책이 시민권 운동의 철학을 형성하는 데 큰 영향을 미쳤다고 평가한다.[56] 1953년 『라이프 매거진』은 서먼을 20세기 최고의 설교자 12인 중 한 명으로 선정했다.[57] 그의 업적은 대단했다. 사람들은 그를 가리켜서 "드디어 우리 민족의 모세가 나타났다."라고 말하기도 했다.[58] 그러나 서먼은 인종 정의를 위한 전면적인 활동가로 분류되는 것을 거부했다. 그는 사회적 병폐에 저항하는 또 다른 길을 찾고자 했다.

예수가 태어날 때부터 소외된 자들 속에서 살 운명이었던 것처럼, 서먼 역시 분리된 미국 남부에서 아프리카계 미국인으로 살아가면서 사회의 변방에서 움직였다. 예민한 아이였던 그는 고향 데이토나에서의 인종적 폭력으로 인해 많은 고통을 겪었다. 삶이 점점 더 숨 막힐 정도로 억압적이 되고 폭행당하거나 비인격적인 대우를 받을 위험이 커지자 서먼은 내면으로 눈을 돌려서 오직 자신과 하나님만이 다룰 수 있는 자원을 통제하려고 했다.[59] 그렇게 자신의 내면의 풍경을 되찾은 젊은 서먼은 결국 이렇게 선언하기에 이르렀다. "나는 신비주의자다".

신비주의자의 삶의 과업을 이해하려면 먼저 신비주의를 정의해야 한다. 오랜 세월 동안에 신학자들은 신비적 경험과 영혼에 대한 형이상학적 교리를 구별하려고 노력해 왔다. 그러나 이 책의 목적은 후자보다는 전자에 더 주목하고 있다. 이 점에서 나는 저명한 퀘이커 신비주의자이자 학자인 루퍼스 존스의 관점에 동의한다. 그는 이렇게 말했다. "나는 신비주의라는 '주의'에 관심이 없다. 대부분의 경우 그것은 건조하고 추상적인 것으로 귀결된다. 우리가 연구할 가치가 있는 것은 신비주의가 아니라 신비적 경험이다".[60] 이러한 관점에서 나는 신비주의자의 경험이 어떻게 의식을 고양하고, 하나님과 세상과의 관계에 통찰을 제공하는지에 대한 다음의 이해를 도출하게 되었다. 신비주의자는 궁극적인 실재가 유한한 경험 안에 깃들어 있음을 인지한다. 따라서 자신의 삶을 면밀히 살펴보면 인간, 자연, 하나님에 관한 진리를 발견하고, 지혜를 얻으며, 계시를 열 수 있다.[61] 이 주장은 다음의 세 가지 근본적 확신에 기반을 둔다.

1. 모든 생명과 창조의 본질에는 근본적인 영성이 존재한다.
2. 영혼은 눈과 마찬가지로 하나님을 직접적으로, 매개 없이 인지하고 상호작용할 수 있다. 따라서 제도적 종교의 매개가 없더라도 살아 계신 하나님으로부터 계시적 통찰을 얻을 수 있다.[62] 또한 이러한 영적 감각을 통해 영혼은 유한한 세계에서 영원의 세계로 나아갈 수 있다.[63]
3. 정신질환의 분열적 특성과 달리, 신비주의는 본질적으로 통합적이다. 살아 계신 하나님과의 연결은 분별력을 깊게 하고, 자신과 타인과의 관계를 강화한다.[64]

고양된 신비적 의식은 하나님의 임재와 뜻을 분별하는 독특한 경로를 열어 주지만, 신비주의자의 영적 통찰에는 돌봄과 봉사에 대한 사회적 책임도 따라온다. "영적 문제는 모든 물질적 문제(예: 정치, 시민권, 빈곤, 범죄)의 근본이다".[65] 따라서 신비주의자는 영적 조율을 활용하여 불의를 지적하고, 평화를 협상하며, 저항의 거점을 창조해야 할 책임을 진다. 이러한 책임에 대한 응답으로, 신비주의자는 하늘에서와 같이 땅에서도 하나님의 나라를 건설하는 과업에 참여한다.[66]

예수의 지혜와 스승들의 가르침 그리고 초월적인 개인적 만남들을 통해 신비주의자였던 서먼은 자신의 내면에서 "아무도 닫을 수 없는 문"을 발견했다. 그는 어떤 상황에서도 "내적 평화의 균형과 고요함"을 유지할 수 있음을 깨달았다.[67] 서먼은 저항의 길로서 신비적 통찰을 활용해서 타인들이 "자존감을 회복하고 발견하도록 돕고,"[68] "개인이 자신의 내면 중심으로 자유롭고 쉽게 접근할 수 없게 만드는 모든 것을 제거하도록" 도왔다.[69] 서먼의 신비적인 사회적 변화 접근법은 개인의 내면에서 시작되어 공동체 간으로 확장되며, 악의 질서 아래에서 작동했다.

'깊은 갈망'에서 서먼은 억압적 시스템에 의해 상처받은 영혼들에게 이렇게 질문했다. **"우리가 스스로를 존중할 수 있는 사람으로 느끼기 위해 무엇을 원해야 하고 무엇을 필요로 해야 하는가?"**[70] 예수와 간디가 하나님의 자녀들의 마음속에 자리 잡은 열등감을 없애고자 했던 것처럼, 서먼 역시 개인이 스스로를 바라보는 방식을 변화시키는 것이 사회 질서를 새롭게 만드는 첫걸음이라고 믿었다.[71] 자존감에 대한 싸움이 내면에서 벌어지는 만큼, 서먼은 매일의 선택이 가진 힘을 강조했다. 몇 페이지 뒤, 서먼은 간략한 성찰에서 모든 인간이 "삶의 철학"을 드러내는 선택의 순간들과 마주한다고 주장했다. 사회적 혼란의 시기에도 몸을 쉴 때와 깨어날 때를 결정할 수 있다. 부자든 가난한 사람이든 돈을 사용하는 방식은 그들의 가치를 드러낸다. 나아가 관계에서의 존재 방식, 에너지 분배, 소명 추구와 같은 선택은 의지적 힘을 보여 준다.[72] 서먼은 많은 저술과 연설, 설교를 통해 개인들이 사소해 보이는 일상적 선택들을 통해 자존감을 정의하고 소유할 수 있도록 돕는 데 헌신했다.

1978년 10월, 에덴 신학교 캠퍼스에서 서먼은 '신비주의와 사회적 행동'이라는 강연을 했다. 이 강연의 핵심 주제 중 하나는 영적으로 민감한 사람들이 '특수성'에 대한 감각을 잃지 말아야 한다는 것이었다. 특수성의 개념은 삶의 처지가 어떠하든 모든 사람은 하나의 객체가 아닌 주체, 하나의 특정한 인간으로 바라보아야 한다는 것을 의미한다. 예를 들어, 굶주린 사람을 돕는 동안에 그 사람의 개별성을 보지 못한다면 돌봄의 행위가 오히려 그 필요를 가진 사람에게 고통을 줄 수 있다. 마찬가지로 거대한 시스템을 상대하는 사람들 역시 그 시스템이 특정한 개인들로 이루어져 있음을 깨닫지 못하면 각 개인이 타인에 대해 저지른 행위에 책임을 지게 할 수 없다.

서먼은 이러한 특수성을 보며, 사회적 변화와 인간 존엄성에 대해 깊은 통찰을 제공했다. 개별적인 사람들 간의 교제가 없는 인간적 접촉은 증오의 악순환을 낳는다는 사실을 인식한 서먼은 예상치 못한 관계 속에서도 공통의 기반을 찾아갈 수 있는 상호 발견의 공동 공간을 만들어야 할 필요성을 느꼈다. 역사의 광범위한 맥락에서 볼 때, 이러한 개인 대 개인의 저항은 미미해 보일 수 있다. 그러나 여기서 주목할 점이 있다. 1944년, 짐 크로 법이 사회적 공간과 개인 간의 상호작용을 지배하던 시기에 서먼과 백인 장로교 목사인 알프레드 피스크는 미국 최초의 다종교적·다인종적 교회를 설립했다. 시간이 흐르면서 서먼의 설교는 전국적으로 방송되었다. 그는 특정성을 억압하고 예상치 못한 관계를 분열시키는 시스템을 조금씩 허물어 갔다. 작은 물결이 결국 커다란 파도가 될 수 있음을 그는 증명해 보였다.

서먼의 활동주의 접근법은 개인의 자존감을 북돋우고, 예상치 못한 관계 속에서도 상호 발견의 공간을 만드는 데 그치지 않았다. 그는 악의 체제 아래에서 근본적으로 움직이고자 했다. '하나님과 함께 걸은 이들'이라는 제목의 명상에서 서먼은 신비주의자가 말과 행동을 통해 하나님의 힘을 어떻게 억압의 체제를 전복하는 데 사용할 수 있는지 설명했다.

> [신비주의자들은] 투쟁에서 물러서지 않는다. 그들은 악의 체제를 안정화시키는 기초 아래로 들어가서 움직이는 것이 올바른 길이라고 느낀다. 그리고 그 수준에서 움직일 때, 위에 있는 모든 것이 흔들리기 시작하고 무너져 내린다. 왜냐하면 하나님의 힘을 감당할 수 있는 힘은 오직 하나님 외에는 없기 때문이다. 그러므로 내가 살아 있는 통로로서 하나님의 살아 있는 에너지를 그 상황에 방출할 수 있다면 상황 속의 모든 것은 파괴될 것이다.

이것이 신비주의자가 사회적 행동으로 하는 일이다. 그는 머리를 모래 속에 파묻는 겁쟁이가 아니다. 두려워서, 혹은 다른 일을 할 용기가 없어서 하나님께 기도하는 것이 아니다. 그는 자신이 엄청난 에너지와 접촉하고 있음을 확신한다. 그리고 그의 삶이, 그 에너지가 세상 속에서 표적에 맞게 작용하는 초점이 될 수 있다면 구원의 과정이 작동할 수 있다. 이것이 신비주의자의 길이 왜 그토록 어려우면서도 어떤 면에서는 간단한 이유이다.[73]

'두려움 없는 대화'의 작업은 서먼의 신비적 전통을 계승하며 개인들에게 작은 선택의 중요성을 상기시키고, 공동체들에게 개별성을 회피하지 말 것을 요청하며, 발견의 실험실을 통해 하나님의 살아 있는 통로이자 에너지를 예술적으로 방출하여 다른 이들의 마음과 정신 속에 자리 잡은 악의 기초를 불안정하게 만든다.

◆ 나는 예술가다

두 좌석짜리 차로 모하비 사막을 가로지르던 중, 내 소명의 위기의 여파가 다시 밀려왔다. 북적이는 도시들에서 멀리 떨어진 이곳에서 나는 조수석에 앉아 바짝 메마른 땅을 바라보았다. 내 앞에는 끝없이 뻗은 길이 보였다. 왼쪽과 오른쪽으로는 끝없이 펼쳐진 모래, 바위 그리고 높은 절벽들. 그때 갑자기 나는 숨을 쉴 수 없게 되었다. 공기를 삼키려고 몸부림치며, 광활한 사막의 열린 공간에 갇힌 듯한 모순 속에서 질식하는 기분이었다. 천식도, 극도의 불안도 겪어 본 적이 없던 나였지만, 운전석에 앉아 있던 막내 동생 자멜을 향해 말했다. "나, 공황발작이 온 것 같아!" 그러자 자멜이 사막의 옛 수도승들처럼 평온한 목소리로 내 이름을 부르며 말했다. "그레고리, 그냥 숨을 쉬어".

소명의 위기의 여파가 잠잠해진 몇 시간 뒤, 나는 자멜에게 고속도로 갓길에 차를 세워 달라고 부탁했다. 차가 점점 멈춰 서자 자갈이 바퀴 아래에서 부서지며 소리를 냈고, 먼지구름이 차 주변에 피어올랐다. 문을 살짝 열자 건조한 사막의 열기가 차 안으로 밀려들며 에어컨의 냉기를 압도했다. 차에서 몇 걸음 떨어져서 바위투성이 모래 위에 서자 석양이 수채화처럼 사막 하늘에 펼쳐졌다. 보라색, 자주색, 초록과 주황빛이 수평선 위로 섞여 있었다. 그리고 그 순간, 석양을 바라보던 중에 깨달음이 찾아왔다. 나는 예술가다!

메마른 땅 위에 서 있으면서 학자, 목사, 활동가라는 경계를 넘어 세상에 존재할 수 있는 창조적 가능성이 떠올랐다. 나는 그림을 그리지도, 노래를 부르지도 않는다. 하지만 도예가가 물레 위에서 작품을 빚어내듯, 나는 깊은 대화를 위한 공간을 만들어 낸다. 주방의 셰프처럼 나는 설교단 위에 서서 성경과 음악, 드라마, 추상적 이론, 민간의 지혜를 섞어 사람들로 하여금 그들의 눈앞에 있지만 보이지 않던 이들을 보게 한다. 마치 박물관의 큐레이터처럼, 내가 가르치는 수업의 3분의 1은 교실 밖에서 이루어진다. 학생들이 지역사회를 묵묵히 묶어 내는 실천자들의 숨겨 둔 이야기를 들을 수 있도록 말이다. 그리고 크레용을 든 상상력 가득한 아이처럼, 기업가, 갱단 두목, 사회운동가들의 마음에 희망의 비전을 그려 넣는다. 그들 모두는 삶의 큰 세 가지 문제에 의해 쓰러진 이들이다. 나는 가르치고, 설교하고, 행동하며 변화를 일으킬 공간을 만들어 내는 예술가다.

당신은 스스로에게 소명의 틀을 넘어 꿈꿀 자유를 허락할 수 있는가? 당신이 창의력을 해방시키고 세상의 기준에 억지로 맞추려는 노력을 내려놓는다면 세상을 향한 당신의 봉사는 어떻게 달라질까? 우리의 세상, 우리의 공동체, 우리의 가족은 어떤 모습이 될까? 만약 소명의 경계를 초월하는 소수의 사람들이 모여 자신들 주변의 작은 3피트를 변화시키겠다고 결심한다면 말이다.

◆ 나는 중재자다

내 첫 책 『죽음처럼 외면당했으나 여전히 살아 있다Cut Dead but Still Alive』의 네 번째 장 전체는 절망, 무관심, 수치심이라는 비참한 문제를 방해하는 희망, 즉 중단의 희망에 대해 탐구하는 데 할애했다. 책에 이를 이렇게 정의한다. "중단의 희망이란 어려움을 명확히 인식하고, 새로운 가능성을 상상하며, 자기 자신과 타인의 변화를 향한 노력을 영감을 주는 믿을 수 있는 공동체 속에서 생성되고 지속되는 존재론적인 변화를 향한 파괴적 열망이다".[74] 이 정의는 보이지 않는 이들을 보고, 침묵하는 이들의 목소리를 듣기 위한 작업에서 핵심적인 역할을 하며, 나는 이를 명확히 이렇게 표현했다. "중단은 희망의 핵심에 자리하며, 책 전체에 맥박처럼 흐르는 생명선이다".[75]

중단의 희망은 일상적이고 예측 가능하며 반복적인 것을 방해하고, 새로운 관점과 존재 방식을 주입하며 흐름을 차단한다. 이 희망의 개념은 게리 슬럿킨Gary Slukin과 그의 동료들이 주도한 전투 중지 CeaseFire 프로젝트를 통해 고안되었다.

슬럿킨은 세계보건기구WHO에서 결핵, 콜레라, 에이즈 같은 전염병과 싸워 온 의사로, 폭력의 전염병도 마찬가지로 전염 경로를 차단함으로써 통제할 수 있다고 제안했다. 그는 "독감이 발생하면 의사들은 전염을 차단하기 위해 예방접종을 한다. 슬럿킨의 조직은 폭력의 전염을 막기 위해 '폭력 중재자'라는 집단을 개발했다. 이들은 사건을 감지하고 중단시켜서 다음 사건으로 이어지는 것을 차단한다."라고 설명했다.[76]

폭력 중재자들은 폭력이 터지려는 지점으로 다가가서 문자 그대로 자신들의 몸을 적대 세력 사이에 두어 폭력을 예방하고 평화를 중재한다. 과거 갱단의 조직원이었지만 거리에서 신뢰를 얻은 이들로 구성된 폭력 중재자들은 분노의 순간에 파괴적 완충 역할을 한다. 각 중단은 어려움에 직면하고, 폭력 너머의 가능성을 상상하며, 변화를 위해 위험을 무릅쓴다.

내 유년 시절의 영웅이었던 브랜든도 이러한 철학을 따르며 훌륭한 삶을 살았고 훌륭한 죽음을 맞이했다. 유치원 시절, 브랜든은 내 앞에 서서 괴롭힘의 악순환을 중단시키고, 절망, 무관심, 수치심이라는 빅 스리 속에서 내게 희망을 불어넣었다. 10여 년 후, 브랜든은 또 다른 폭력의 순환을 중단시키기 위해 두 적대 세력 사이에 몸을 내놓았다. 그 상황에서 개입할 수 있었던 다른 이들도 있었지만, 그들은 아무것도 하지 않았다. 그러나 브랜든은 명확히 알고 있었다. **"나는 중재자다"**.

브랜든이 내 유치원 시절의 괴롭힘 앞에 서지 않았다면, 혹은 폭력적인 십대들 사이를 가로막지 않았다면, 내 삶은 지금과는 많이 달랐을 것이다. 나는 브랜든이 스스로를 활동가라고 칭하는 것을 들어본 적이 없지만, 그의 중단은 어디를 가든 그 주변 3피트를 변화시켰다. 희망을 점화하는 중단은 우리 내면에 자리한 신성한 불꽃에서 비롯된다. 이 불꽃은 우리의 눈을 열어 보이지 않는 이들을 보게 하고, 침묵하는 이들의 목소리를 듣게 훈련시킨다. 명확해진 시각과 예민한 청각, 타오르는 가슴으로 활동주의는 단순한 행동의 집합을 넘어 중재자로서 세상 속에서 존재하고, 살아가며, 움직이는 방식이 된다. 당신은 뱃속에서 자라나는 중단의 따스한 불꽃을 느낄 수 있는가?

◆ 나는 '두려움 없는 대화'다

'두려움 없는 대화'는 단순한 이론 기반 실험의 연속이 아니다. 그것은 평생의 내면 여정이며, 이를 통해 개인이 자신의 주변 세상을 3피트씩 변화시키는 방식이다. 이 예술적 저항의 방식은 예상치 못한 파트너들이 내면에서 괴롭히는 빅 스리(절망, 무관심, 수치심)와 마주하도록 도전하며, 그들이 두려움 없이 일상 속에서 변화를 일으킬 수 있도록 돕는다. 우리는 이러한 작은 변화들이 시간이 지나면 억압적 시스템의 기반을 흔들고, 늘 경계심 속에 살아가는 소외된 이들의 삶을 새롭게 할 수 있다고 믿는다.

마치 성냥갑의 거친 면에 성냥을 긋듯, '두려움 없는 대화'의 소통 촉진자들은 예상치 못한 파트너들의 무의식을 자극하여, 그들이 가정, 학교, 직장, 공동체에서 빅 스리를 매일 중단시키는 방법을 고민하게 한다. 일부에게는 조건 없는 환대를 경험하거나, 리빙 뮤지엄에서 예술을 접하거나, 보이지 않음과 주변화, 배척의 이론을 탐구하는 과정에서 점화가 이루어진다. 다른 이들에게는 가장 어려운 다섯 가지의 질문에 직면하거나, 현실을 사랑스럽게 바라보는 긴 시선을 통해 작은 불꽃이 커다란 불길로 바뀐다. 이러한 실험들은 '발견의 실험실Laboratory of Discovery'에서 예상치 못한 파트너들의 마음속에서 타오르기 시작한다. 그들이 자신의 공동체로 돌아가면 불꽃은 산소를 얻고, 내면에서 시작된 불길은 새로운 질문을 통해 삶의 새로운 길을 열어 준다.

우리는 어떻게 매일 아침 출근길에서 만나는 공공의 낯선 이들, 교실 옆자리에 앉은 익숙한 낯선 이들 그리고 예상치 못한 순간에 우리의 삶에 다가오는 친밀한 낯선 이들과의 일상적인 상호작용 속에서 조건 없는 환대를 실천할 수 있을까?

학교에 다니는 자녀들과 부모의 관계는 어떻게 더 깊어질 수 있을까? 만약 우리가 텔레비전, 영화, 잡지의 이미지를 리빙 뮤지엄의 일부로 보고, 우리의 아이들에게 "누구를 보고 있니? 누구의 목소리를 듣지 못하고 있니? 희망은 어디에 있니?"라고 묻는다면 말이다.

우리의 조직 문화는 어떻게 변할 수 있을까? 만약 고위 관리자와 실무 직원들이 주변화와 배척의 이론을 함께 고민하면서 "죽은 것처럼 무시당하는 느낌은 어떨까? 침묵당하고 보이지 않는 존재가 되는 기분은 어떨까? 우리 모두의 근본적인 인간적 필요인 소속감, 통제감, 자존감, 의미 있는 존재감을 지원하는 조직 문화를 어떻게 만들어 낼 수 있을까?"라는 질문을 던진다면 말이다.

우리는 우리의 가정, 교회, 직장에서 삶의 가장 어려운 질문과 마주하기 위한 공간을 어떻게 만들어 갈 수 있을까? 만약 이러한 공동체가 "우리는 누구인가? 우리의 선물은 무엇인가? 우리가 선한 죽음을 맞기 위해 해야 할 일은 무엇인가?"라는 질문을 던진다면 우리의 정체성과 목적, 유산에 대한 인식은 어떻게 달라질까?

우리는 어떻게 일상적인 바쁜 스케줄 속에서 다른 신앙, 정치적 이념, 성적 지향, 혹은 사회경제적 배경을 가진 예상치 못한 파트너들을 깊이 사랑스럽게 바라볼 시간을 만들어 낼 수 있을까?

마지막으로, 미디어 속의 시민적 대화가 종종 징벌적 비판이나 분열적 논쟁으로 전락하는 시대에 우리는 어떻게 '두려움 없는 대화'를 통해 희망의 불꽃을 피우고, 우리 주변 3피트를 변화시킬 수 있을까? 이 질문들이 당신 안의 불꽃을 키운다면 스스로에게 속삭여 보라.

"나는 두려움 없는 대화다!"

마지막 이야기:
3피트씩 변화를 만들어 가는 여정

◆

　너무 오랜 세월 동안, 인종차별과 계급주의라는 거대한 포식자들이 소외된 이들의 삶과 저항의 소명을 왜곡하며 그 위에 그림자를 드리웠다. 하지만 사랑하는 독자여, 당신은 지금 이 글과 가까운 거리에 있다. 나는 기도한다. 이 글을 읽으며 당신 안에 작은 불꽃이 피어오르기를. 그 불꽃이 어둠 속을 가로지르는 불기둥이 되기를. 사랑하는 독자여, 내가 당신에게 세상을 변화시키라고 부른 것은 아니다. 그러나 나는 당신이 나의 숙모 도티의 지혜를 듣기를 권한다. 30년도 더 전에 그녀는 무심코 '두려움 없는 대화'의 방향을 정해 준 말씀을 남겼다. "나는 세상을 어떻게 바꿀지 모르겠어. 하지만 내 주변 3피트(약 91.44cm)는 바꿀 수 있어".

　그러니 이 글을 떠나 우리가 조건 없는 환대를 실천하고, 어려운 질문들과 마주하면서 빅 스리를 중단시키고, 두려움 없이 살아가기로 한다면, 그것을 3피트씩, 천천히 나아가며 이루어 가자.

후주

제1장
두려움 + 없는 대화(Fear+Less Dialogues) 개요

1. Quashie, K. (2012). *Sovereignty of quiet: Beyond resistance in Black culture* (p. 4). Rutgers University Press.
   흑인 문화에서 조용함이란 단순한 침묵이 아니라 깊은 내면의 힘과 자기 주권을 뜻한다. 이는 전통적인 저항의 틀을 넘어서는 중요한 성찰로 이어진다.

2. Palmer, P. J. (1983). *To know as we are known: Education as a spiritual journey* (p. 5). Harper & Row.
   진정한 대화란 서로의 역할이나 직위가 아닌, 영혼 대 영혼으로 만나는 것이다. 이를 통해 교육은 단순한 정보 전달을 넘어 영적 성장의 여정이 될 수 있다.

3. Tienabeso, S., Gutman, M., & Wash, S. (2013, July 13). George Zimmerman found not guilty and goes free. *ABC News*. http://abcnews.go.com/US/george-zimmerman-found-guilty-free/story?id=19653300
   트레이본 마틴 사건의 판결은 미국 사회 전반에 큰 파장을 일으켰다. 무죄 판결 후의 논란과 분열은 법과 정의 그리고 인종 문제를 둘러싼 복잡한 현실을 보여 준다.

4. Daily News Staff. (2013, July 13). George Zimmerman verdict: Twitter erupts after ex-neighborhood watchman walks on Trayvon Martin murder charge. *New York Daily News*. http://www.nydailynews.com/news/national/george-zimmerman-verdict-twitter-erupts-ex-neighborhood-watchman-walks-murder-charge-article-1.1398213
   트위터를 비롯한 SNS는 사건 이후 감정적이고 격렬한 반응으로 들끓었고, 사람들은 불평등한 정의 시스템에 대한 분노를 표출했다.

5. Devereaux, R. (2013, July 15). No justice: Thousands march for Trayvon Martin. *Rolling Stone*. http://www.rollingstone.com/politics/news/no-justice-thousands-march-for-trayvon-martin-20130715
사건 후 이어진 행진은 단순한 항의 시위를 넘어, 정의를 요구하는 목소리로 자리 잡았다.

6. Greene, J. (2013, July 17). After Zimmerman verdict, Trayvon Martin isn't only victim. *Fox News Opinion*. http://www.foxnews.com/opinion/2013/07/17/after-zimmerman-verdict-trayvon-martin-isnt-only-victim.html
판결은 단순히 트레이본 마틴 한 사람의 문제가 아니라, 사회 전반의 구조적 불평등과 그로 인한 희생을 상징한다.

7. Cohen, T. (2013, July 19). Obama: Trayvon Martin could have been me. *CNN Politics*. http://www.cnn.com/2013/07/19/politics/obama-zimmerman/
당시 오바마 대통령의 발언은 인종 문제와 개인적 경험을 연결하며, 사건의 사회적 의미를 강조했다.

8. Weiss, J. (2013, July 20). White churches uncommonly quiet after Zimmerman verdict. *CNN Belief Blog*. http://religion.blogs.cnn.com/2013/07/20/on-zimmerman-verdict-a-loud-silence-from-white-churches/
판결 이후 일부 백인 교회가 보였던 침묵은 종교 공동체가 사회적 정의에 얼마나 연루되어 있는지를 반성하게 했다.

9. 파커 J. 파머에 따르면, 이름표는 대화의 장에서 계층을 평등하게 만드는 도구로 사용된다. 이를 통해 참여자들은 서로의 영혼을 있는 그대로 만나고, 가장자리와 중심에 있는 모든 이들이 충분히 드러나고 들을 수 있는 환경이 만들어진다.

10. Thurman, H. (1996). *Jesus and the disinherited* (p. 36). Beacon Press.
서먼은 예수의 가르침이 억압받고 소외된 자들에게 어떻게 희망과 자유를 주는지 조명한다.

11. 같은 책, 37.
    예수는 사회적 억압을 겪는 이들과 깊은 연대를 형성하며, 그들에게 영적 힘을 주었다.
12. 키플링 윌리엄스의 인간의 네 가지 기본 욕구를 요약하자면 다음과 같다. 소속감, 자존감, 통제감, 의미 있는 존재감을 느끼지 못할 때, 사람들은 소외되고 보이지 않는다고 느낀다. 이러한 상태에서는 진심 어린 대화가 이루어질 가능성이 희박하다. 이에 대한 더 많은 내용은 Ellison, G. C. II. (2013). *Cut dead but still alive: Caring for African American men* (pp. 22-24). Abingdon Press.에서 확인할 수 있다.
13. Taylor, B. B. (2014). *Learning to walk in the dark* (p. 92). HarperOne.
    어둠 속에서 우리는 새로운 시각과 깊은 깨달음을 얻을 수 있다. 두려움을 대면하는 대화의 과정 역시 그러하다.

제2장
깊은 어둠 속에서의 대화: 알지 못하는 것에 대한 두려움

1. Johnson, J. W. (2008). *God's trombones: Seven Negro sermons in verse* (H. L. Gates Jr., Ed., p. 17). Penguin.
2. 하랄드 P. 블룸은 동굴에 대한 정신분석적 해석을 통해, 구석기 시대 조상들이 살았던 지하 동굴 공간을 출생의 통로이자 생명이 태어난 자궁에 비유한다. 그는 동굴을 나가는 행위가 위험한 선택이었음을 강조하며, 이는 위안을 주는 대상의 안락함을 떠나는 일이었기 때문이라고 설명한다(Blum, H. P. (2011). The psychological birth of art: A psychoanalytic approach to prehistoric cave art. *International Forum of Psychoanalysis, 20*(4), 201.).
3. 가장 오래된 암각화는 약 7만 5천 년 전 아프리카에서 발견되었지만, 프랑스와 스페인의 선사 시대 동굴 벽화는 약 4만 년 전 것으로 추정

된다(Blum, *Psychological Birth of Art*, 196).

4. 존 할버슨은 동굴 예술가들이 주로 선사 시대 인류에게 큰 위협을 가하지 않는 동물들을 묘사했다고 주장한다. 그는 "이 예술의 주제는 압도적으로 동물들이다. 사람과 아마도 몇몇 식물이 묘사되었지만, 대다수는 큰 초식동물들, 특히 말과 들소, 소, 사슴, 매머드, 코뿔소 같은 먹을 수 있는 동물들이다. 반면, 고양잇과 동물, 곰, 물고기, 새, 파충류는 드물게 등장한다"고 설명한다(Blum, *Psychological Birth of Art*, 222).

반면 블룸은 다소 어두운 관점을 제시하며, 온순한 초식동물 외에도 동굴 벽화에는 즉각적인 위협이 될 수 있는 동물들도 묘사되었다고 본다. 그는 당시 인간들이 관찰하고 사냥하며 두려워하거나 경외했던 동물들, 예를 들어 멸종된 매머드, 털코뿔소, 거대한 들소, 말, 순록, 곰 등이 생생하게 표현되었다고 설명한다. 또한 벽화는 외부의 위협뿐 아니라 악몽, 초자연적 세계의 유령 등을 처리하는 "공포 대항적(counterphobic)" 방식으로 기능했을 가능성을 제기한다(Halverson, J. (1992). Paleolithic art and cognition. *The Journal of Psychology*, 126(3), 222.).

5. Blum, *Psychological Birth of Art*, 200.

6. 같은 책, 196-197.

7. 같은 책, 200. 블룸의 연구가 주로 프랑스와 스페인의 동굴 예술 발견에 집중한 반면, 서호주 대학교의 암각화 연구자인 스벤 우즈만Sven Ouzman은 남아프리카 중심부 산족San Society이 약 1만 4천 년 전 암벽을 두드리고 문지르고 자르고 조각내며 소리를 만들었던 사례를 다룬다. 동굴 예술과 마찬가지로 이러한 암각화 장소는 산족에게 물리적으로 거주했던 일상 세계와 신, 죽은 자의 영혼, 초자연적 존재들이 공존하는 영적 세계를 성찰하고 질문하며 이해하는 기회를 제공했다(Ouzman, S. (2001). Seeing is deceiving: Rock art and the non-visual. *World Archaeology*, 33(2), 237-238).

8. Taylor, B. B. (2014, March 2). The bright cloud of unknowing. *Day1.org*. http://day1.org/5560-the_bright_cloud_of_unknowing

9. 같은 글.

10. 같은 글.
11. 같은 글.
12. 같은 글.
13. Seuss, D. (1988). *Green eggs and ham* (p. 16). Beginner Books, Random House.
14. Taylor, B. B. (1993). *The preaching life* (p. 41). Cowley Publications.
15. 같은 책.
16. 같은 책, 42.
17. 같은 책.
18. 같은 책, 41.
19. Taylor, B. B. (2009). *An altar in the world* (p. 30). HarperOne.
20. 같은 책, 56.
21. 같은 책, 120.
22. 같은 책, 32.
23. 같은 책, 40.
24. 같은 책, 19.
25. 같은 책.
26. 같은 책, 20.
27. 같은 책, 22-23, 27.
28. 같은 책, 21.
29. Loveland, A. C., & Wheeler, O. B. (2003). *From meetinghouse to megachurch: A material and cultural history* (p. 91). University of Missouri Press.
30. 일부 아프리카 전통에서는 차카바가 신성한 의상을 입고 죽마를 타며 춤을 추어 공간을 축복하고 부정적인 기운을 몰아낸다. 또 다른 전통에서는 죽마를 탄 춤꾼의 높은 위치가 우리로 하여금 조상들을 바라보게 하며, 그들의 존재를 기억하게 한다고 믿는다.
    차카바에 대한 자세한 내용은 Welsh-Asante, K. (Ed.). (1998). *African dance: An artistic, historical, and philosophical inquiry* (p. 25). Africa World Press을 참고하라.

제3장
조건 없는 환대의 식탁: 낯선 사람에 대한 두려움

1. Rampersad, A. (Ed.). (1994). "I've known rivers." In *The collected poems of Langston Hughes* (p. 23). Vintage Books.
2. 이 책 전반에서 공공의 낯선 사람Public Stranger, 익숙한 낯선 사람 Familiar Stranger, 친밀한 낯선 사람Intimate Stranger, 내면의 낯선 사람 Stranger Within이라는 용어는 고유명사처럼 대문자로 표기된다. 이는 '두려움 없는 대화'에 참여하는 개인과 집단을 대표하는 개념적 용어로 사용되기 때문이다.
3. Nouwen, H. (1975). *Reaching out: The three movements of the spiritual life* (p. 46). Doubleday.
4. 같은 책. 47.
5. Palmer, P. J. (1981). *The company of strangers: Christians and the renewal of America's public life* (p. 58). Crossroad.
6. 미국 남부에서 북부로의 아프리카계 미국인들의 대이주 기간 동안의 고난과 희생에 대한 자세한 이야기는 Wilkerson, I. (2011). *The warmth of other suns: The epic story of America's great migration*. Vintage Books.를 참고하라.
7. Palmer, *The Company of Strangers*, 35.
8. 같은 책, 38-39.
9. 같은 책, 42.
10. Winnicott, D. W. (2005). *Playing and reality* (p. 10). Routledge.
11. Mitchell, S. A., & Black, M. J. (2016). *Freud and beyond: A history of modern psychoanalytic thought* (p. 126). Basic Books.
12. 같은 책.
13. 같은 책, 127.
14. Winnicott, *Playing and Reality*, 3.
15. 같은 책, 4.
16. 같은 책.

17. Milgram, S. (2010). *The individual in a social world: Essays and experiments* (pp. 29-33). Pinter & Martin.
18. 같은 책, 42-55.
19. 같은 책, 60.
20. 같은 책.
21. 같은 책, 60-62.
22. 같은 책, 62.
23. 그레이하운드Greyhound는 그레이하운드 라인즈Greyhound Lines의 약칭으로, 미국 전역 2,700개 이상의 목적지로 운행하는 도시 간 버스 운송 업체를 의미한다.
24. Milgram, *The Individual in a Social World*, 62.
25. Dykstra, R. C. (1990). Intimate strangers: The role of hospital chaplains in situations of sudden traumatic loss. *Journal of Pastoral Care, 44*(2), 139.
26. 같은 책, 148.
27. 같은 책, 131.
28. 놀랍고도 유쾌한 문화 분석을 통해 코미디언 크리스 록Chris Rock은 그의 세대의 많은 아프리카계 미국인 아버지들이 받는 인정과 관심의 부족을 꼬집는다. HBO 스탠드업 스페셜 'Bigger and Blacker'(1999)의 한 코너에서 록은 아버지가 하는 모든 일에 대해 그저 '큰 치킨 조각'만이 보답이라고 유머러스하게 폭로한다.
29. Winnicott, D. W. (1988). Cure. In A. Phillips (Ed.), *Winnicott* (p. 11). Harvard University Press.
30. Dykstra, *Intimate Stranger*, 124.
31. 같은 책.
32. 같은 책, 135.
33. Fluker, W. E., & Tumber, C. (Eds.). (1998). How good it is to center down. In *A strange freedom: The best of Howard Thurman and religious experience* (p. 305). Beacon Press.
34. Nouwen, *Reaching Out*, 53.
35. 로저스의 제목은 Kierkegaard, S. (1941). The sickness unto death.

Princeton University Press. 29쪽에서 발견한 인용구에서 영감을 받았다.

36. Rogers, C. (1961). *On becoming a person: A therapist's view of psychotherapy* (p. 167). Houghton Mifflin.
37. 같은 책, 168.
38. Ellison, G. C. II. (2013). *Cut dead but still alive: Caring for African American young men* (p. 56). Abingdon Press.
39. 이 장에서 다루지 않지만, 로저스는 그의 내담자들이 타인의 기대를 충족시키려는 노력에서 벗어나고자 했음을 발견했다. 더 자세한 내용은 Rogers, *On Becoming a Person*, 169-170쪽을 참고하라.
40. 같은 책, 173.
41. 같은 책. 또한 이 장에서는 로저스가 언급한 자기 지향, 과정으로의 접근, 복합성에 대한 수용 그리고 자기 신뢰로의 움직임은 다루지 않았다.
42. 같은 책. 로저스가 내담자들이 경험한 깨달음을 신중하게 설명한 부분은 내면의 낯선 이가 전체 자아 속으로 통합되는 과정에 대한 나의 이해와 설명에 중요한 근거가 된다. 이에 깊이 감사한다.
43. 같은 책, 174.
44. Nouwen, *Reaching Out*, 53.
45. 오랜 시간이 지나고 나서야 나는 이 '교회 노래'가 실제로 하이랜더 민속학교Highlander Folk School에서 작곡된 민속 노래였음을 알게 되었다. 하이랜더의 지도자들은 이 노래를 SNCC 학생들에게 가르쳤고, 이 가사에 담긴 종말론적 상상력은 이들 대학생들에게 큰 용기를 불어넣었다. 그들은 식당에서의 연좌 시위를 이어가며 경영진과 식당 손님들로부터 전혀 환영받지 못했지만, 흔들리지 않고 견뎌 낼 수 있었다.

제4장
학생들이 볼 때: "무시당함"에 대한 두려움

1. Dunbar, P. L. (1922). We wear the mask. In *The complete poems of Paul Laurence Dunbar* (p. 71). Dodd, Mead, and Co.
2. Vella, J. (2002). *Learning to listen, listening to teach: The power of dialogue in educating adults* (p. 10). Jossey-Bass.
3. 같은 책.
4. Williams, K. D. (2001). *Ostracism: The power of silence* (pp. 1-2). Guilford Press.
5. 다음 학기에 나는 캡스^Capps 교수가 가르치는 심리전기^psychobiography 과목을 들었다. 캡스 교수는 평소와 달리 강의 계획서를 수정하는 것을 허락해 주셨고, 아프리카계 미국인 맥락에 더 적합하다고 생각한 세 권의 필독서를 새로 추가할 수 있었다. 그 여름, 캡스 교수는 그해 동안 내가 제출한 모든 에세이를 다시 읽고 싶다고 말씀하셨다. 여름이 끝날 무렵, 그는 에세이에 두 번째로 세심한 코멘트를 추가한 뒤 집으로 보내주셨다. 내가 박사 과정 학생이나 교수가 되기 훨씬 전에, 캡스 교수는 내 안에서 특별한 가능성을 보셨다. 그의 진심 어린 피드백과 더 나은 작가가 되도록 도와주신 노력은 내 성장 과정에서 결정적인 역할을 했다. 이 은혜에 깊이 감사드리며, 캡스 교수의 평안한 안식을 기원한다.
6. 캡스는 윌리엄 제임스를 종교적 낭만주의자로 묘사하며, 세상의 먼 미래에 대한 걱정을 품고 있지만, 종교적 이상주의자들보다 철학적으로 더 깊은 신 이해를 가지고 있다고 설명한다. 그는 제임스의 대표적인 장 '병든 영혼^Sick Soul'(종교적 체험의 다양성)에서 낭만주의의 심리적·종교적 뉘앙스를 탐구한다. 캡스는 이를 설명하기 위해 이 장에서 두 가지 사례를 뽑아낸다. 첫 번째는 물질주의자들을 상징하는 프랑스 정신병 환자의 사례로, 이 환자는 신에 대한 두려움으로 인해 절망, 공황, 두려움, 자살 충동에 가까운 삶을 살았다. 두 번째는 낭만주의자이자 이상주의자인 제임스 자신으로, 그는 공황과 싸우며 성

경 속 "신은 나의 피난처"라는 확신에서 희망을 발견했다. 후자의 사례에서, 성경 구절들은 제임스에게 심리적 안정감을 제공하며 그의 정신적 생존에 결정적인 차이를 만들어냈다. 자세한 내용은 Capps, D. (1997). The letting loose of hope: Where psychology of religion and pastoral care converge. *Journal of Pastoral Care, 51,* 139-149쪽을 참고하라.

7. James, W. (1890). *The principles of psychology* (pp. 292-293). H. Holt & Co. Emphasis added.
8. 아프리카계 미국인 젊은 남성들은 특히 이러한 영향을 받기 쉽다.
9. Ellison, G. C. II. (2013). *Cut dead but still alive: Caring for African American young men.* Abingdon Press.
10. Thurman, H. (1961). *Inward journey.* Harper.
11. 같은 책, 61.
12. 같은 책.
13. Williams, K. D., Forgas, J. P., & Von Hippel, W. (Eds.). (2005). *The social outcast: Ostracism, social exclusion, rejection, and bullying* (p. 22). Psychology Press. 인간 번영을 위해 소속감이 얼마나 중요한지에 대한 추가 정보는 Baumeister, R. F., & Leary, M. R. (1995). The need to belong: Desire for interpersonal attachments as a fundamental human motivation. *Psychological Bulletin, 177*(3), 497-529쪽을 참고하라.
14. Williams, Ostracism, 62.
15. 같은 책, 65.
16. 같은 책, 63.
17. 잠언 20:12.
18. Williams, *Ostracism,* 1-2.
19. Palmer, P. J. (2004). *A hidden wholeness: The journey toward an undivided life: Welcoming the soul and weaving community in a wounded world* (p. 58). Jossey-Bass.

> **제5장**
> **사랑의 목소리 듣기: 무지해 보이는 것에 대한 두려움**

1. Clifton, L. (2012). Seeker of visions. In K. Young & M. S. Glaser (Eds.), *The collected poems of Lucille Clifton 1965-2010* (p. 453). BOA Editions.
2. Vela-McConnell, J. A. (1999). *Who is my neighbor?: Social affinity in the modern world* (p. 8). State University of New York Press.
3. 같은 책, 7. 강조 추가.
4. 같은 책, 8.
5. 같은 책, 9.
6. 같은 책, 10.
7. 같은 책.
8. Burghardt, W. J. (1989). Contemplation: A long loving look at the real. *Church*, 5, 14.
9. 이 실험은 나의 친구이자 동료인 라힐 테스파마리암^{Rahiel Tesfamariam}을 통해 알게 되었다. 처음에는 캔들러 신학대학원 워크숍과 강의실에서 이 실험을 사용했으며, 이후 Fearless Dialogues 팀이 실험 지침과 해석을 수정하여 서로 다른 배경의 사람들 간에 더 깊은 연결을 이끌어 냈다.
10. Burghardt, W. J. (n.d.). *Contemplation: A long loving look at the real* (p. 15).
11. Washington, J. M. (Ed.). (1991). A Christmas sermon on peace. In *A testament of hope: The essential writings and speeches of Martin Luther King, Jr.* (p. 254). HarperSanFrancisco.
12. Burghardt, W. J. (n.d.). *Contemplation: A long loving look at the real* (p. 16).
13. 같은 책.
14. Evans, M. (1993). Celebration. In *A dark and splendid mass* (pp. 20-21). Harlem River Press.

15. 고요한 눈길이 이야기를 전한다는 것을 깨닫게 된 사람들은 종종 자신이 모르는 사람들의 눈동자에서 강인함, 인내, 결단력의 숨겨진 이야기를 들었다고 답한다.
16. Burghardt, W. J. (n.d.). *Contemplation: A long loving look at the real* (pp. 14-16).
17. James, W. (1890). *The principles of psychology* (pp. 292-293). H. Holt & Co.
18. Nouwen, H. (2012). *The selfless way of Christ: Downward mobility and the spiritual life* (p. 49). Orbis.
19. 같은 책.
20. Scheib, K. (2016). *Pastoral theology: Telling the stories of our lives* (p. 64). Abingdon Press.
21. 같은 책, 62.
22. 같은 책, 63.
23. 같은 책, 63-64.
24. 같은 책, 64.
25. 같은 책, 63.
26. 같은 책, 64-65.
27. 같은 책, 65.
28. 같은 책.
29. Palmer, P. J. (2004). *A hidden wholeness: The journey toward an undivided life: Welcoming the soul and weaving community in a wounded world* (p. 27). Jossey-Bass.
30. 같은 책, 25.
31. 같은 책, 23.
32. 같은 책, 65.
33. 같은 책.
34. 같은 책, 26.
35. 같은 책, 120.
36. Cramer, D. (2001). *The great waters: An Atlantic passage* (p. 184). W. W. Norton.

37. Hersher, R. (2016, October 14). The universe has almost 10 times more galaxies than we thought. *National Public Radio*. http://npr.com
38. Duffy, T. (2014). Crystallography's journey to the deep earth. *Nature, 506*(7489), 429.
39. Schein, E. H. (2013). *Humble inquiry: The gentle art of asking instead of telling* (p. 2). Berrett-Koehler.
40. 같은 책, 4.
41. 같은 책, 9.
42. Palmer, P. J. (1999). *The courage to teach: Guide for reflection and renewal* (p. 126). Jossey-Bass.
43. Schein, *Humble Inquiry*, 41.
44. Palmer, *The Courage to Teach*, 126.
45. 같은 책.
46. Palmer, P. J. (2017). *The courage to teach: Exploring the inner landscape of a teacher's life* (p. 156). Jossey-Bass.
47. Rilke, R. M. (2000). *Letters to a young poet* (p. 35). New World Library.
48. Palmer, *A Hidden Wholeness*, 120.
49. 시편 139:8, 새 국제 독자판.

제6장
선한 죽음을 위하여: 억압적 시스템에 대한 두려움

1. Brooks, G. (2005). The third sermon on the warpland. In E. Alexander (Ed.), *The essential Gwendolyn Brooks* (pp. 101-102). Library of America.
2. Thurman, H. (1996). *Jesus and the disinherited* (p. 35). Beacon Press.
3. Thurman, H. (1971). *The inward journey: The writings of Howard*

Thurman (p. 71). Friends United Press.

4. 이 장의 집필 과정에서 질문을 통해 제 글의 정체를 풀어주신 작가 친구들인 버나드 카인스, 이야보 오니페데, 패트릭 레예스, 토비 샌더스, 매튜 윌리엄스에게 감사드립니다.

5. Erikson, E. H. (1958). *Young man Luther: A study in psychoanalysis and history* (p. 23). W. W. Norton.

6. 같은 책, 38.

7. 2016년 12월 14일 루터 스미스와의 개인 대화, 강조 추가.

8. Smith, L. E. (1991). *Howard Thurman: The mystic as prophet* (p. 39). Friends United Press.

9. 같은 책.

10. Thurman, H. (2009). My people need me. In W. E. Fluker (Ed.), *The papers of Howard Washington Thurman* (pp. 1-3). University of South Carolina Press.

11. Thurman, H. (1979). *With head and heart: The autobiography of Howard Thurman* (pp. 24-25). Harcourt Brace Jovanovich.

12. Thurman, *My People Need Me*, 1.

13. 같은 책, 2.

14. 같은 책.

15. Thurman, *With Head and Heart*, 49-50.

16. 당시에는 실론(Ceylon)으로 알려져 있던 지역.

17. Thurman, *Jesus and the Disinherited*, 15.

18. Smith, L. E. (2009). Howard Thurman. In A. Holder (Ed.), *Christian spirituality: The classics* (p. 342). Routledge.

19. 서먼이 예수와 버림받은 자들에서 제시한 세 가지 논점을 보충하기 위해, 그는 1935년 여름에 열린 학술 강연에서 발표한 "소외된 자들을 위한 복음"이라는 주제의 연설을 참고했다. 이 강연은 서먼이 힌두 관리자와의 대화를 나누기 몇 달 전에 예수의 종교에 대한 초기 연구를 바탕으로 이루어진 것이었다. 서먼이 이 강연에서의 논점을 다섯 시간에 걸친 '두려움 없는 대화' 중에 언급했을 가능성을 상상해 볼 수 있다. 자세한 내용은 Thurman, H. (2009). Good news for

the underprivileged. In W. E. Fluker (Ed.), *The papers of Howard Washington Thurman* (pp. 263-269). University of South Carolina Press를 참고.

20. Thurman, *Jesus and the Disinherited*, 16.
21. 같은 책, 15-16.
22. 같은 책, 17.
23. 같은 책, 33.
24. 같은 책, 22-23.
25. 같은 책, 23.
26. 같은 책.
27. 같은 책.
28. 같은 책, 26.
29. Thurman, H. (1997). *Temptations of Jesus: Five sermons given in Marsh Chapel, Boston University, 1962* (p. 18). Friends United Press.
30. "무관심은 주변에서, 우리에게, 그리고 우리 안에서 일어나고 있는 일들에 대해 관심을 가지지 않는 상태다. 이 위협은 욕망에 의해 불타오르는 희망 과정에 반하는 것이다. 왜냐하면 무관심한 사람은 자신에게 어떤 욕망이 있는지조차 깨닫지 못하기 때문이다." 무관심에 대한 더 많은 논의는 Ellison, G. C. II. (2013). *Cut dead but still alive: Caring for African American young men* (pp. 92-93). Abingdon Press 참고.
31. Thurman, *Temptations of Jesus*, 27.
32. 마태복음 9:10.
33. 마태복음 8:3.
34. 요한복음 4:9.
35. 마태복음 8:5-13.
36. 마태복음 12:9-12.
37. 요한복음 8:1-7. (새 번역)
38. 마태복음 21:12-13.
39. 요한복음 18:2-8.

40. 요한복음 18:28-36. (새 번역)
41. Thurman, *Inward Journey*, 71.
42. Thurman, *Jesus and the Disinherited*, 27.
43. 같은 책, 21.
44. 같은 책.
45. 같은 책, 28.
46. 같은 책, 49.
47. 같은 책, 53.
48. Thurman, H. (1902). The sound of the genuine. In *Crossings Reflection 4*. University of Indianapolis. http://eip.uindy.edu/crossings/publications/reflection4.pdf
49. Thurman, *Jesus and the Disinherited*, 75-78.
50. 같은 책, 98.
51. 같은 책, 101.
52. 같은 책, 28.
53. 사랑하는 스승이자 요다 같았던 마리 에반스 선생님께서 2017년 3월 10일 마지막 숨을 내쉬셨습니다. 그녀가 떠나시기 몇 시간 전, 저는 이 원고의 초안을 편집자에게 제출했습니다. 그녀의 지혜와 재치, 사랑에 감사드립니다. 제 마음 깊은 곳에서 그녀가 이 작업이 세상에 나아가는 지금 이 순간에도 저와 함께하리라 믿습니다. 사랑합니다, 마리 선생님.
54. Thurman, H. (1979). *With head and heart: The autobiography of Howard Thurman* (p. 101). Harcourt Brace Jovanovich. 더 자세한 내용은 Dixie, Q., & Eisenstadt, P. (2011). *Visions of a better world*. Beacon Press.를 참고.
55. Smith, L. E. (1991). *The mystic as prophet* (pp. 140-141). Friends United Press. 서먼의 글과 마틴 루터 킹 주니어의 작업을 연결 지으면서, 스미스는 킹과 역사가 레론 베넷 주니어의 인터뷰를 인용한다.
56. 하워드 서먼의 비폭력 직접 행동 철학에 미친 영향을 언급하며, 스미스는 저명한 시민권 운동가 오티스 모스의 발언을 전한다. 모스는 다음과 같이 말한다. "그[서먼]가 셀마에서 몽고메리로의 행진이나 다

른 여러 행진에 참여하지 않았을 수도 있습니다. 그러나 그는 행진을 가능하게 하는 철학을 형성하는 수준에서 참여했습니다. 그리고 그 철학 없이는 사람들은 행진 전, 행진 중, 그리고 행진 후에 무엇을 해야 할지 알지 못했을 것입니다." (Smith, *The Mystic as Prophet*, 202-203).

57. Howard Thurman Collection. (n.d.). *Boston University*. http://hgar-srv3.bu.edu/web/howard-thurman/howard-thurman-collection
58. Thurman, H. (2014). *Mysticism and social action*. International Association for Religious Freedom. Kindle location 371 of 1080.
59. Thurman, H. (2009). *Footprints of a dream: The story of the church for the fellowship of all peoples* (p. 16). Wipf & Stock.
60. Jones, R. (1978). Quaker religious thought, 46, 1-7.
61. Smith, *The Mystic as Prophet*, 167.
62. Collmer, R. G. (1959). The limitations of mysticism. *Bibliotheca Sacra*, 116, 130-131.
63. Smith, M. (1978). *The way of mystics: The early Christian mystics and the rise of the Sufis*. Oxford University Press.
64. 바바라 브라운 테일러와의 이메일 개인 서신을 통해 정신 질환(특히 정신병)과 신비적 경험을 구별함(2017년 6월 9일).
65. Smith, L. E. (1991). *Howard Thurman: The mystic as prophet* (pp. 34-35). Friends United Press.
66. 신약 학자인 브라이언 K. 블라운트의 연구를 바탕으로, 하나님의 왕국을 "인간의 행동과 신적 개입을 통해 창조되는 초월적 공간"으로 이해한다. 이 힘들이 조화롭게 작용할 때, 미래의 왕국은 기적적으로 현재의 순간을 뚫고 들어와 이 시대의 억압을 뒤엎는다. 블라운트는 이처럼 시간의 흐름을 변화시키는 왕국의 개입 순간들을 '저항의 주머니 pockets of resistance'라고 부른다. 이 정의를 확장한 내용은 Ellison, G. C. II. (2013). *Cut dead but still alive: Caring for African American men*. Abingdon Press, 66-70쪽을 참고할 수 있다. 또한 Blount, B. K. (1998). *Go preach! Mark's kingdom message and the Black church today*. Orbis Books, 13-18, 68쪽 참조.

67. Thurman, H. (2014). *Mysticism and social action*. International Association for Religious Freedom. Kindle location 114 of 1080, 12 percent.
68. 같은 글. Kindle location 335 of 1080, 31 percent.
69. 같은 글. Kindle location 272 of 1080, 26 percent.
70. Thurman, *Deep Is the Hunger*, 62.
71. Smith, *The Mystic as Prophet*, 16-17.
72. Thurman, *Deep Is the Hunger*, 73-75.
73. Thurman, H. (2010). Those who walked with God. In *The living wisdom of Howard Thurman: A visionary of our time* [Audio recording]. Sounds True.
74. Ellison, G. C. II. (2013). *Cut dead but still alive: Caring for African American young men* (p. 82). Abingdon Press.
75. 같은 책, 83.
76. 같은 책, 79-80.

'두려움 없는 대화'는 단순히 이 책에 담긴 글을 넘어선 존재입니다. '두려움 없는 대화'는 교육자, 예술가, 활동가, 연결자, 치유자로 이루어진 팀이 이끄는 풀뿌리 조직으로, 우리는 이들을 '소통 촉진자'라고 부릅니다. 이 소통 촉진자들은 '두려움 없는 대화'의 고유한 방법론을 바탕으로 훈련받아, 서로 어울릴 것 같지 않은 이들 사이에서 진심 어린 대화를 나눌 수 있는 특별한 공간을 만들어내는 데 탁월한 능력을 가지고 있습니다. 훈련된 '두려움 없는 대화' 팀의 소통 촉진자들을 당신의 지역사회, 교회, 또는 회사에 초청하는 방법에 대한 정보는 www.fearlessdialogues.com을 방문하세요.

저자 소개

그레고리 C. 엘리슨 2세 Gregory C. Ellison II

미국 애틀랜타 출신인 그레고리는 에모리 대학교 캔들러 신학대학원에서 목회 돌봄과 상담을 가르치는 교수다. 그는 에모리 대학교에서 학부를 마치고, 프린스턴 신학교에서 목회 신학으로 목회학 석사 M.Div.와 박사 Ph.D. 학위를 받았다. 그는 『두려움 없는 대화 Fearless Dialogues: A New Movement for Justice』와 『죽음처럼 외면당했으나 여전히 살아 있다: 아프리카계 미국인 젊은 남성들을 돌보다 Cut Dead But Still Alive: Caring for African American Young Men』(2013)의 저자이기도 하며, GE II & Associates와 Fearless Dialogues의 설립자이기도 하다. 그레고리의 강의는 그가 설립한 비영리단체인 Fearless Dialogues에서의 경험을 바탕으로 한다. 이 단체는 인종차별, 계급차별, 지역사회 폭력과 같은 금기시되는 주제에 대해 예상치 못한 이들이 모여 깊이 있는 대화를 나눌 수 있는 독특한 공간을 만들었다. 그레고리의 연구는 소외된 이들과의 돌봄, 사회적 행동으로서의 목회적 돌봄 그리고 20세기와 21세기의 신비주의를 중심에 두고 있다.

역자 소개

김상만(Kim Sang Man)

연세대학교 연합신학대학원 상담코칭학 석·박사(Th.M., Ph. D.)
연세대학교 코칭 아카데미 비즈니스코칭(KPC, KAC/KPC FT강사, APCC)
연세대학교 세브란스병원 임상목회교육(CPE 2Unit)
명지대학교 사회교육대학원 예술치료학과 미술치료·심층심리치료(PD)
장로회신학대학교(Th.B., M.Div., Th. M. 기독교와 문화)
전) 인덕대학교 교수, 육군 군종목사(소령전역, 이라크파병, 장교영어반)
현) 지명교회 목사, 한국표현예술심리상담학회(부회장, 전문 예술심리상담사)

〈주요 저·역서 및 논문〉

『코치와 산책하기』(공저, 상상, 2024)
『노래를 활용한 표현예술심리치료 경험 분석』(표현예술심리상담연구, 2023)
『100세 시대를 준비하는 열 번의 성장』(공역, 학지사 2020)
『분석심리학과 표현예술치료』(공저, 학지사 2019)
『전시 군종상담과 군종장교의 역할』(육군교육사령부, 2018)
『PTSD와 군종장교의 역할』(육군교육사령부, 2016)

「상담훈련생의 집단표현예술심리치료프로그램 경험연구」(연세대박사, 2019)
「예술심리치료를 적용한 이야기심리학이 내담자에게 미치는 효과연구」(연세대 석사, 2004)
「자살현상에 관한 기독교윤리학적 방안모색」(장신대석사, 2000)
「세계교회협의회(WCC)와 칼 바르트의 교회론 비교연구」(장신대석사, 1994)
외 다수

역자 email: spalan77@hanmail.net

두려움 없는 대화
Fearless Dialogues: A New Movement for Justice

2025년 6월 5일 1판 1쇄 인쇄
2025년 6월 15일 1판 1쇄 발행

지은이 • 그레고리 C. 엘리슨 2세
옮긴이 • 김상만
펴낸이 • 김진환
펴낸곳 • (주)**학지사**

04031 서울특별시 마포구 양화로 15길 20 마인드월드빌딩
대표전화 • 02)330-5114   팩스 • 02)324-2345
등록번호 • 제313-2006-000265호

홈페이지 • http://www.hakjisa.co.kr
인스타그램 • https://www.instagram.com/hakjisabook

ISBN 978-89-997-3433-5 03180

정가 17,000원

역자와의 협약으로 인지는 생략합니다.
파본은 구입처에서 교환해 드립니다.

이 책을 무단으로 전재하거나 복제할 경우 저작권법에 따라 처벌을 받게 됩니다.

출판미디어기업 **학지사**
간호보건의학출판 **학지사메디컬** www.hakjisamd.co.kr
심리검사연구소 **인싸이트** www.inpsyt.co.kr
학술논문서비스 **뉴논문** www.newnonmun.com
교육연수원 **카운피아** www.counpia.com
대학교재전자책플랫폼 **캠퍼스북** www.campusbook.co.kr